Thomas Möbius

Wie interpretiere ich ein Dram

Übungen mit Lösun

Bange Verlag

Über den Autor:

Thomas Möbius, geboren 1963 in Heidelberg, Studium der Germanistik und ev. Theologie, Promotion zum Dr. phil. in der germanistischen Mediävistik, Stipendiat der Konrad-Adenauer-Stiftung, Lehraufträge an der Universität Heidelberg, 1991–2001 Lehrer an einem Gymnasium in Mannheim, seit 2002 Akademischer Rat für Literaturwissenschaft und Literaturdidaktik an der Pädagogischen Hochschule Heidelberg, mehrjährige Auslandsaufenthalte in Mailand, Rom und Singapur, Autor von Lernhilfen und Königs Erläuterungen des Bange Verlags.

1. Auflage 2004
ISBN 3-8044-1467-2

Gestaltung: Georg Lehmacher, Friedberg (Bay.)

Druck und Weiterverarbeitung: FINIDR, s. r. o., Český Těšín

Inhalt

* Diese Übungen sind besonders für die Mittelstufe geeignet.

Hinweise zur Benutzung des Buches

Der vorliegende dritte Band der Drama-Lernhilfenreihe des Bange Verlags ist nach dem Basiswissen-Band und der Anleitung zur Interpretation dramatischer Texte im zweiten Band ein an der Praxis der Interpretation dramatischer Texte orientiertes Übungsbuch. Im Zentrum der Aufmerksamkeit stehen Tragödien, Komödien, Schauspiele, Studien und Tragikomödien sowie Beispiele für das epische Theater.
20 Texte aus allen in der Schule behandelten literarischen Epochen stellen ein Kompendium möglicher Aufgabenstellungen für Klassenarbeiten dar. Schülerinnen und Schüler haben die Möglichkeit, sich intensiv auf das Unterrichtsthema „Interpretation dramatischer Texte" vorzubereiten oder für bevorstehende Klausuren zu üben.

Die jeweiligen Aufgabenstellungen sind typisch für die Klausur über dramatische Texte: Zumeist wird als Erstes eine inhaltliche bzw. gedankliche Analyse verlangt, die im Zusammenhang mit einer Kontexteinordnung steht. Dann sollen entweder die sprachlichen Mittel herausgearbeitet oder Figuren charakterisiert werden. Schließlich wird das Werk in seinem entstehungs- oder wirkungsgeschichtlichen Kontext gewürdigt.

Der Lösungsvorschlag enthält die verlangten Antworten in Grundzügen. Der Hauptteil ist größtenteils stichwortartig verfasst, während Einleitung und Schluss knapp ausformuliert werden. Dahinter steht die Erfahrung, dass Schülerinnen und Schüler es häufig als schwierig empfinden, den richtigen Ton für den Interpretationsaufsatz „anzustimmen". Außerdem enthält die Einleitung meist noch zusätzliche Informationen, die Schülerinnen und Schülern nicht bekannt sein dürften. Der stichwortartige Hauptteil eignet sich dagegen für einen Vergleich mit den eigenen Ergebnissen der Analyse und der Interpretation besser als ein ausformulierter Text. Darüber hinaus haben die Schülerinnen und Schüler hierbei noch eigenständige Formulierungsarbeit zu leisten, wenn sie einen eigenen Interpretationsaufsatz verfassen wollen.
Für die Arbeit mit diesem Buch empfehlen sich zwei Vorgehensweisen: Ein Weg, der sich am ehesten für die Mittelstufe anbietet, stellt eine induktive Umgangsweise mit dem Buch in den Vordergrund, indem Schülerinnen und Schüler den literarischen Text und sofort anschließend den Lösungsvorschlag lesen. Der Lösungsvorschlag wird konkret am Text nachvollzogen – etwa durch Anstreichungen und Randnotizen, was im Lesebuch der Schule im Normalfall nicht möglich ist. Dann versucht man, vom durchgearbeiteten Text ausgehend, eine Interpretation zu schreiben.
Schülerinnen und Schüler der Mittelstufe können auch an den nicht mit * gekennzeichneten Texten üben, wenn sie sich auf die Erarbeitung einer Inhaltsangabe, die Erarbeitung der Aussage sowie einzelner sprachlicher Mittel beschränken.
Der andere Weg, der sich für die Oberstufe eignet, sieht so aus, dass man sich Text und die Arbeitsaufgabenstellung durchliest und dann entscheidet, ob man eher die Gesamtaufgabe oder eine Teilaufgabe, z. B. das Erkennen sprachlicher Mittel, üben möchte. Die stichwortartige Bearbeitung der Aufgabe kann auf einem separaten

Blatt erfolgen. Beim späteren Vergleich mit dem Lösungsvorschlag sollte man sich die Fehlerquellen genau notieren.
Nach der Kontrolle der eigenen Ergebnisse ist es sinnvoll, die vorhandenen Stichworte in der Form eines Aufsatzes zu formulieren; der Deutschlehrer oder die Deutschlehrerin ist sicherlich bereit, sich den Aufsatz durchzulesen.
Über den Charakter eines Übungsbuches für Schülerinnen und Schüler hinaus stellt der Band ein überblicksartiges Kompendium für Unterrichtende dar. Zwar kann die Übernahme vorgefertigter Interpretationsbausteine die eigene Beschäftigung mit dem Text nicht ersetzen, aber Auswahl und Anlage lassen verschiedene Verwendungsmöglichkeiten für Lehrerinnen und Lehrer zu:

- Kurzübersicht über die interpretationsrelevanten Gesichtspunkte eines im Unterricht zu behandelnden Textes;
- Ergänzung der in den jeweiligen Lesebüchern angebotenen Texte;
- Klassenarbeits- oder Klausurtexte mit Lösungsangeboten;
- Präsentation von stichwortartigen Lösungsvorschlägen als Anhaltspunkte für die Erstellung einer zusammenhängenden Interpretation.

In jedem Kapitel führen grundlegende Informationen in die jeweilige Epoche ein. Ein umfangreiches Glossar zu den Grundbegriffen des Dramas und ein ausführliches Stichwortverzeichnis machen das vorliegende Buch zu einem nützlichen und kompetenten Nachschlagewerk für alle Fragen in Sachen „dramatischer Literatur".

Schlagwortregister

1. Barock (1600–1720), Aufklärung (1720–1785), Empfindsamkeit und Sturm und Drang (1740/67–1780/85)

Barock

Inhaltliche Merkmale
- Kriegserfahrung prägt antithetische Grundstimmung zwischen carpe diem (Genuss- und Lebensgier) und der Orientierung an ewigen Werten
- Vergänglichkeit alles Irdischen (vanitas-Gedanke)
- Entstehung einer einheitlichen deutsche Schriftsprache
- Übertreibung und Schwulst
- Satire (z. B. Grimmelshausen) als Mittel zur Auseinandersetzung mit der Realität

Hauptvertreter und Werke
- Andreas Gryphius (1616–1664): Sonette
- Martin Opitz (1597–1639): *Buch von der Teutschen Poeterey*
- Hoffmann von Hoffmannswaldau (1617–1679): Lyrik
- Hans Jakob Christoffel von Grimmelshausen (1621–1676): *Der abenteuerliche Simplicissimus*

Formale Merkmale
- Sonett
- Schelmenroman
- Antithetik als Strukturprinzip
- Erlebnislyrik
- Kirchenlied

Aufklärung

Inhaltliche Merkmale
- Gesamteuropäische Bewegung des Rationalismus, der Emanzipation des Denkens von kirchlich-dogmatischer Bevormundung
- Umfassende geistig-literarische Erneuerungsbewegung

Hauptvertreter und Werke
- G. E. Lessing (1759–1781): *Nathan der Weise*; *Minna von Barnhelm*; *Emilia Galotti*; *Briefe, die neuste Literatur betreffend*; *Hamburger Dramaturgie*
- Johann Christoph Gottsched (1700–1766): *Versuch einer Critischen Dichtkunst vor die Deutschen*

Formale Merkmale
- Lehrgedicht
- Fabel

- Dichtungstheorie
- Bürgerliches Trauerspiel
- Drama

Empfindsamkeit und Sturm und Drang

Inhaltliche Merkmale
- Schwärmerei, Tyrannenhass (Empfindsamkeit)
- Freiheitsstreben
- Geniegedanke, grenzenloser Individualismus
- gegen Erstarrung der Vernunftherrschaft (Rousseau: Gefühl ist mehr als Denken)
- radikale Weiterführung des Humanitätsgedankens
- Ambivalenz zwischen grenzenloser Hingabe und Selbstbehauptung

Hauptvertreter und Werke
- Johann Gottfried Herder (1744–1803): *Journal meiner Reise im Jahre 1769*
- Jakob Michael Lenz (1751–1792): *Die Hofmeister oder die Vorteile der Privaterziehung*
- Friedrich Maximilian Klinger (1752–1831): *Sturm und Drang*
- Johann Wolfgang von Goethe (1749–1832): *Die Leiden des jungen Werther, Gedichte*
- Friedrich Schiller (1759–1805): *Die Räuber*

Formale Merkmale
- Briefroman
- Erlebnislyrik
- freier Rhythmus in Gedichten
- natürliche Prosasprache
- Abkehr von den aristotelischen Einheiten (zahlreiche Schauplätze, lange Handlungsdauer, Aufgabe der Ständeklausel)

1.1 Gotthold Ephraim Lessing (1759–1781), *Nathan der Weise* (1779)

Arbeitsaufgabe:

Fassen Sie kurz den Inhalt des Textauszuges zusammen und ordnen Sie ihn in den Kontext des Dramas ein! Analysieren Sie den Gesprächsverlauf! Skizzieren Sie, ausgehend von dieser Textstelle, welche Rolle der Tempelherr in diesem Drama spielt, und setzen Sie sich mit seiner Haltung auseinander!

Info

Gotthold Ephraim Lessing,
* 22. 01. 1729 in Kamenz (Oberlausitz), † 15. 02. 1781 in Braunschweig; Theologe, Publizist, Bibliothekar, einer der bedeutendsten Dichter der Aufklärung; Werke: *Miss Sara Sampson* (1755), *Minna von Barnhelm* (1667), *Emilia Galotti* (1772), *Nathan der Weise* (1779); epochengeschichtliche Einordnung: Aufklärung

Lesetext

Gotthold Ephraim Lessing (1729–1781)
***Nathan der Weise* (1779)**
(IV, 2)

Der PATRIARCH, welcher mit allem geistlichen Pomp
den einen Kreuzgang heraufkömmt, und die VORIGEN.

TEMPELHERR. Ich wich' ihm lieber aus. – Wär' nicht mein Mann! –
Ein dicker, roter, freundlicher Prälat!
Und welcher Prunk!
KLOSTERBRUDER. Ihr solltet ihn erst sehn
Nach Hofe sich erheben. Itzo kömmt
Er nur von einem Kranken.
TEMPELHERR. Wie sich da
Nicht Saladin wird schämen müssen!
PATRIARCH *indem er näher kommt, winkt dem Bruder.*
Hier! –
Das ist ja wohl der Tempelherr. Was will
Er?
KLOSTERBRUDER. Weiß nicht.
PATRIARCH *auf ihn zugehend, indem der Bruder*
Und das Gefolge zurücktreten.
Nun, Herr Ritter! – Sehr erfreut,
Den braven jungen Mann zu sehn! – Ei, noch
So gar jung! – Nun, mit Gottes Hilfe, daraus
Kann etwas werden.
TEMPELHERR. Mehr, ehrwürd'ger Herr,
Wohl schwerlich, als schon ist. Und eher noch;
Was weniger.
PATRIARCH. Ich wünsche wenigstens,
Dass so ein frommer Ritter lange noch
Der lieben Christenheit, der Sache Gottes
Zu Ehr'und Frommen blühn und grünen möge!
Das wird denn auch nicht fehlen, wenn nur fein
Die junge Tapferkeit dem reifen Rate

Des Alters folgen will! – Womit wär' sonst
Dem Herrn zu dienen?
TEMPELHERR. Mit dem nämlichen,
Woran es meiner Jugend fehlt: mit Rat.
PATRIARCH. Recht gern! – Nur ist der Rat auch anzunehmen.
TEMPELHERR. Doch blindlings nicht?
PATRIARCH. Wer sagt denn das? – Ei freilich
Muss niemand die Vernunft, die Gott ihm gab,
Zu brauchen unterlassen, – wo sie hin
Gehört. Gehört sie aber überall
Denn hin? – O nein! – Zum Beispiel: wenn uns Gott
Durch einen seiner Engel, – ist zu sagen,
Durch einen Diener seines Worts, – ein Mittel
Bekannt zu machen würdiget, das Wohl
Der ganzen Christenheit, das Heil der Kirche,
Auf irgendeine ganz besondre Weise
Zu fördern, zu befestigen: wer darf
Sich da noch unterstehn, die Willkür des,
Der die Vernunft erschaffen, nach Vernunft
Zu untersuchen? und das ewige
Gesetz der Herrlichkeit des Himmels, nach
Den kleinen Regeln einer eitlen Ehre
Zu prüfen? – Doch hiervon genug. – Was ist
Es denn, worüber unsern Rat für itzt
Der Herr verlangt?
TEMPELHERR. Gesetzt, ehrwürd'ger Vater,
Ein Jude hätt' ein einzig Kind, – es sei
Ein Mädchen, – das er mit der größten Sorgfalt
Zu allem Guten auferzogen, das
Er liebe mehr als seine Seele, das
Ihn wieder mit der frömmsten Liebe liebe.
Und nun würd' unsereinem hinterbracht,
Dies Mädchen sei des Juden Tochter nicht;
Er hab' es in der Kindheit aufgelesen,
Gekauft, gestohlen, – was Ihr wollt; man wisse,
Das Mädchen sei ein Christenkind, und sei
Getauft; der Jude hab' es nur als Jüdin
Erzogen; lass' es nur als Jüdin und
Als seine Tochter so verharren: – sagt,
Ehrwürd'ger Vater, was wär' hierbei wohl
Zu tun?
PATRIARCH. Mich schaudert! – Doch zu allererst
Erkläre sich der Herr, ob so ein Fall

Ein Faktum oder eine Hypothes'.
Das ist zu sagen: ob der Herr sich das
Nur bloß so dichtet, oder ob's geschehn,
Und fortfährt zu geschehn.
TEMPELHERR. Ich glaubte, das
Sei eins, um Euer Hochehrwürden Meinung
Bloß zu vernehmen.
PATRIARCH. Eins? – Da seh' der Herr
Wie sich die stolze menschliche Vernunft
Im Geistlichen doch irren kann. – Mitnichten!
Denn ist der vorgetragne Fall nur so
Ein Spiel des Witzes: so verlohnt es sich
Der Mühe nicht, im Ernst ihn durchzudenken.
Ich will den Herrn damit auf das Theater
Verwiesen haben, wo dergleichen pro
Et contra sich mit vielem Beifall könnte
Behandeln lassen. – Hat der Herr mich aber
Nicht bloß mit einer theatral'schen Schnurre
Zum besten; ist der Fall ein Faktum; hätt'
Er sich wohl gar in unsrer Diözes',
In unsrer lieben Stadt Jerusalem
Ereignet: – ja alsdann –
TEMPELHERR. Und was alsdann?
PATRIARCH. Dann wäre an dem Juden fördersamst
Die Strafe zu vollziehn, die päpstliches
Und kaiserliches Recht, so einem Frevel,
So einer Lastertat bestimmen.
TEMPELHERR. So?
PATRIARCH. Und zwar bestimmen obbesagte Rechte
Dem Juden, welcher einen Christen zur
Apostasie verführt, – den Scheiterhaufen, –
Den Holzstoß –
TEMPELHERR. So?
PATRIARCH. Und wie vielmehr dem Juden,
Der mit Gewalt ein armes Christenkind
Dem Bunde seiner Tauf' entreißt! Denn ist
Nicht alles, was man Kindern tut, Gewalt? –
Zu sagen: – ausgenommen, was die Kirch'
An Kindern tut.
TEMPELHERR. Wenn aber nun das Kind,
Erbarmte seiner sich der Jude nicht,
Vielleicht im Elend umgekommen wäre?

PATRIARCH. Tut nichts! der Jude wird verbrannt! – Denn besser,
Es wäre hier im Elend umgekommen,
Als dass zu seinem ewigen Verderben
Es so gerettet ward. – Zudem, was hat
Der Jude Gott denn vorzugreifen? Gott
Kann, wen er retten will, schon ohn' ihn retten.
TEMPELHERR. Auch trotz ihm, sollt' ich meinen, – selig machen.
PATRIARCH. Tut nichts! der Jude wird verbrannt.
TEMPELHERR. Das geht
Mir nah'! Besonders, da man sagt, er habe
Das Mädchen nicht sowohl in seinem, als
Vielmehr in keinem Glauben auferzogen,
Und sie von Gott nicht mehr nicht weniger
Gelehrt, als der Vernunft genügt.
PATRIARCH. Tut nichts
Der Jude wird verbrannt ... Ja, wär' allein
Schon dieserwegen wert, dreimal verbrannt
Zu werden! – Was? ein Kind ohn' allen Glauben
Erwachsen lassen? – Wie? die große Pflicht,
Zu glauben, ganz und gar ein Kind nicht lehren?
Das ist zu arg! Mich wundert sehr, Herr Ritter,
Euch selbst ...
TEMPELHERR. Ehrwürd'ger Herr, das Übrige,
Wenn Gott will, in der Beichte.
Will gehn.
PATRIARCH. Was? mir nun
Nicht einmal Rede stehn? – Den Bösewicht,
Den Juden mir nicht nennen? – mir ihn nicht
Zur Stelle schaffen? – O da weiß ich Rat!
Ich geh' sogleich zum Sultan. – Saladin,
Vermöge der Kapitulation,
Die er beschworen, muss uns, muss uns schützen;
Bei allen Rechten, allen Lehren schützen,
Die wir zu unsrer allerheiligsten
Religion nur immer rechnen dürfen!
Gottlob! wir haben das Original.
Wir haben seine Hand, sein Siegel. Wir! –
Auch mach' ich ihm gar leicht begreiflich, wie
Gefährlich selber für den Staat es ist,
Nichts glauben! Alle bürgerlichen Bande
Sind aufgelöset, sind zerrissen, wenn
Der Mensch nichts glauben darf. – Hinweg! hinweg
Mit solchem Frevel! ...

TEMPELHERR. Schade, dass ich nicht
Den trefflichen Sermon mit bessrer Muße
Genießen kann! Ich bin zum Saladin
Gerufen.
PATRIARCH. Ja? – Nun so – Nun freilich – Dann –
TEMPELHERR. Ich will den Sultan vorbereiten, wenn
Es Eurer Hochehrwürden so gefällt.
PATRIARCH. Oh, oh! – Ich weiß, der Herr hat Gnade funden
Vor Saladin! – Ich bitte meiner nur
Im Besten bei ihm eingedenk zu sein. –
Mich treibt der Eifer Gottes lediglich.
Was ich zuviel tu', tu' ich ihm. – Das wolle
Doch ja der Herr erwägen! – Und nicht wahr
Herr Ritter? das vorhin Erwähnte von
Dem Juden, war nur ein Problema? – ist
Zu sagen –
TEMPELHERR. Ein Problema.
Geht ab.
PATRIARCH. (Dem ich tiefer
Doch auf den Grund zu kommen suchen muss.
Das wär' so wiederum ein Auftrag für
Den Bruder Bonafides.) – Hier, mein Sohn!
Er spricht im Abgehn mit dem Klosterbruder.

(*Text aus: Lessing, Gotthold Ephraim:* Nathan der Weise.
Hrsg. von Gerd Eversberg. Hollfeld: Bange, 1996, S. 92–97)

Lösungsvorschlag:

Gliederung des Aufsatzes

A. Einleitung:
Dichter, Titel, literarische Gattung, Thema des Dramas, Thema

B. Hauptteil:
I. Inhalt der Textstelle
II. Kontexteinordnung
III. Analyse der Textstelle
IV. Rolle des Tempelherrn

C. Schluss:
Beurteilung und aktueller Bezug

Stichwortartige Ausarbeitung des Aufsatzes

A. Einleitung:

Das fünfaktige Drama *Nathan der Weise*, das von seinem Dichter, Gotthold Ephraim Lessing, als ein „dramatisches Gedicht" klassifiziert wird, ist wohl eines der berühmtesten Werke der Aufklärung, das die Gedanken von religiöser Toleranz und Humanität thematisiert. Diese Grundgedanken spielen im Hintergrund auch in der vorliegenden Textstelle, in der es um eine Unterredung zwischen dem Patriarchen und dem Tempelherrn geht, eine Rolle.

B. Hauptteil:

I. Inhalt der Textstelle

Der Gegenstand der Unterhaltung ist die Frage des Tempelherrn, ob ein Jude ein christliches Mädchen erziehen dürfe. Der Patriarch verneint dies aufs Schärfste und fordert die Todesstrafe für den Juden, weil er das christliche Mädchen zur Apostasie, zum Abfall von Gott, verleitet habe. Auch die Einwände des Tempelherrn, dass das Mädchen ohne den Juden möglicherweise umgekommen wäre, dass der Jude das Mädchen ohne religiöse Bindung erzogen hätte und dass Gott das Mädchen immer noch selig machen könne, wenn er es wolle, überzeugen den Patriarchen nicht. Seiner Meinung nach müsse der Jude verbrannt werden.

II. Kontexteinordnung

Der Grund für das Zustandekommen des Gesprächs liegt in den vorangegangenen Szenen des Dramas. Der Tempelherr rettet Recha, weil es sein Ehrenkodex gebietet, und aus Lebensüberdruss; er verliebt sich dann aber in sie und hält sie nach wie vor für ein jüdisches Mädchen.

In III, 9 gesteht er Nathan seine Liebe zu ihr, Heiratsplänen steht Nathan aber reserviert gegenüber, da er ein verwandtschaftliches Verhältnis erahnt (vgl. S. 83). Der Tempelherr fühlt sich, ohne dass er von den Überlegungen Nathans weiß, zurückgewiesen, dieses Gefühl gesteht er Nathan später in V. 5. Daja klärt ihn in III, 10 darüber auf, dass Recha keineswegs eine Jüdin sei, sondern eine von Nathan an Kindes statt angenommene Christin. Die vermeintliche Zurückweisung durch Nathan und die Wahrheit über Rechas Herkunft veranlassen den Tempelherrn, beim Patriarchen um Rat zu fragen.

Nach dem Gespräch mit dem Patriarchen könnte die Handlung auch eine tragische Wendung nehmen, wenn sich die Pläne des Patriarchen verwirklicht hätten und er Nathan als den in seinem Sinne Schuldigen entlarvt hätte. So ist es jedoch der Auslöser dafür, dass der Klosterbruder zu Nathan geht, um ihn vor dem Patriarchen zu warnen. Er erinnert ihn daran, wie er Recha zu Nathan gebracht habe, und er erwähnt ein Brevier, aus dem später die verwandtschaftliche Beziehung zwischen Recha, dem Tempelherrn und Saladin hervorgeht.

Das Gespräch beim Patriarchen hilft somit indirekt, die Verwandtschaftverhältnisse zu klären und den dramatischen Knoten aufzulösen. Dieses Umstandes eingedenk, dankt Nathan dem Tempelherrn daher sogar für den Besuch beim Patriarchen (vgl. V, 5).

III. Analyse der Textstelle

Das Gespräch mit dem Patriarchen hat also eine zentrale Bedeutung für das gesamte Drama. Im Folgenden wollen soll es daher einer sorgfältigen Analyse unterzogen werden: Das Gespräch unter vier Augen lässt sich in vier Abschnitte gliedern: Begrüßung, Hilfsangebot, Problem und Diskussion, Abschluss. Vor dem eigentlichen Beginn der Unterhaltung wird der Geistliche als eine imposante Erscheinung beschrieben, die den Tempelherrn beeindruckt (vgl. V. 4 f.). Er reagiert auf die ihn lobende Begrüßung durch den Patriarchen daher auch mit einer respektvollen, sogar bescheiden klingenden Antwort. Der Patriarch bietet ihm daraufhin seinen „reifen Rat( )" (V. 30) an mit der Verpflichtung, diesen Rat auch anzunehmen. Dem Einwand des Tempelherrn, einen unsinnigen Rat könne man doch nicht befolgen, widerspricht der Patriarch mit dem Argument, dass geistliche Ratschläge niemals solcher Prüfung nach Sinn oder Unsinn unterliegen. Allerdings lässt es der Patriarch nicht auf eine Konfrontation mit dem Tempelherrn ankommen, er bricht die Ausführungen abrupt ab: „(...) Doch hiervon genug (...)" (V. 53).
Im Mittelpunkt des Gesprächs steht die Frage des Tempelherrn, wie man die Erziehung eines christlichen Mädchen durch einen Juden von kirchlicher Seite aus bewerten würde. Dem Patriarchen ist daran gelegen, den Realitätsbezug dieser Frage in Erfahrung zu bringen, daher lehnt er eine bloße theoretische Erörterung des Falles ab. Wenn sich der vorgetragene Fall aber tatsächlich zugetragen habe, so müsse der Schuldige auf dem Scheiterhaufen die Strafe für die Verführung zur Apostasie erfahren.
Den Höhepunkt der Diskussion stellen die drei Einwände des Tempelherrn dar, deren Intention es ist, den Fall menschlicher zu beurteilen. Dem ersten Einwand, dass das Kind ohne Hilfe möglicherweise umgekommen wäre, widerspricht der Patriarch mit dem Hinweis darauf, dass es für das Kind unter diesen Umständen wohl besser gewesen wäre, wenn es gestorben wäre. Außerdem könne Gott retten, wen er retten wolle. Auf den zweiten Einwand, dass es in der Hand Gottes liege, das Mädchen trotz jüdischen Einflusses noch selig zu machen, und auf den dritten Einwand, das Mädchen sei ohne religiöse Bindung erzogen worden, reagiert der Patriarch nur noch stereotyp mit dem Todesurteil: „Tut nichts! Der Jude wird verbrannt" (V. 116, V. 123, V. 130 f.).
In dieser Phase des Gesprächs wird deutlich, wie sich der Patriarch humanitären Argumenten verschließt und von einer dogmatischen und intoleranten Position aus urteilt. Selbst der Hinweis auf die freie Entscheidung Gottes, das Mädchen doch noch zu retten, kann den Patriarchen nicht zu einer Mäßigung bringen. Er hält sich nicht nur für unfehlbar, wie der Versprecher in V. 42 f.

zeigt, er ist noch dazu nicht bereit, die Willkürlichkeit seiner Argumentation einzusehen. Diese Willkür, aber auch das Machtbewusstsein zeigt der einschränkende Satz, dass alles Gewalt sei, was man Kindern antue; wenn aber die Kirche Kinder taufe, so sei dies ganz in Ordnung (vgl. V. 111 f.). Der Patriarch „biegt" sich seine Wahrheit so hin, wie er sie braucht, und er ist grundsätzlich von der Wahrheit seines Standpunktes fest überzeugt.
Auch der Tempelherr merkt schnell, dass sein Gesprächspartner von seiner einmal eingenommenen Haltung nicht abweicht. Er will das Gespräch beenden. Doch der Patriarch entfaltet nun sein ganzes Machtbewusstsein und droht dem Tempelherrn mit einer Anklage beim Sultan, wenn der Name des Schuldigen nicht preisgegeben würde. Doch diese offene Drohung pariert der Tempelherr auf couragierte ironische Weise: „Schade, dass ich nicht / Den trefflichen Sermon mit bessrer Muße / Genießen kann! Ich bin zum Saladin / Gerufen" (V. 159–162). Dem Patriarchen wird in diesem Moment das besondere Verhältnis zwischen Saladin und dem Tempelherrn bewusst, und es wird ihm mit einem Male klar, dass seine Drohung ins Leere gelaufen ist. Aus diesem Grund beginnt er zu stottern und ist um eine positive Darstellung seiner eigenen Person vor dem Sultan bemüht. Sein Eifer, so meint er bescheiden, diene nur der frommen Sache, und der vorgetragene Fall könne als nicht real existierender hypothetischer Fall betrachtet werden. Mit diesem „Kompromiss" verabschieden sich die Gesprächspartner,
Anfang und Ende des Gesprächs weisen Ähnlichkeiten auf: Der Bescheidenheit des Tempelherrn zu Beginn entspricht die vorgebliche Bescheidenheit des Patriarchen am Ende des Gesprächs; dass diese unterwürfige Haltung nur nach außen hin gezeigt wird, erkennt man daran, dass der Patriarch den vorgetragenen Fall mit Hilfe seines „Spions", des Klosterbruders, doch noch aufklären lassen möchte. Dieses Selbstgespräch am Ende des Auftritts lässt den Patriarchen vollends in einem negativen Licht erscheinen: Lessing stellt ihn als einen dogmatisch-fundamentalistischen, machtbewussten und opportunistisch-hinterhältigen Kirchenfürsten dar.

IV. Rolle des Tempelherrn

Sein Gegenpol ist der Tempelherr, dessen Rolle sich im Drama durch Aufrichtigkeit und Mut auszeichnet. Als Angehöriger eines 1092 gegründeten christlichen Ordens geistlicher Soldaten ist sein Selbstverständnis vor allem das eines Streiters für die christliche Sache (vgl. S. 26); einer Spionagetätigkeit für den Patriarchen verweigert er sich.
Der Tempelherr kämpft gegen die Muslime, wird von Saladin gefangen und begnadigt; diese Begnadigung ist die Voraussetzung dafür, dass er das angeblich jüdische Mädchen aus den Flammen retten kann. Bereits diese Konstellation zeigt den Tempelherrn als ein Bindeglied zwischen den drei Religionen. Die Menschlichkeit, die er von einem Muslim erfährt, setzt ihn instande, Menschlichkeit auch gegenüber einer vermeintlichen Jüdin auszuüben.

Darüber hinaus ist der Tempelherr der Erste, der sich gegen fromme Raserei ausspricht und indirekt Toleranz fordert: „Wann hat, und wo die fromme Raserei, / Den bessern Gott zu haben, diesen bessern / Der ganzen Welt als besten aufzudringen, / In ihrer schwärzesten Gestalt sich mehr /Gezeigt, als hier, als itzt?(...)" (S. 50). Auf dieser Grundlage bereitet er zusammen mit Nathan eine Verständigung über die Religionsgrenzen hinweg vor:„(...) Wir haben beide / Uns unser Volk nicht auserlesen. Sind / Wir unser Volk? Was heißt denn Volk? / Sind Christ und Jude eher Christ und Jude, / Als Mensch? (...) (S. 51). Die Seelenverwandtschaft mit Nathan führt konsequenterweise zur Freundschaft (vgl. S. 51).

Diese Freundschaft wird aber getrübt, da die Liebe zu Recha und die Angst, sie könnte ihm vorenthalten werden, im Tempelherrn alte, überkommene Vorurteile wiederbelebt. In V, 5 gesteht er Nathan seine Befürchtungen: „(...) Ich bildete mir ein, / Ihr wolltet, was Ihr einmal nun den Christen / So abgejagt, an einen Christen wieder / nicht gern verlieren. (...)" (S. 126). Dieses Geständnis lässt die Person des Tempelherrn in positivem Licht erscheinen: er ist einsichtig, selbstkritisch, er erkennt gemachte Fehler: „Ich tat nicht recht! (...)" (S. 127), und er ist ehrlich (vgl. V,5)

Selbst als es klar ist, dass er Recha nicht mehr als Ehefrau bekommen kann, ist er dankbar, sie als Schwester behalten zu dürfen: „Ihr nehmt und gebt mir, Nathan! / Mit vollen Händen beides! – Nein! Ihr gebt / Mir mehr, als Ihr mir nehmt! unendlich mehr! / (Recha um den Hals fallend) / Ah! Meine Schwester! Meine Schwester!" (S. 142 f.).

Fassen wir zusammen: Der Tempelherr wird fast zu einem christlichen „Gegenstück" zu Nathan, er entwickelt Nathans Eigenschaften der Toleranz und Humanität im Verlaufe des Stücks, die Freundschaft zwischen beiden ist daher die logische Folge. Kurzfristig lässt er sich von seinen Emotionen hinreißen, es gelingt ihm jedoch, diese Emotionen mit der Hilfe seines Verstandes unter Kontrolle zu bringen.

C. Schluss:

Der Tempelherr ist eine positive Identifikationsfigur. Als eine lernfähige Figur wirkt er vorbildhaft. In ihm personifiziert sich der Optimismus der Aufklärung, dass Mensch durch seine „ratio" das Gute erkennen und sich verändern kann. Besonders das Gespräch mit dem Patriarchen hat gezeigt, dass Dogmatismus und religiöser Eifer, die sich gegen die Vernunft richten, weder Humanität noch Toleranz entwickeln können. Humanität und Toleranz sind nicht nur für eine gute Lösung des dramatischen Knotens im *Nathan* verantwortlich, sie sind in unserer heutigen Zeit, in der in zunehmendem Maße fundamentalistische religiöse Strömungen Intoleranz lehren und praktizieren, nötiger denn je.

1.2 Heinrich Leopold Wagner (1747–1779), *Die Kindermörderin* (1776)

Aufgabe

Arbeitsaufgabe:

Verfassen Sie eine Inhaltsangabe des folgenden Dramenauszuges. Ordnen Sie ihn in den Kontext des gesamten Werkes ein. Erarbeiten Sie typische poetische Gestaltungsmittel und charakterisieren Sie die Hauptfiguren.

Info

Heinrich Leopold Wagner,
* 19. 02. 1747 in Straßburg, † 04. 03. 1779 in Frankfurt am Main; Hofmeister, Jurist, Dichter; Werke z. B. *Die Reue der That* (1775), *Die Kindermörderin* (1776), *Leben und Tod Sebastian Selligs* (1776); epochengeschichtliche Einordnung: Sturm und Drang

Lesetext

Heinrich Leopold Wagner (1747–1779)
***Die Kindermörderin* (1776)**

Evchen *(ihm nachsehend.)* Armer Mann! guter, unglücklicher Vater! – *(tiefseufzend.)* ich fürcht, ich fürcht, die schlaflosesten Nächte hast du noch zu erwarten! – Sein Zorn ist mir fürchterlich, aber, Gott weiß es, seine Liebe noch mehr! – – *(setzt sich hin, und liest eine Zeitlang.)* – Umsonst! es thuts nicht – ich les und lese, und wenn ich das Blatt umschlag, weiß ich kein Wort mehr von allem, was drauf steht. – *(legt das Buch hin, geht sehr bewegt, ein paarmal auf und ab.)* – Gröningseck! Gröningseck! was hast du nicht zu verantworten! –

v. Gröningseck *(der mittlerweil ganz angezogen, doch ohne Hut und Degen, zur Thür hereinschlich, stellt sein Licht auf den Tisch, und stürzt ihr plötzlich zu Füßen.)* Das weiß ich, Liebste, Theuerste! wills verantworten, will alles gut machen. –

Evchen *(bebt zurück.)* Wie! Sie erkühnen sich – um Mitternacht – was wollen Sie? was ist Ihre Absicht?

v. Gröningseck. Die reinste, tugendhafteste, die je ein Mann gehabt hat. Ihnen Ihre Ruhe wieder zu geben –

Evchen. Können Sie das? können Sie geschehne Sachen ungeschehn machen? – oder wollen Sie sich zum Gott lügen, und mich noch einmal täuschen?

v. Gröningseck. Das nicht, Evchen! wahrhaftig nicht! Das letzte mag ich nicht, das erste kann ich nicht und doch wollt ich, ich könnts! mit meinem Blut wollt ich ihn wiederkaufen, den unglücklichen Augenblick, da ich im Taumel –

Evchen. Er ist mir tief genug in die Seele gebrennt, Sie brauchen mich nicht noch selbst daran zu erinnern; – oder – sind Sie Satans genug, Verführer und Kläger zugleich zu seyn? –

v. Gröningseck *(springt auf.)* Ums Himmels willen, für welch ein scheußliches Ungeheuer halten Sie mich! – Ich kam hieher –

Evchen. Zu einer Zeit, in einer Stunde, in der Sie nicht gekommen wären, wenn Sie nur die geringste Hochachtung noch für mich hätten.

v. Gröningseck. Verzeihn Sie! Evchen! ich schwör Ihnen das Gegentheil: da ich Ihre Delikatesse kenne und billige, so stand ich lang an, eh ich mich zu diesem unzeitigen Besuch entschließen konnte: es musste aber gewagt seyn! – ich war Ihnen und mir es schuldig, Sie nochmals allein zu sprechen, eh ich nach Haus reise.

Evchen. Sie verreisen?

v. Gröningseck. So bald als möglich, um noch zu rechter Zeit wiederkommen, und Ihnen meine Hand anbieten zu können.

Evchen. Ist das Ihr Ernst, Gröningseck? spricht Ihr Herz so? mich deucht, Sie schwuren mirs schon ehmals.

v. Gröningseck. Und wiederhohls hier aufs feyerlichste. – Ihrer beleidigten Tugend alle mir mögliche Genugthuung zu geben, war, so bald ich fand, dass Sie das nicht waren, für das ich Sie in meinem Leichtsinn versehn hatte, meine erste Empfindung, und wird auch da noch, wenn alle andren Empfindungen mit Blut und Athem stocken, meine letzte seyn. – Möchte Sie dieses Versprechen doch in etwas beruhigen! Ich hab nur ein Wort. – Aber, du Evchen – hast mir nicht Wort gehalten.

Evchen. Wie so!

v. Gröningseck. Versprachst du mir nicht, dir Gewalt anzuthun – dir nichts merken zu lassen! –

Evchen. Es ist wahr, ich versprach, mir alle Mühe desfalls zu geben; thats auch, und –

v. Gröningseck. Und doch kam ich niemals ins Zimmer, dass du nicht bis in die Augen roth geworden wärst! – Wars Zorn, Verachtung, Abscheu?

Evchen. Das wars nicht, Gröningseck! ich liebte Sie, so wie ich Sie kennen lernte, jetzt kann ichs Ihnen sagen – sonst hätten Sie mich nicht so schwach gefunden, – und kann Sie auch noch nicht hassen, wenn ich auch nie die Hofnung hätte, die Ihrige zu werden: – aber den Gewissenswurm, der mir am Herzen nagt, zu ersticken, hab ich noch nicht gelernt! – wenn ichs könnte, würde ich doppelt vor mir erröthen.

v. Gröningseck. Göttliches Mädchen! *(ergreift ihre Hand, und führt sie dem Mund zu.)*

Evchen *(zieht sie schnell zurück.)* Ich dachte, Sie hätten nur ein Wort! – ists Vergessenheit? –

v. Gröningseck. Vergessenheit! Ergießung der Seelen! wie dus nennen willst – Kurz, ich kann nicht, ich muss den Schwur meiner ewigen Treue mit einem Handkuss versiegeln. *(will ihre Hand mit Gewalt küssen, sie stößt ihn von sich.)*

Evchen. Nein, Herr Lieutenant! – Sollten Sie es auch für Ziererey halten: ein Handkuss ist nichts, das weiß ich, und dennoch kann er zu allem führen. – Wenn Sie in Kleinigkeiten nicht Wort halten, wie soll ich Ihnen in wichtigem Angelegenheiten trauen? Ich will Ihnen wenigstens einen Meyneid ersparen. – Wer einmal in Feuersnoth gewesen, und das zweytemal nicht vorsichtig ist, verdient es, dass er darinn umkommt. – Bis wann denken Sie wieder hier zu seyn?

v. Gröningseck. Zwey Monat werden mit der Reise wohl draufgehn.

Evchen. Zwey Monat! – Da wird mir das Herz noch manchmal klopfen: – aber, das muss nun seyn, folglich muss ich mirs auch gefallen lassen. – Ich heiß Sie nicht eilen, wenn Sie Ihr Herz das nicht selbst heißt, – so bin ich ohnehin verlohren. –

v. Gröningseck. Das thuts gewiss.

Evchen. Jetzt, Gröningseck! ja! das glaub ich Ihnen, traus Ihrer Rechtschaffenheit zu. Wer kann mir aber für die Zukunft stehn? – niemand; Sie selbst nicht! – Keins von uns hat im Buche der Vorsehung sein Schicksal gelesen: – eine innre Stimme, die ich aber immer zu betäuben suche, sagt mir, das Meinige wäre mit Blut geschrieben.

v. Gröningseck. Evchen! wie kommen Sie da dran?

Evchen. Wie? auf die leichteste, simpelste Art von der Welt. – Den Fall gesetzt, Sie hielten Ihr Wort nicht –

v. Gröningseck. Der Fall ist aber unmöglich! –

Evchen. Das kann nur die Zeit lehren: – ich setz indessen – hören Sie nur! – Sie hielten Ihr Wort nicht, überließen mich meinem Schicksal, dem ganzen Gewicht der Schande, die mich erwartet, dem Zorn meiner Anverwandten, der Wuth meines Vaters, glaubst du, dass ich dies alles abwarten würde? abwarten könnte? – gewiss nicht! – die grauenvollste Wildnis würde ich aufsuchen, von allem was menschliches Ansehn hat entfernt, mich im dicksten Gesträuch vor mir selbst verbergen, nur den Regen des Himmels trinken, um mein Gesicht, mein geschändetes Ich nicht im Bach spiegeln zu dürfen; und wenn dann der Himmel ein Wunderwerk thäte, mich und das unglückliche Geschöpf, das Waise ist noch eh es einen Vater hat, beym Leben zu erhalten, so wollt ich, so bald es zu stammlen anfieng, ihm statt Vater und Mutter, die gräßlichen Worte, Hure und Meyneid, so lang ins Ohr schreyn, bis es sie deutlich nachspräche, und dann in einem Anfall von Raserey durch sein Schimpfen mich bewöge, seinem und meinem Elend ein Ende zu machen. – Wär das nicht blutig? Gröningseck! –

v. Gröningseck. Nur zu sehr – die Haar stehn mir – ich bin Soldat – war sehr jung schon im Feld mit; hab manche schreckliche Scene mit angesehn – aber so was –

Evchen. Kannst nur du veranlassen, und ich ausführen!

v. Gröningseck. Da bewahr sie Gott vor! – mir schaudert schon beym Gedanken! – Ums Himmelswillen, Evchen! entsagen Sie doch allen diesen melancholischen Träumereyen, schlagen Sie sich dieselben ganz aus dem Sinn – verlassen Sie sich auf mich, auf mein gegebenes Ehrenwort, auf meinen Überrest von Gefühl und Tugend; wenns auch nur ein Fünkchen wär; so haben Sie es doch wieder angefacht.

Evchen. Gut, Gröningseck! so seys denn! – ich versprechs Ihnen.

v. Gröningseck. Versprechen Sie mir aber auch ruhig und gelassen die Zeit zu erwarten?

Evchen *(nachdenkend.)* Ich möchte nicht gern mehr versprechen, als ich halten kann.

v. Gröningseck. Du kannst es, Liebchen! so bald du mir zutraust, dass ich ein ehrlicher Mann bin.

Evchen. Will ich mich nicht selbst verrathen, und meine Eltern auf die wahre Spur bringen, so werd ich wohl müssen. – Sie glauben nicht, wie nah sie mirs schon gelegt, wie sehr Sie mir zugesetzt haben! – mehr als einmal zitterte mir das fatale Geheimniß auf den Lippen, nur die Furcht –

v. Gröningseck. Behalten sies ja bey sich; ich beschwöre Sie darum; ich zittre, wenn ich mir Ihren Vater denke; – wenden Sie alles an, bieten Sie Ihre ganze Munterkeit auf, ja keinen Verdacht zu erwecken. – Es muthmaßt doch wohl niemand –

Evchen. Dem Magister trau ich am allerwenigsten; seine Luchsaugen haben mich schon mehr als einmal außer Fassung gebracht. – Der Auftrag, den Sie Ihm gestern gaben, gieng ihm gewaltig im Kopf herum; ich sahs ihm an, und stellte mich, als wäre mir gar nichts daran gelegen.

v. Gröningseck. Sollte er wohl niederträchtig genug seyn, Ihnen schaden zu wollen?

Evchen. Das nicht, Gröningseck! – bös meynt ers nicht mit mir, vielleicht nur zu gut. So viel ich merke, hat er heimlich Absichten auf mich; meine Mutter mag mit drunter stecken. – Die Herren sinds gewohnt, sich als Kandidaten schon ihr Mädchen zu wählen; kriegen sie hernach in zehn, fünfzehn Jahren eine Dorfpfarrey, so dürfen sie nicht lang nach einer Frau suchen.

v. Gröningseck. Bis dorthin können wir ihm vielleicht selbst mit einer Tochter bedient seyn.

Evchen. Sorgen Sie nur, dass sie sich ihrer Mutter nicht schämen darf. – Jetzt gehn Sie; die Nachbarn sinds nicht gewohnt, so lange Licht bey mir zu sehn. –

v. Gröningseck. Bekümmert sich Evchen auch um die? –

Evchen. Wenns da *(aufs Herz deutend)* nicht richtig ist, – wenn das uns Vorwürfe macht, so fürchtet man sich vor seinem eignen Schatten. – Jetzt gehn Sie, sag ich; – morgen können Sie mich noch bey meiner Mutter sehn. Sie nehmen doch Abschied bey ihr?

v. Gröningseck. Sehn! aber nicht sprechen!

Evchen. Ich werde jeden Blick verstehn. – *(sie gehn der Thüre zu.)* Zwey Monat, sagten Sie?

v. Gröningseck. Zwey Monat aufs längste! das schwör ich Ihnen nochmals, im Angesicht des Monds und aller der Sterne, die dort am Firmament glänzen: mein letzter Blick, wenn ich morgen in Wagen steig, Solls Ihnen noch einmal schwören. – Nur ruhig, mein Liebchen! *(drückt Evchen die Hand, und geht ab; Evchen öffnet halb die Thüre, steckt den Kopf hinaus und ruft mit gedämpfter Stimme.)*

Evchen. Gröningseck! noch eins! *(er kommt zurück, sie küsst ihn mit den Worten)* Den kann ich Ihnen morgen nicht auf die Reis geben! *(und riegelt die Thür schnell hinter ihm zu.)*

Der Vorhang fällt

(Text aus: Wagner, Heinrich Leopold:
Die Kindermörderin. *Stuttgart: Reclam, 2001, S 49–54)*

Lösungsvorschlag:

Lösung

Gliederung des Aufsatzes

A. Einleitung:
Autor, literarische Gattung, Thema, Textstelle

B. Hauptteil:

I. Inhalt
II. Kontext
III. Poetische Gestaltungsmittel
IV. Charakterisierungen

C. Schluss:
Vergleich mit der Gretchentragödie in Goethes *Faust I*

Stichwortartige Ausarbeitung des Aufsatzes

A. Einleitung:
Heinrich Leopold Wagners bedeutendstes Werk ist die sozialkritische Tragödie *Die Kindermörderin* (1776), in der das Schicksal einer jungen Frau aus dem Bürgertum im Mittelpunkt steht, die ihr uneheliches Kind, dessen Vater ein Adliger ist, tötet. In der vorliegenden Szene verabschiedet sich Lieutenant von Gröningseck von seiner Geliebten, da er vorhat, eine mehrmonatige Reise anzutreten.

B. Hauptteil:

I. Inhalt der Textstelle

- Gespräch zwischen Evchen und Lieutenant von Gröningseck um Mitternacht; er kommt in ihr Zimmer, um ihr mitzuteilen, dass er sie heiratet, sobald er von seiner zweimonatigen Reise zurück ist.
- Beide gestehen sich ihre Liebe; Evchen drückt daneben auch ihre Angst darüber aus, dass er sein Versprechen nicht halten und sie so zu einer verzweifelten, blutigen Tat treiben könnte.
- Er versucht sie davon zu überzeugen, dass er es ernst und ehrlich mit ihr meint und dass er rechtzeitig zurück ist.
- Sie nehmen Abschied voneinander.

II. Kontext

In der vorliegenden Textstelle ist die Hoffnung auf ein glückliches Ende der aus Standesgründen problematischen Beziehung noch berechtigt. Vor der besprochenen Szene, also im ersten Teil des vierten Aktes, kommt es zu ei-

nem Gespräch zwischen Evchen und ihren Eltern, die beide noch nicht die Wahrheit kennen und glauben, dass Evchens Kummer andere Ursachen hat. Der Vater geht sogar davon aus, dass bald alles wieder seinen gewohnten Ablauf nehmen werde, dass Evchen also wieder in die Kirche gehen und ihre alte Fröhlichkeit wieder gewinnen werde.
Im auf die Szene folgenden fünften Akt wird die Hoffnung auf ein glückliches Ende zunichte gemacht; Evchen erhält Briefe, in denen das Verhältnis offen gelegt wird; sie verlässt ihr Zuhause, die Wahrheit kommt ans Licht.

III. Poetische Gestaltungsmittel

- Evchen und v. Gröningseck verfügen über einen gehobenen Wortschatz; obwohl die Gesprächspartner aus verschiedenen Schichten kommen (Evchen ist Vertreterin des Bürgertums und v. Gröningseck ist Angehöriger des Adels), ist kein Unterschied festzustellen.
- Metapher (Z. 18): „mit meinem Blut" als Umschreibung der Todesbereitschaft
- Paradoxon (Z. 21): „Verführer und Kläger" zur Beschreibung seiner mangelnden Vertrauenswürdigkeit
- Periphrase (Z. 33): „meine Hand anbieten" als Ausdruck seiner Heiratsbereitschaft
- Akkumulation, Klimax (Z. 47): „Zorn, Verachtung, Abscheu" zum Ausdruck der Verwirrung v. Gröningsecks
- Hyperbel (Z. 54): „göttliches Mädchen" als übertreibende, metaphysische Überhöhung der Zuneigung
- Periphrase (Z. 74): „Das Meinige wäre mit Blut geschrieben" als Hinweis auf die tödlichen Folgen, wenn er seine Zusage nicht einhält.

IV. Charakterisierungen

Evchen:

- 18 Jahre alt, bürgerliche Herkunft, etwas belesen (vgl. S. 17, Z. 20 f.).
- naiv, da sie v. Gröningseck blind vertraut (vgl. S. 18, Z. 3 und S. 6, Z. 11)
- Evchen kann auch bestimmend sein: „So sei dieser Kuss der Trauring, den wir einander auf die Eh geben. Aber von nun an, bis der Pfarrersein Amen! gesagt, von nun an – hören Sie ja wohl, was ich sage – unterstehn Sie sich nicht, mir nur den Finger zu küssen; – sonst halt ich Sie für einen Meineidigen (...) Haben Sie mich verstanden?" (S. 18, Z. 13–24).
- Sie hat ein schlechtes Gewissen, da sie ihre Unschuld verloren hat und nun sogar schwanger ist und die Familie entehrt hat; sie ist deswegen melancholisch und bleibt in ihrem Zimmer; in die Kirche kann sie nicht mehr gehen, weil sie sich auch vor Gott schuldig fühlt.
- Sie ist ehrlich und vorrausschauend (vgl. S. 52 f.), darüber hinaus auch besorgt und pflichtbewusst, „Hätt ich nur Milch für den Wurm!" (vgl. S. 72, Z. 15).
- Sie ist abhängig von der Gesellschaft und deren Normen.

Lieutenant von Gröningseck:

- älter als Evchen, adlige Abstammung
- Er ist aufrichtig und ehrlich: „In fünf Monaten bin ich majorenn, dann führ ich dich an den Altar, erkenne dich öffentlich für die Meine" (S. 17, Z. 37 f.); er verspricht ihr dies mehrmals und will es am Ende auch halten, doch dann ist es zu spät, da Evchen ihr gemeinsames Kind bereits umgebracht hat; er kündigt ihr auch an, dass er für zwei Monate verreisen wird: „Ich war Ihnen und mir es schuldig, Sie nochmals allein zu sprechen, eh ich nach Hause reise" (Z. 29 f.).
- Er ist besorgt um sie und er übernimmt Verantwortung, „Evchen wird jedes Wort verstehn, und vielleicht beruhigt sie das, wenigstens zum Theil" (S. 43, Z. 35–37); „Sie ist schwanger. " (S. 44, Z. 7); „Was ich mit ihr vorhab; was ich thun werde, thun muss. Ich werde sie heyrathen" (S. 44, Z. 13–14).

C. Schluss:

Die Tragödie *Die Kindermörderin* ruft natürlich die Gretchentragödie im *Faust* ins Gedächtnis; Goethe selbst warf Wagner vor, dass sein Stück ein Plagiat seines Faustplanes sei. Neben den auf der Hand liegenden Gemeinsamkeiten (unerfahrenes Mädchen, uneheliche Schwangerschaft, Kindsmord, Standesunterschied, Schlaftrunk für die Mutter) sind vor allem die Unterschiede in der Ausgestaltung des Motivs wichtig: In Wagners Drama ist es der Leutnant, der sich darum kümmert, dass die Mutter den Schlaftrunk bekommt, an dem sie auch nicht stirbt, wie es im *Faust* der Fall ist. Außerdem kümmert sich v. Gröningseck wirklich um Evchen und möchte sie zur Frau nehmen, wohingegen Faust die Gretchen-Episode als einen Teil seiner Erkenntniserweiterung betrachtet.

1.3 Friedrich Schiller (1759–1805), *Wilhelm Tell* (1804)*

Arbeitsaufgabe:

Verfassen Sie eine Inhaltsangabe des folgenden Dramenauszuges. Ordnen Sie ihn in den Kontext des gesamten Werkes ein. Charakterisieren Sie die Hauptfiguren.

Friedrich (Johann Christoph) Schiller,
* 10. 11. 1759 in Marbach/Neckar, † 9. 5. 1805 in Weimar; Werke z. B. : *Die Räuber* (1782), *Fiesco* (1783), *Kabale und Liebe* (1784), *Wallenstein* (1800), *Maria Stuart* (1800), *Die Jungfrau von Orleans* (1801), *Die Braut von Messina* (1803), *Wilhelm Tell* (1804); epochengeschichtliche Einordnung: Sturm und Drang, Klassik.

Lesetext

Friedrich Schiller (1759–1805)
Wilhelm Tell* (1804)

Stauffacher ruft:
Der Apfel ist gefallen!
Indem sich alle nach dieser Seite gewendet und Berta zwischen Rudenz und den Landvogt sich geworfen, hat Tell den Pfeil abgedrückt.

Rösselmann:
Der Knabe lebt!

Viele Stimmen:
Der Apfel ist getroffen!
Walther Fürst schwankt und droht zu sinken, Berta hält ihn.
Geßler erstaunt:
Er hat geschossen? Wie? der Rasende!

Berta:
Der Knabe lebt! kommt zu Euch, guter Vater!

Walter Tell *kommt mit dem Apfel gesprungen:*
Vater, hier ist der Apfel – Wusst ich's ja,
Du würdest deinen Knaben nicht verletzen.
Tell stand mit vorgebognem Leib, als wollt er dem Pfeil folgen – die Armbrust entsinkt seiner Hand – wie er den Knaben kommen sieht, eilt er ihm mit ausgebreiteten Armen entgegen, und hebt ihn mit heftiger Inbrunst zu seinem Herzen hinauf, in dieser Stellung sinkt er kraftlos zusammen. Alle stehen gerührt.

Berta:
O güt'ger Himmel!

Walter Fürst *zu Vater und Sohn:*
Kinder! meine Kinder!

Stauffacher:
Gott sei gelobt!

Leuthold:
Das war ein Schuss! Davon
Wird man noch reden in den spätsten Zeiten.

Rudolf der Harras:
Erzählen wird man von dem Schützen Tell,
Solang die Berge stehn auf ihrem Grunde.
Reicht dem Landvogt den Apfel.

Geßler:
Bei Gott! der Apfel mitten durchgeschossen!
Es war ein Meisterschuss, ich muss ihn loben.

Rösselmann:
Der Schuss war gut, doch wehe dem, der ihn
Dazu getrieben, dass er Gott versuchte.

Stauffacher:
Kommt zu Euch, Tell, steht auf, Ihr habt Euch männlich
Gelöst, und frei könnt Ihr nach Hause gehen.
Rösselmann:
Kommt, kommt und bringt der Mutter ihren Sohn.
Sie wollen ihn wegführen.
Geßler:
Tell, höre!
Tell *kommt zurück:*
Was befiehlt Ihr, Herr?
Geßler:
Du stecktest
Noch einen zweiten Pfeil zu dir – Ja, ja,
Ich sah es wohl – Was meintest du damit?
Tell *verlegen:*
Herr, das ist also bräuchlich bei den Schützen.
Geßler:
Nein, Tell, die Antwort lass ich dir nicht gelten,
Es wird was anders wohl bedeutet haben.
Sag mir die Wahrheit frisch und fröhlich, Tell,
Was es auch sei, dein Leben sichr' ich dir.
Wozu der zweite Pfeil?
Tell:
Wohlan, o Herr,
Weil Ihr mich meines Lebens habt gesichert,
So will ich Euch die Wahrheit gründlich sagen.
Er zieht den Pfeil aus dem Koller und sieht den Landvogt mit einem furchtbaren Blick an.
Mit diesem zweiten Pfeil durchschoss ich – Euch,
Wenn ich mein liebes Kind getroffen hätte,
Und Eurer – wahrlich! hätt ich nicht gefehlt.
Geßler:
Wohl, Tell! Des Lebens hab ich dich gesichert,
Ich gab mein Ritterwort, das will ich halten –
Doch weil ich deinen bösen Sinn erkannt,
Will ich dich führen lassen und verwahren,
Wo weder Mond noch Sonne dich bescheint,
Damit ich sicher sei vor deinen Pfeilen.
Ergreift ihn, Knechte! Bindet ihn!
Tell wird gebunden.

(Text aus: Schiller, Friedrich: Wilhelm Tell. *Stuttgart: Reclam, 1993, Seite 69–71)*

Lösung

Lösungsvorschlag:

Gliederung des Aufsatzes

A. Einleitung:
Autor, literarische Gattung, Thema, Textstelle

B. Hauptteil:
I. Kontext
II. Inhalt
III. Charakterisierungen

C. Schluss:
Hinweis auf verwandte Werke

Stichwortartige Ausarbeitung des Aufsatzes

A. Einleitung:
Das 1804 entstandene Drama *Wilhelm Tell* von Friedrich Schiller handelt von der Befreiung der Schweizer Bauern aus der Willkürherrschaft der Österreicher. Mit der Wahl dieses Themas nimmt Schiller ein typisches Sturm-und-Drang-Thema auf. Die vorliegende Textstelle bedeutet einen Wendepunkt im Drama und steht somit an entscheidender Stelle, da sich Tell nach der Bedrohung seiner Familie dazu entschließt, den Tyrannen Geßler zu töten.

B. Hauptteil:

I. Kontext
Das Drama setzt ein mit der Verfolgung Baumgartens durch habsburgische Reiter; Baumgarten hat den Burgvogt Wolfenschießen getötet, der seine Frau hat vergewaltigen wollen. In seiner Not bittet er den Fischer Ruodi, ihn über den Vierwaldstätter See zu schiffen. Der Fischer ist dazu allerdings nicht bereit, da ein Gewitter am Aufziehen zu sein scheint. In diesem Augenblick tritt Tell auf und bietet Baumgarten seine Hilfe an. Die Verfolger stecken die Hütten der Seeanwohner in Brand und töten deren Vieh aus Rache. Das Volk ist empört über die Willkür der habsburgischen Unterdrücker (in Gestalt des Reichsvogten Herrmann Geßler) und will diese auch nicht länger hinnehmen. Tell jedoch ist der Meinung, mit einem Aufstand noch zu warten. Er erklärt sich zwar zu Hilfeleistungen bereit, möchte aber nicht an einem Aufstand beteiligt sein. Der Rütlischwur kommt ohne Tell zustande.
Berta von Bruneck, die zunächst auf Geßlers Seite steht, sich aber mit der Zeit mehr und mehr mit dem unterworfenen Volk solidarisiert, kann auch den Ad-

ligen Ulrich von Rudenz für die Sache des unterdrückten Volkes gewinnen.
Im Folgenden wird Tell mit in das Geschehen einbezogen: Er weigert sich, dem aufgestellten Hut Geßlers seine Referenz zu erweisen und wird deshalb von den Wachen Frießhart und Leuthold gefangen genommen, woraufhin auch der Reichsvogt auftaucht.
Obwohl sich Tell bei ihm entschuldigt, befiehlt Geßler ihm, einen Apfel vom Kopf seines Sohnes zu schießen, ansonsten droht ihm die Köpfung.
Tell trifft den Apfel und wäre gemäß der Abmachung ein freier Mann; er gesteht jedoch, dass er mit einem zweiten Pfeil Geßler erschossen hätte, wenn sein Sohn verletzt worden wäre. Aufgrund seiner Ehrlichkeit droht ihm nun das Gefängnis.
An diesem Punkt setzt der vorliegende Textausschnitt ein.

II. Inhalt

In dem nun zu analysierenden Textauszug sind Tell, Geßler, Berta, Stauffacher, Rösselmann, Walter Tell, Walter Fürst, Leuthold und Rudolf der Harras beteiligt. Stauffacher stellt voller Bewunderung fest, dass Tell den Apfel getroffen hat. Alle Umstehenden sind erleichtert, dass niemand zu Schaden gekommen ist. Geßler scheint es nicht fassen zu könne, dass Tell tatsächlich den Schuss gewagt hat. Als Tell ihm freimütig berichtet, dass er den zweiten Pfeil für den Landvogt vorgesehen hat, wenn er sein Sohn verletzt worden wäre, lässt er ihn verhaften.

III. Charakterisierungen

Wilhelm Tell:

naturverbundener, friedlicher Jäger; ist in vielen Dingen sehr geschickt, wie z. B. im Rudern und Schießen. Auf Gott vertrauend begegnet er allen Gefahren und hegt den starken Wunsch nach Freiheit und Gerechtigkeit. Aufgrund des tiefen Gottvertrauens ist er selbstbewusst und nimmt daher nicht am Rütlischwur teil (vgl. I, 3). Die Ehrlichkeit ist ein wichtiger Charakterzug Tells (vgl. III, 3). Diese trägt ihm auch die Achtung und Bewunderung seiner Mitbürger ein. Tell ist ein spontan handelnder Mensch, der stets hilfsbereit ist (vgl. I, 1), zuweilen wird er als Einzelgänger dargestellt (vgl. I, 3).
Der Apfelschuss verändert Tell, indem er die Hoffnung auf eine gütliche Einigung mit dem ungerechten Landvogt aufgibt und sich von der Notwendigkeit seiner Ermordung überzeugt; der Anschlag wird von ihm genau geplant (vgl. IIII, 3).
Wilhelm Tell als Held ist von Beginn des Schauspiels an eine entscheidende Person im Freiheitskampf. Er zeigt, dass das individuelle Handeln einzelner Personen erst ein solidarisches Handeln der Unterdrückten hervorruft.

Landvogt Geßler:
Geßler ist dem Kaiser Albrecht I. untergeordnet. Die Vögte wurden eingesetzt, um Recht und Ordnung aufrechtzuerhalten, was jedoch oft zu Ausbeutung und Unterdrückung führte. Geßler hasst und verachtet das selbstbewusste und freiheitsliebende Volk der Schweizer. Ständig missbraucht er das Gesetz, um die Schweizer zu erniedrigen oder um es um ihren Besitz zu bringen. Überall in seinem Machtbereich lässt er Zwingburgen als Symbol seiner Herrschaft errichten. Umgeben von seinem Gefolge ist er arrogant und menschen-verachtend. Ohne dieses jedoch ist er schutzlos und ängstlich (vgl. III, 1); dass Tell ihn so schwach gesehen hat, kann er ihm nicht verzeihen, er rächt sich durch die Aufforderung zum Apfelschuss an ihm. Als Geßler Auflehnung gegen diesen ungeheuren Befehl spürt, droht er mit der Tötung von Vater und Sohn. Er genießt den Moment, als der vom Volk so geachtete Tell sich niederwirft und um Gnade fleht (vgl. III, 3.). Umso größer ist dann seine Wut, als er sieht, wie Tell diese scheinbar ausweglose Situation zu seinen Gunsten nützen kann.
Sein Befehl stärkt am Ende Wilhelm Tell und dessen Reputation im Schweizer Volk, das ihn nach dem Apfelschuss als einen von Gott Begünstigten betrachtet (vgl. III, 3). Außerdem steht die Apfelschussszene in direkter Verbindung mit der Ermordung Geßlers.

C. Schluss:
Zwischen den Dramen *Die Räuber* und *Wilhelm Tell* lassen sich eine ganze Reihe von Gemeinsamkeiten feststellen: Thema der Auflehnung gegen Ungerechtigkeit, Motiv des ehrenhaften Verbrechers, persönliche Freiheit versus Auflehnung gegen die Ungerechtigkeit, wichtige Rolle (Rütlischwur, Bandenschwur), Motiv des Vatermordes.

2. Klassik (1786–1805)

Inhaltliche Merkmale
- Ideal vollkommener Schönheit
- Harmonie und Ausgewogenheit
- hoher Wert des sittlichen Handelns; Humanität und Toleranz
- kosmische Ordnung als Notwendigkeit
- Herausstellung des Erhabenen

Hauptvertreter und Werke
- Johann Wolfgang Goethe (1749–1832): *Iphigenie auf Tauris, Faust I* und *II, Novelle, Wilhelm Meister*, Gedichte und Balladen
- Friedrich Schiller (1759–1805): *Über Anmut und Würde, Über die ästhetische Erziehung des Menschen*

Nachklassik:
- Heinrich von Kleist (1777–1811): *Der zerbrochne Krug, Michael Kohlhaas, Das Bettelweib von Locarno, Das Erdbeben in Chili*
- Friedrich Hölderlin (1770–1843): *Der Tod des Empedokles*
- Jean Paul (1763–1825): *Flegeljahre*

Formale Merkmale
- Harmonie zwischen Aussage und Form als Ideal: Kunstballade
- Dinggedicht
- Gedankenlyrik
- Hymne
- Verwendung antiker Formen und Stilmittel
- Entwicklungsroman
- Ballade
- Ideendrama, analytisches Drama

2.1 Johann Wolfgang von Goethe (1749–1832), *Torquato Tasso* (1790)

Aufgabe

Arbeitsaufgabe:
Erschließen Sie Gesprächsinhalt, Dialogführung und sprachliche Gestaltung des folgenden Szenenausschnitts! Setzen Sie Tassos und Antonios Vorstellungen von angemessenem Verhalten sowie ihr Benehmen in Bezug zum Menschenbild der Klassik! Vergleichen Sie damit die Gestaltung des Konflikts zwischen zwei zentralen Figuren in einem anderen Drama!

Info

Johann Wolfgang von Goethe,
* 28. 8. 1749 in Frankfurt/M. , † 22. 3. 1832 in Weimar; Jurist, Dramatiker, Lyriker, Erzähler, Naturforscher; Werke z. B. : *Götz von Berlichingen* (1773), *Die Leiden des jungen Werther* (1774), *Iphigenie auf Tauris* (1786), *Faust* (Teil I: 1806, Teil II: 1831), *Egmont* (1787), *Wilhelm Meisters Lehrjahre* (1795/96); epochengeschichtliche Einordnung: Sturm und Drang, Klassik.

Lesetext

Johann Wolfgang von Goethe (1749–1832)
***Torquato Tasso* (1790)**

Ein Schauspiel (II,3)
Saal.

TASSO. Sei mir willkommen, den ich gleichsam jetzt
Zum erstenmal erblicke! Schöner ward
Kein Mann mir angekündigt. Sei willkommen!
Dich kenn' ich nun und deinen ganzen Wert,
Dir biet' ich ohne Zögern Herz und Hand
Und hoffe, dass auch du mich nicht verschmähst.
ANTONIO. Freigebig bietest du mir schöne Gaben,
Und ihren Wert erkenn' ich, wie ich soll:
Drum lass mich zögern, eh' ich sie ergreife.
Weiß ich doch nicht, ob ich dir auch dagegen
Ein Gleiches geben kann. Ich möchte gern
Nicht übereilt und nicht undankbar scheinen:
Lass mich für beide klug und sorgsam sein.
TASSO. Wer wird die Klugheit tadeln? Jeder Schritt
Des Lebens zeigt, wie sehr sie nötig sei;
Doch schöner ist 's, wenn uns die Seele sagt,
Wo wir der feinen Vorsicht nicht bedürfen.
ANTONIO. Darüber frage jeder sein Gemüt,
Weil er den Fehler selbst zu büßen hat.
TASSO. So sei 's! Ich habe meine Pflicht getan:
Der Fürstin Wort, die uns zu Freunden wünscht,
Hab' ich verehrt und mich dir vorgestellt.
Rückhalten durft' ich nicht, Antonio; doch gewiss,
Zudringen will ich nicht. Es mag denn sein.
Zeit und Bekanntschaft heißen dich vielleicht
Die Gabe wärmer fordern, die du jetzt
So kalt beiseitelehnst und fast verschmähst.

ANTONIO. Der Mäßige wird öfters kalt genannt
Von Menschen, die sich warm vor andern glauben,
Weil sie die Hitze fliegend überfällt.
TASSO. Du tadelst, was ich tadle, was ich meide.
Auch ich verstehe wohl, so jung ich bin,
Der Heftigkeit die Dauer vorzuziehn.
ANTONIO. Sehr weislich! Bleibe stets auf diesem Sinne.
TASSO. Du bist berechtigt, mir zu raten, mich
Zu warnen, denn es steht Erfahrung dir
Als lang' erprobte Freundin an der Seite.
Doch glaube nur, es horcht ein stilles Herz
Auf jedes Tages, jeder Stunde Warnung
Und übt sich insgeheim an jedem Guten,
Das deine Strenge neu zu lehren glaubt.
ANTONIO. Es ist wohl angenehm, sich mit sich selbst
Beschäft'gen, wenn es nur so nützlich wäre.
Inwendig lernt kein Mensch sein Innerstes
Erkennen; denn er misst nach eignem Maß
Sich bald zu klein und leider oft zu groß.
Der Mensch erkennt sich nur im Menschen, nur
Das Leben lehret jedem, was er sei.
TASSO. Mit Beifall und Verehrung hör' ich dich.
ANTONIO. Und dennoch denkst du wohl bei diesen Worten
Ganz etwas anders, als ich sagen will.
TASSO. Auf diese Weise rücken wir nicht näher.
Es ist nicht klug, es ist nicht wohlgetan,
Vorsätzlich einen Menschen zu verkennen,
Er sei auch, wer er sei. Der Fürstin Wort
Bedurft' es kaum, leicht hab' ich dich erkannt:
Ich weiß, dass du das Gute willst und schaffst.
Dein eigen Schicksal lässt dich unbesorgt,
An andre denkst du, andern stehst du bei,
Und auf des Lebens leicht bewegter Woge
Bleibt dir ein stetes Herz. So seh' ich dich.
Und was wär' ich, ging' ich dir nicht entgegen?
Sucht' ich begierig nicht auch einen Teil
An dem verschlossnen Schatz, den du bewahrst?
Ich weiß, es reut dich nicht, wenn du dich öffnest,
Ich weiß, du bist mein Freund, wenn du mich kennst:
Und eines solchen Freunds bedurft' ich lange.
Ich schäme mich der Unerfahrenheit
Und meiner Jugend nicht. Still ruhet noch
Der Zukunft goldne Wolke mir ums Haupt.

O nimm mich, edler Mann, an deine Brust
Und weihe mich, den Raschen, Unerfahrnen,
Zum mäßigen Gebrauch des Lebens ein.
ANTONIO. In einem Augenblicke forderst du,
Was wohlbedächtig nur die Zeit gewährt.
TASSO. In einem Augenblick gewährt die Liebe,
Was Mühe kaum in langer Zeit erreicht.
Ich bitt' es nicht von dir, ich darf es fordern.
Dich ruf' ich in der Tugend Namen auf,
Die gute Menschen zu verbinden eifert.
Und soll ich dir noch einen Namen nennen?
Die Fürstin hofft 's, sie will 's – Eleonore,
Sie will mich zu dir führen, dich zu mir.
O lass uns ihrem Wunsch entgegengehn!
Lass uns verbunden vor die Göttin treten,
Ihr unsern Dienst, die ganze Seele bieten,
Vereint für sie das Würdigste zu tun.
Noch einmal! – Hier ist meine Hand! Schlag ein!
Tritt nicht zurück und weigre dich nicht länger,
O edler Mann, und gönne mir die Wollust,
Die schönste guter Menschen, sich dem Bessern
Vertrauend ohne Rückhalt hinzugeben!
ANTONIO. Du gehst mit vollen Segeln! Scheint es doch,
Du bist gewohnt, zu siegen, überall
Die Wege breit, die Pforten weit zu finden.
Ich gönne jeden Wert und jedes Glück
Dir gern; allein ich sehe nur zu sehr,
Wir stehn zu weit noch voneinander ab.
TASSO. Es sei an Jahren, an geprüftem Wert;
An frohem Mut und Willen weich' ich keinem.
ANTONIO. Der Wille lockt die Taten nicht herbei;
Der Mut stellt sich die Wege kürzer vor.
Wer angelangt am Ziel ist, wird gekrönt,
Und oft entbehrt ein Würd'ger eine Krone.
Doch gibt es leichte Kränze, Kränze gibt es
Von sehr verschiedner Art: sie lassen sich
Oft im Spazierengehn bequem erreichen.
TASSO. Was eine Gottheit diesem frei gewährt
Und jenem streng versagt, ein solches Gut
Erreicht nicht jeder, wie er will und mag.
ANTONIO. Schreib es dem Glück vor andern Göttern zu,
So hör' ich 's gern, denn seine Wahl ist blind.

TASSO. Auch die Gerechtigkeit trägt eine Binde
Und schließt die Augen jedem Blendwerk zu.
ANTONIO. Das Glück erhebe billig der Beglückte!
Er dicht' ihm hundert Augen fürs Verdienst
Und kluge Wahl und strenge Sorgfalt an,
Nenn' es Minerva, nenn' es, wie er will,
Er halte gnädiges Geschenk für Lohn,
Zufäll'gen Putz für wohlverdienten Schmuck.
TASSO. Du brauchst nicht deutlicher zu sein. Es ist genug!
Ich blicke tief dir in das Herz und kenne
Fürs ganze Leben dich. O kennte so
Dich meine Fürstin auch! Verschwende nicht
Die Pfeile deiner Augen, deiner Zunge!
Du richtest sie vergebens nach dem Kranze,
Dem unverwelklichen, auf meinem Haupt.
Sei erst so groß, mir ihn nicht zu beneiden!
Dann darfst du mir vielleicht ihn streitig machen. (…)

(Text aus: Johann Wolfgang von Goethe, Werke *(Hamburger Ausgabe in 14 Bänden), textkritisch durchgesehen und kommentiert von Erich Trunz, Band 5* (Dramatische Dichtungen III)*, München: Deutscher Taschenbuch Verlag, 1998, S. 105–109)*

Lösungsvorschlag:

Aufbau

A. Einleitung:
Dichter, Titel, Thema

B. Hauptteil:

I. Johann Wolfgang von Goethe, *Torquato Tasso*
   1. Inhalt und Gesprächsführung
   2. Sprachliche Gestaltung
   3. Verhalten der Figuren vor dem Hintergrund der Klassik

II. Konflikt der zentralen Figuren in der *Antigone* des Sophokles
   1. Inhalt der *Antigone* des Sophokles
   2. Konflikt zwischen Kreon und Antigone
   3. Epochen- und zeittypische Gestaltungsmerkmale

C. Schluss:
Zusammenfassender Vergleich

Stichwortartige Ausarbeitung des Aufsatzes

A. Einleitung:

In seinem 1789 beendeten Drama *Torquato Tasso* konfrontiert Johann Wolfgang von Goethe am Hof von Ferrara die politische Sphäre mit der Welt der Dichtkunst: An exponierter Stelle des Dramas steht der Staatsmann Antonio, sein Gegenspieler ist der Dichter Tasso. In dem vorliegenden Ausschnitt kommt es zur Konfrontation zwischen den das Drama bestimmenden unterschiedlichen Auffassungen in der Gestalt der beiden Figuren.

B. Hauptteil:

I. Johann Wolfgang von Goethe, *Torquato Tasso*

1. Inhalt und Gesprächsführung

- Gesprächseinstieg, Gesprächsthema (Exposition)
  Tasso begrüßt Antonio sehr freundlich und bietet ihm unverzüglich seine Freundschaft an (vgl. V. 1–6).
  Antonio reagiert reserviert, aber höflich auf das Angebot; da sich beide zum ersten Male sehen, könne er nicht wissen, ob auch er Tasso seine Freundschaft schenken könne. Er hält es für einen Ausdruck von Klugheit, nichts zu übereilen (vgl. V. 7–13).
  Tasso lobt Antonio für seine kluge Haltung; allerdings sei es viel schöner, sich auf die Stimme des Gefühls zu verlassen, inbesondere dann, wenn es um Freundschaft gehe (vgl. V. 14–17).
  Antonio reagiert mit der Bemerkung, dass immer nur der einzelne Mensch für sich entscheiden könne, inwieweit er sich ganz auf sein Gefühl verlasse (vgl. V. 18 f.).
  Tasso verweist etwas gekränkt auf die Aufforderung der Fürstin, die die Freundschaft zwischen beiden Männern angeregt habe. Er wolle keinesfalls aufdringlich sein; wenn Antonio erst seine Bekanntschaft gemacht haben werde, so werde er möglicherweise gerade nach dem verlangen, was er jetzt so kalt abgelehnt habe (vgl. V. 20–27).
  Antonio verteidigt seine unaufgeregte Reaktion auf das Freundschaftsangebot damit, dass er maßvoll handle; dies werde von euphorischen Charakteren oft nicht erkannt (vgl. V. 28–30).
  Tasso verteidigt sich, indem er herausstellt, dass die Dauer einer Freundschaft auch für ihn wichtiger sein als der Augenblicksüberschwang (vgl. V. 31–33).
  Den Ratschlag Antonios, der eben artikulierten Auffassung auch weiterhin zu folgen, quittiert Tasso mit der Anerkennung von dessen Erfahrung. Der Dichter wolle aber täglich auf jedes Zeichen eines Sinneswandels bei Antonio achten (vgl. V. 35–41).

Antonio kritisiert einen Menschen, der nur auf sich selbst konzentriert bleibt; wahre und objektive Erkenntnis – auch die des eigenen Ich – sei nur im Zusammensein mit anderen Menschen und durch die Lebenserfahrung erreichbar (vgl. V. 42–48).
Auf die Zustimmung Tassos zu diesen Thesen äußert Antonio den Verdacht, falsch verstanden worden zu sein (vgl. V. 49–51).

- Steigerung
  Tasso kritisiert Antonio dafür, dass er ihn bewusst missverstehe; auf diese Weise könne keine Freundschaft zwischen ihnen entstehen (vgl. V. 52–55). Dennoch lobt er Antonios Wunsch, uneigennützig Gutes zu tun, und dessen Beständigkeit (vgl. V. 56–61). Tasso sei bereit, auf Antonio zuzugehen, weil er dessen Lebensweise hoch schätze (vgl. V. 62–64). Erneut bittet er um dessen Freundschaft und außerdem um Hilfe beim Erlernen des Maßhaltens (vgl. V. 65–73).
  Antonio weist das Ansinnen Tassos mit dem Hinweis zurück, dass es einer längeren Zeit bedürfe, bis diese Bitte erfüllt werden könnte (vgl. V. 74 f.).
- Höhepunkt
  Tasso weist darauf hin, dass Liebe und nicht mühevolles lang dauerndes Warten Voraussetzung für eine Freundschaft sei; außerdem unterstütze die Fürstin Eleonore die freundschaftliche Verbindung. Tasso bietet Antonio die Hand, die die Freundschaft besiegeln soll (vgl. V. 76–92).
  Antonio gewährt ihm den Handschlag nicht; er hebt stattdessen die Siegeszuversicht Tassos hervor und betont die Verschiedenheit ihrer Persönlichkeiten, die einer Verbindung im Wege stehen (vgl. V. 93–98).
- Fallende Handlung
  Tasso unterstreicht die eigene Willensstärke und Kühnheit (vgl. V. 99 f.).
  Antonio relativiert die Bedeutung des bloßen Willens, da dieser nicht automatisch zu einer Handlung führe; Mut könne zu einer Fehleinschätzung führen. Außerdem werde oft der Falsche geehrt. Manche Ehrungen würden mit geringem Aufwand errungen; das ist eine Anspielung auf Tassos dichterische Leistungen und deren hohe Anerkennung am Hofe (vgl. V. 101–107).
  Tasso verteidigt sich mit dem Hinweis auf die göttliche Herkunft der Dichtergabe, die nicht durch Willenskraft erworben werden könne (vgl. V. 108–110).
  Antonio vermutet, dass die Dichtkunst eine Sache des Glücks und somit kein eigener Verdienst sei; damit beleidigt er Tasso (vgl. V. 111 f.).
  Tasso entgegnet, dass auch die Gerechtigkeit ohne Ansehen der Person handle, ohne dass sie deswegen negativ zu bewerten sei (vgl. V. 113 f.).
  Antonio wiederholt seine Ansicht von Zufälligkeit der von Tasso erworbenen Anerkennung; er spricht ihm damit eine eigene Leistung ab (vgl. V. 115–120).

- Lösung/Abbruch des Gespräch (Scheitern der Verständigung)
  Tasso bricht das Gespräch ab, da er die Unmöglichkeit einer Verständigung erkennt. Die gegen ihn gerichteten Beleidigungen weist er nachdrücklich zurück. Er kritisiert das mangelnde Ehrgefühl und den erkennbaren Neid Antonios (vgl. V. 121–129).

2. Sprachliche Gestaltung

Die Reden von Tasso und Antonio im vorliegenden Textausschnitt sind rhetorisch stark durchgeformt. Beide verwenden den im klassischen Drama beliebten Blankvers und eine antikisierende Sprachgestalt, darüber hinaus sind die Redebeiträge argumentativ aufeinander bezogen; zusammen mit dem hohen Stil streben solche Mittel die überzeitliche Geltung des Gesprochenen an. Außerdem verwenden beide Figuren zur Verdeutlichung ihrer Position eine Fülle ausschmückender poetischer und rhetorischer Gestaltungsmittel, die im Einzelnen untersucht werden sollen:

Tasso

Seine Rede ist gekennzeichnet von Mitteln, die die Gefühlsbetonung Tassos verdeutlichen.

- Hyperbel (vgl. V. 2 f.), Inversion (vgl. V. 4), Ausrufe (vgl. V. 2 f.), Zwillingsformel (vgl. V. 5), syntaktischer Parallelismus (vgl. V. 4 f.): Begeisterung, Freude über den Anblick Antonios
- rhetorische Frage (vgl. V. 14), Enjambement (vgl. V. 14), Personifikation und Schlüsselwort („Seele sagt“, V. 16): wiederholter Appell an Antonio
- Schlüsselwort „Pflicht“ (V. 20), Ausruf (vgl. V. 20), Enjambement (vgl. V. 21 f.), Kontrast (vgl. V. 26 f.): Rechtfertigung, Enttäuschung über die Reaktion Antonios
- Doppelungen (vgl. V. 35, 39), Personfizierung (Erfahrung als Freundin, das Herz „horcht“, vgl. V. 35–41): poetischer Ausdruck der Hoffnung Tassos auf eine Verhaltensänderung Antonios
- Parallelismus (vgl. V. 53, V. 65 f.), Enjambement (vgl. V. 55 f. , V. 68 ff.), Hypotaxe/Aufzählung (vgl. V. 57–61), Synekdoche („Wort“, V. 55), Polyptoton (vgl. V. 59), Allegorie (vgl. V. 60, V. 70, 113 f.), Metapher (vgl. V. 61, 64 f.), Epitheton (vgl. V. 70), Exclamatio/nachdrückliche Bitte (vgl. V. 71–73), Fülle von Ausrufen (vgl. V. 84–92): emphatisches Werben um Antonios Freundschaft
- Imperativ (vgl. V. 121, 124 f. ,128), Exclamatio (vgl. V. 123), Enjambement (vgl. V. 124 f.), Metapher (vgl. V. 125 f.), Hyperbel (vgl. V. 123): enttäuschte Abkehr von Antonio, Aufgabe des Werbungsversuchs.

Antonio

Die formalen Mittel seiner Rede unterstreichen den Vorrang der Rationalität.

- Zeilenstil (vgl. V. 7–9, 13), Enjambement (vgl. V. 10–12), Hypotaxe (vgl. V. 7–13): Ausdruck von Rationalität, höfliche Abgrenzung

- Hypotaxe (vgl. V. 28–30), Aufgreifen und Richtigstellung der Metapher von Tasso (vgl. V. 26 f. und V. 28–30): Ausdruck überlegten Argumentierens
- unvollständiger Satz, Ausruf, Imperativ (vgl. V. 34): herablassende Belehrung des Angesprochenen
- Hypotaxe (vgl. V. 42–48), Antithese (vgl. V. 42 f. und V. 47 f.), Schlussfolgerung/Conclusio (vgl. V. 47 f.): Belehrung und Distanzierung
- Hypotaxe (vgl. V. 74 f.), Alliteration und Assonanz (vgl. V. 75), Metapher (vgl. V. 93, 105 ff.), Enjambement (vgl. V. 94 ff.), Binnenreim („breit", „weit", V. 95), Einschränkung (vgl. V. 96–98), Anspielung und Chiasmus (vgl. V. 105), Hyperbel (vgl. V. 116): nachdrückliche Zurückweisung und Beleidigung Tassos.

3. Verhalten der Figuren vor dem Hintergrund der Klassik

- Menschenbild der Klassik: Idee der Unabhängigkeit, der Freiheit der Persönlichkeit von den Zwängen der Natur; „Erhabenheit" (Schiller) zeigt sich in der Überschreitung der rein sinnlichen Natur in Richtung auf das Innerste des Menschen; Harmonie zwischen Neigung und Pflicht (Schiller, *Über die ästhetische Erziehung ...*), kein Gegensatz wie bei Kant; Vorstellung einer störungsfreien Vereinigung von Rationalität und Gefühl; Vorstellung der Erziehbarkeit des Menschen; Kunst als Erziehungsmittel zur Harmonie der menschlichen Natur; Kunst mit Vermögen der Veredelung des Menschen; Toleranz und Humanität als höchste Ideale (Goethe, *Iphigenie*).
- Antonio und Tasso entsprechen der klassischen Vorstellung von angemessenem Verhalten nicht: Tassos Verhalten ist allzu sehr von seinem Gefühl bestimmt. Zunächst bittet er in jugendlich-naiver Offenheit um die Freundschaft, die Zurückweisung will er nicht wahrhaben, vielmehr wirbt mit schmeichelnden Worten weiter. Als Antonio nicht von seinem Standpunkt lassen will, reagiert er enttäuscht und verletzt und beleidigt Antonio seinerseits. Von den klassischen Idealen Toleranz und Humanität ist in seinem Verhalten somit nicht viel zu erkennen; aber auch Antonio, für den Mäßigung ein hoher Wert ist, entspricht diesem Ideal nicht: Zunächst weist er indirekt die Bitte zurück, als er merkt, dass seine Argument Tasso nicht überzeugen können, versucht er Tasso zu belehren. Vom Moment der Abweisung des Handschlags an beleidigt er den Dichter immer direkter. Seine Provokationen veranlassen Tasso dazu, das Gespräch zu beenden. Beide Gesprächspartner zeigen keine wirkliche Bereitschaft, auf den anderen einzugehen; das Gespräch scheitert an den einseitigen Vorstellungen angemessenen Verhaltens.

II. Konflikt der zentralen Figuren in der *Antigone* des Sophokles

1. Inhalt der *Antigone* des Sophokles

- Die Tragödie *Antigone* von Sophokles, die 442 oder 441 v. Chr. ihre Aufführung erlebte, behandelt die Frage nach den Grundlagen und den Grenzen menschlichen Handelns am Beispiel der dem Labdakidengeschlecht entstammenden Antigone. Als mythologischer Hintergrund ist ferner der Kampf des Polyneikes um die ihm rechtmäßig zustehende Herrschaft über Theben zu denken, der mit seinem eigenen Tod und dem seines Widersachers, seines Bruders Eteokles, endet.
- Die Handlung des Dramas ist in sieben Hauptszenen eingeteilt, zwischen denen jeweils ein Chorlied steht. Sie setzt am frühen Morgen des Tages, der nach dem Tod der beiden Brüder folgt, ein. Antigone teilt ihrer Schwester Ismene mit, gegen das Bestattungsverbot Kreons, des neuen Herrschers, handeln zu wollen und Polyneikes diese Ehre zu erweisen. Sie begründet ihre Haltung mit dem Göttergebot, das die Bestattung eines Toten zur heiligen Pflicht mache.
- Kreon, der sich als grundsatztreuer und strenger Herrscher darstellt, erlässt das Bestattungsverbot, weil er in Polyneikes einen Feind sieht, der Theben mit Krieg überzogen hat. Als ihm ein Wächter die Nachricht von der symbolischen Bestattung des Toten überbringt, verlangt Kreon unter Androhung der Todesstrafe die Aufklärung des Tatbestandes. Kurze Zeit später kann derselbe Wächter die Ergreifung Antigones melden, die versucht hat, Polyneikes ein zweites Mal zu begraben. Gegenüber Kreon rechtfertigt sie sich mit dem Hinweis auf Göttergebot und Familienpflicht. Kreon sieht in ihr nur eine Straftäterin, über die er das vorgesehene Urteil verhängen wird.
- Im Gespräch mit seinem Sohn Haimon, dem Verlobten Antigones, erläutert Kreon seine Haltung und fordert gleichzeitig Gehorsam. Haimon appelliert dagegen an die Einsicht des Vaters und bittet ihn zu erkennen, dass die Tat Antigones beim Volk als ehrenhaft eingestuft wird. Sollte Antigone sterben, so deutet Haimon seinen Selbstmord an, so werde der Vater auch ihn zum letzten Mal gesehen haben.
- Auf ihrem Weg ins Felsengrab klagt Antigone darüber, von keinem Unterstützung für ihre Tat erhalten zu haben und nicht zu wissen, gegen welches göttliche Gesetz sie verstoßen habe. Ihr einziger Trost sei es, im Tod von den Angehörigen empfangen zu werden.
- Nachdem Kreon die Ausführung des Urteils befohlen hat, teilt ihm der blinde Seher Teiresias mit, dass Kreon bei Ausführung seines Urteils mit der Verfolgung durch die Erinnyen zu rechnen hat, da er einem Toten die Bestattung versage und eine Unschuldige, gemeint ist Antigone, hinrichten lasse. Aus Angst vor den Folgen befiehlt Kreon die Befreiung Antigones; in der Schlussszene wird klar, dass seine Verhaltensänderung

zu spät kommt: Nach Antigone sterben auch Kreons Sohn und Eurydike, Kreons Gattin, durch eigene Hand; Kreon bleibt am Ende des Tages als gebrochener Mann zurück.

2. Konflikt zwischen Kreon und Antigone

- Die *Antigone* stellt sich im Wesentlichen als ein Zweifigurendrama dar; um den Konflikt zwischen Antigone und Kreon um Frage des Bestattungsverbotes gruppieren sich die anderen Figuren, wobei sich die Haltung von Kreon und Antigone zu diesen anderen Figuren daran entscheidet, wie jene zu der Bestattungsfrage stehen.
- Sowohl Kreon als auch Antigone berufen sich zur Begründung ihrer Haltung auf Recht und Gesetz. In seiner „Regierungserklärung" führt der gerade neu eingesetzte Herrscher aus, dass es das Recht und die Pflicht des Monarchen sei, das zu tun, was seiner Meinung nach Schaden von der Stadt abwendet (vgl. Sophokles, *Antigone*. Stuttgart 1955, V. 185 f.). Aus diesem Grund lässt er Antigone außerhalb der Stadt einmauern, versorgt sie aber gleichzeitig mit Nahrungsmitteln (vgl. V. 775), weil er hofft, die Stadt von der Schuld an ihrem Tode zu entlasten.
  Der Monarch muss seiner Meinung nach Gehorsam fordern (vgl. V. 656), er hat willensstark zu sein und darf seine Verwandten und Freunde nicht anders behandeln als seine Untertanen (vgl. V. 178–183). Polyneikes habe sich durch seinen Angriff auf die Stadt als Feind erwiesen, daher verweigert Kreon ihm die Bestattung (vgl. V. 207–210).
  Diese Grundsätze klingen als Prinzipien für absolutistische Herrschaft nicht nur plausibel, sie drücken auch ein hohes Verantwortungsgefühl gegenüber dem Gemeinwesen aus.
  Vom Ende her betrachtet erweist sich Kreons Vorstellung von Souveränität als tödlich; dabei wird sich Kreon anfangs untreu, als es erstmals um die Anwendung seiner Prinzipien an einem konkreten Fall geht: Entgegen seinem eigenen Grundsatz, Familienmitglieder nicht zu bevorzugen, gibt er Antigone eine Chance, durch eine entsprechende Antwort der Verurteilung zu entgehen (vgl. V. 446 f.). Erst die Unbeugsamkeit Antigones (V. 471: „Des Vaters trotzige Art verrät das Kind"), lässt ihm keine andere Wahl, als konsequent seinen Regierungsprinzipien zu folgen und somit ein Mitglied seiner eigenen Familie zum Tode zu verurteilen. Die Verurteilung wird zusätzlich mit zwei Argumenten untermauert: Antigones Ungehorsam macht die Verhängung einer Strafe notwendig, weil einmal erlassene Gesetze unter allen Umständen einzuhalten sind; zum anderen erkennt Kreon die Notwendigkeit einer Strafe, will er sich als Mann nicht dem Vorwurf aussetzen, von einer Frau „regiert" zu werden.
  Nach dem Gespräch mit Teiresias gibt er schließlich doch nach, weil er einsehen muss, dass er einer höheren Gewalt, den Göttern, gegenüber-

steht. Ansatzweise mag man auch ein Eingeständnis eigener Schuld erkennen (vgl. V. 1318 f.). Im Abgang noch erneuert er seine Vorstellung vom Gehorsam gegenüber bestehenden Gesetzen: „Es ist das beste, fürcht ich, treu zu bleiben / Bestehenden Gesetzen bis zum Tod" (V. 1114); damit meint er, dass er selbst die Konsequenzen seiner nicht dem Götterwillen gemäßen Gesetze tragen will. Ausdrücklich lässt sich aber keine inhaltliche Änderung im Vergleich zu seiner Regierungserklärung feststellen: Er weicht nur gezwungenermaßen höherer Macht. Der Tod der Angehörigen vernichtet auch seine Existenz: „Ich sehe keinen Weg, nichts, was mich hält. / Nur Wankendes greif ich. Aufs Haupt / Brach mir untragbares Schicksal" (V. 1342–1346).

- Es ist die Überzeugung der Antigone, dass Polyneikes „nach Recht und Sitte" (V. 23) bestattet werden muss. Antigone will, dass ihre Familie im Tode zusammengeführt ist; sie bezeichnet das als ein heiliges Gesetz der Götter (vgl. V. 77). So fordert sie Ismene auf, ihr bei der Erfüllung dieser heiligen Pflicht behilflich zu sein; Ismene rät aber zur Besonnenheit und erinnert die Schwester an das tödliche Schicksal der Familie (vgl. V. 50–60). Antigone aber will ihren Protest gegen das Gesetz des neuen Herrschers unbedingt an die Öffentlichkeit bringen und legt es auch darauf an, bei der Tat gefasst zu werden. Obgleich die erste symbolische Bestattung des Bruders nach der griechischen Vorstellung ausreicht, der Seele die gebührende Ruhe zuteil werden zu lassen, bestattet sie ihn ein zweites Mal; dieser zweite Gang zum Leichnam ist als eine öffentliche Demonstration gedacht, er soll entdeckt werden, damit der öffentlichen Protest wirken kann. Vom Ende her betrachtet und angesichts des Schicksals, das Kreon trifft, beweist sie mit dieser Einstellung Weitsicht, da sich der Verstoß gegen die als heilig erachteten Göttergesetze letztlich rächt.
- Im Konflikt zwischen Kreon und Antigone setzt sich in gewisser Weise auch der Streit zwischen Polyneikes und Eteokles fort. Die Konfrontation zwischen dem Recht der Stadt (Eteokles) und dem Familienrecht (Polyneikes) wird entscheidend erweitert und erhöht: In der Auseinandersetzung zwischen Antigone und Kreon stehen auf der einen Seite das Recht einer göttlichen Weltordnung und auf der anderen Seite das Recht einer von Menschen gesetzten irdischen Ordnung.
- Die Aussage der Tragödie lässt sich aus den Schlussversen des Chores entnehmen, in denen die Besonnenheit gelobt wird. Sie bedeutet im Kontext der Handlung die Spannung zwischen Götterwillen und menschlichem Freiheitsanspruch, der sich in Kreons Gesetzgebung für die Polis zeigt. Besonnenheit heißt, dass menschliche Entscheidungen hinsichtlich ihrer Legitimationsgrundlagen, seien sie familiärer, politischer oder religiöser Art, überprüft werden müssen. Eigenmächtiges Handeln ist ein Ausdruck der Verblendung, die zu Unheil führt.

3. Epochen- und zeittypische Gestaltungsmerkmale

- Stoff: Sophokles rückt in seinem Drama erstmals die Figur der Antigone in den Mittelpunkt des Geschehens. Auch das Bestattungsverbot ist seine Erfindung. Schadewaldt berichtet dagegen, dass die Leiche des Polyneikes wie die der anderen gefallenen Heerführer verbrannt worden sei: „An den Zug der Sieben gegen Theben und den Tod der beiden Brüder schließt unmittelbar die Geschichte von Antigone an, wie Sophokles sie in seiner Tragödie gestaltet hat. Doch hat Sophokles nach allem, was wir wissen, die Fabel seines Dramas aus dem ihm gegebenen großen Zusammenhang der Labdakidensage so gut wie frei entwickelt. Die Hauptmomente seiner Neugestaltung waren, dass er zunächst einmal in seinem Einzeldrama den Fluch, den Pelops einst über Laios gesprochen hatte, zurückdrängte (...). Sodann hat nach allem, was wir wissen, erst Sophokles die Gestalt der Ödipustochter Antigone in seinem Einzeldrama in die Mitte gerückt. Die ältere Sage wusste allenfalls von Schwester Ismene zu berichten (...). Diese ältere Sage wusste auch nichts von dem Bestattungsverbot, das über Polyneikes verhängt wird. Vielmehr wird dieser in einigen auf uns gekommenen Nachrichten so wie die anderen vor Theben gefallenen Heerführer auf dem Scheiterhaufen verbrannt." (Schadewaldt, *Hellas und Hesperien*, Stuttgart, Zürich, ²1970, S. 444 ff.).
- Form: griechische Tragödie zu Ehren des Dionysos; vgl. die Schlussszene, in der der Chor den Schutzherrn Thebens, den Zeussohn Dionysos, anruft, zu dessen Ehren die Tragödienaufführung im Rahmen seines Gottesdienstes stattfindet.
- Politischer Hintergrund: Nimmt man den politischen Kontext hinzu, so ist das Verhalten Kreons vor dem Hintergrund des um 442/41 v. Chr. in Athen vollendeten demokratischen Systems zu kritisieren; vorgeblich vertritt Kreon die Interessen der Polis, in Wirklichkeit aber nur seine eigenen Vorstellungen. Das Wohl der Polisgemeinschaft setzt dem eigenmächtigen Handeln des Herrschers eine Grenze; Besonnenheit bei der Führung der Amtsgeschäfte, die Beachtung der öffentlichen Meinung und der sittlichen Gebote sind gerade von ihm zu erwarten. Einer der berühmtesten Strategen des 5. Jahrhunderts ist Perikles. Von 443 bis 429 wird er jährlich zum Strategen wiedergewählt, nachdem die Opposition beseitigt worden ist. Perikles überragt seine Mitstrategen durch seine Autorität im Volk und seine Rednergabe. Kreon lässt sich auch als warnendes Beispiel für Perikles interpretieren.

C. Schluss:

- Im vorliegenden Ausschnitt aus *Torquato Tasso* geht es um die Gegenüberstellung von emotional und rational, von Innerlichkeit und Künstlertum und von politischer Erfahrung geprägten Ansichten. In ihrer Einseitigkeit verfehlen beide Verhaltensweisen das klassische Ideal der Harmonie der Persönlichkeit.

– Die *Antigone* ist ein Drama von der freien Selbstbestimmung des Menschen und von ihrer Begrenzung: Diese Freiheit findet ihre Grenze zum einen an der demokratisch verfassten Polis, zum anderen an den heiligen Gesetzen der Götter. Kreon steht für den in seiner Freiheit scheiternden Menschen, Antigone verkörpert den Widerstand im Namen eines höheren Rechts.

2.2 Johann Wolfgang von Goethe (1749–1832), *Faust I* (1806)

Aufgabe

Arbeitsaufgabe:

Arbeiten Sie anhand des Gesprächsverlaufs Margaretes Beziehung zu Faust heraus und berücksichtigen Sie dabei die dramaturgischen und sprachlichen Gestaltungsmittel! Untersuchen Sie, ausgehend von Ihren bisherigen Ergebnissen, Margaretes Auseinandersetzung mit ihrer Schuld, und ziehen Sie eine Figur aus einem anderen epischen oder dramatischen Werk zum Vergleich heran!

Info

Johann Wolfgang von Goethe,
* 28. 8. 1749 in Frankfurt/M. , † 22. 3. 1832 in Weimar; Jurist, Dramatiker, Lyriker, Erzähler, Naturforscher; Werke z. B. : *Götz von Berlichingen* (1773), *Die Leiden des jungen Werther* (1774), *Iphigenie auf Tauris* (1786), *Faust* (Teil I: 1806, Teil II: 1831), *Egmont* (1787), *Wilhelm Meisters Lehrjahre* (1795/96); epochengeschichtliche Einordnung: Sturm und Drang, Klassik.

Lesetext

Johann Wolfgang von Goethe (1749–1832)
Faust
Der Tragödie erster Teil (1806)

Kerker
(...)
FAUST *fortstrebend.* Komm mit! Komm mit!
MARGARETE. O weile!
Weil' ich doch so gern, wo du weilest.
Liebkosend.
FAUST. Eile!
Wenn du nicht eilest,
Werden wir's teuer büßen müssen.
MARGARETE. Wie? Du kannst nicht mehr küssen?
Mein Freund, so kurz von mir entfernt,

Und hast's Küssen verlernt?
Warum wird mir an deinem Halse so bang?
Wenn sonst von deinen Worten, deinen Blicken
Ein ganzer Himmel mich überdrang,
Und du mich küsstest, als wolltest du mich ersticken.
Küsse mich!
Sonst küss' ich dich!
Sie umfasst ihn.
O weh! deine Lippen sind kalt,
Sind stumm.
Wo ist dein Lieben
Geblieben?
Wer brachte mich drum?
Sie wendet sich von ihm.
FAUST. Komm! Folge mir! Liebchen, fasse Mut!
Ich herze dich mit tausendfacher Glut;
Nur folge mir! Ich bitte dich nur dies!
MARGARETE *zu ihm gewendet.*
Und bist du's denn? Und bist du's auch gewiss?
FAUST. Ich bin's! Komm mit!
MARGARETE. Du machst die Fesseln los,
Nimmst wieder mich in deinen Schoß.
Wie kommt es, dass du dich vor mir nicht scheust? –
Und weißt du denn, mein Freund, wen du befreist?
FAUST. Komm! komm! schon weicht die tiefe Nacht.
MARGARETE. Meine Mutter hab' ich umgebracht,
Mein Kind hab' ich ertränkt.
War es nicht dir und mir geschenkt?
Dir auch. – Du bist's! Ich glaub' es kaum.
Gib deine Hand! Es ist kein Traum!
Deine liebe Hand! – Ach aber sie ist feucht!
Wische sie ab! Wie mich deucht,
Ist Blut dran.
Ach Gott! Was hast du getan!
Stecke den Degen ein,
Ich bitte dich drum!
FAUST. Lass das Vergangne vergangen sein,
Du bringst mich um.
MARGARETE. Nein, du musst übrig bleiben!
Ich will dir die Gräber beschreiben.
Für die musst du sorgen
Gleich morgen;
Der Mutter den besten Platz geben,

Meinen Bruder sogleich darneben,
Mich ein wenig beiseit',
Nur nicht gar zu weit!
Und das Kleine mir an die rechte Brust.
Niemand wird sonst bei mir liegen!
Mich an deine Seite zu schmiegen,
Das war ein süßes, ein holdes Glück!
Aber es will mir nicht mehr gelingen;
Mir ist's, als müsst' ich mich zu dir zwingen,
Als stießest du mich von dir zurück;
Und doch bist du's und blickst so gut, so fromm.
FAUST. Fühlst du, dass ich es bin, so komm!
MARGARETE. Dahinaus?
FAUST. Ins Freie.
MARGARETE. Ist das Grab drauß,
Lauert der Tod, so komm!
Von hier ins ewige Ruhebett
Und weiter keinen Schritt –
Du gehst nun fort? O Heinrich, könnt' ich mit!
FAUST. Du kannst! So wolle nur! Die Tür steht offen.
MARGARETE. Ich darf nicht fort; für mich ist nichts zu hoffen.
Was hilft es fliehn? Sie lauern doch mir auf.
Es ist so elend, betteln zu müssen,
Und noch dazu mit bösem Gewissen!
Es ist so elend, in der Fremde schweifen,
Und sie werden mich doch ergreifen!
FAUST. Ich bleibe bei dir.
MARGARETE. Geschwind! Geschwind!
Rette dein armes Kind.
Fort! Immer den Weg
Am Bach hinauf,
Über den Steg,
In den Wald hinein,
Links, wo die Planke steht,
Im Teich.
Fass es nur gleich!
Es will sich heben,
Es zappelt noch!
Rette! rette!
FAUST. Besinne dich doch!
Nur einen Schritt, so bist du frei!
MARGARETE. Wären wir nur den Berg vorbei!
Da sitzt meine Mutter auf einem Stein,

Es fasst mich kalt beim Schopfe!
Da sitzt meine Mutter auf einem Stein
Und wackelt mit dem Kopfe;
Sie winkt nicht, sie nickt nicht, der Kopf ist ihr schwer,
Sie schlief so lange, sie wacht nicht mehr.
Sie schlief, damit wir uns freuten.
Es waren glückliche Zeiten!
FAUST. Hilft hier kein Flehen, hilft kein Sagen,
So wag' ich's, dich hinweg zu tragen.
MARGARETE. Lass mich! Nein, ich leide keine Gewalt!
Fasse mich nicht so mörderisch an!
Sonst hab' ich dir ja alles zu Lieb' getan.
FAUST. Der Tag graut! Liebchen! Liebchen!
MARGARETE. Tag! Ja es wird Tag! der letzte Tag dringt herein;
Mein Hochzeitstag sollt' es sein!
Sag niemand, dass du schon bei Gretchen warst.
Weh meinem Kranze[1]!
Es ist eben geschehn!
Wir werden uns wiedersehn;
Aber nicht beim Tanze.
Die Menge drängt sich, man hört sie nicht.
Der Platz, die Gassen
Können sie nicht fassen.
Die Glocke ruft, das Stäbchen bricht.[2]
Wie sie mich binden und packen!
Zum Blutstuhl[3] bin ich schon entrückt.
Schon zuckt nach jedem Nacken
Die Schärfe, die nach meinem zückt.
Stumm liegt die Welt wie das Grab!
FAUST. O wär' ich nie geboren!
MEPHISTOPHELES *erscheint draußen*. Auf! oder ihr seid verloren.
Unnützes Zagen! Zaudern und Plaudern!
Meine Pferde schaudern,
Der Morgen dämmert auf.
MARGARETE. Was steigt aus dem Boden herauf?
Der! der! Schick' ihn fort!
Was will der an dem heiligen Ort?
Er will mich!

[1] Gretchen denkt hier an den Hochzeitskranz, den bei der Hochzeit nur unbescholtene Jungfrauen aufsetzen durften.

[2] Die Glocke ist die „Armesünderglocke", die geläutet wird, wenn ein Verbrecher zur Hinrichtung geführt wird. Das Stäbchen zerbricht der Richter nach der Verlesung des Todesurteils als Zeichen dafür, dass das Leben verwirkt ist.

[3] Schafott.

FAUST. Du sollst leben!
MARGARETE. Gericht Gottes! dir hab' ich mich übergeben!
MEPHISTOPHELES *zu Faust.* Komm! komm! Ich lasse dich mit ihr im Stich.
MARGARETE. Dein bin ich, Vater! Rette mich!
Ihr Engel! Ihr heiligen Scharen,
Lagert euch umher, mich zu bewahren!
Heinrich! Mir graut's vor dir.
MEPHISTOPHELES Sie ist gerichtet!
STIMME *von oben.* Ist gerettet!
MEPHISTOPHELES *zu Faust.* Her zu mir!
Verschwindet mit Faust.
STIMME *von innen, verhallend.* Heinrich! Heinrich!

(Text aus: Goethe, Johann Wolfgang von: Faust. Der Tragödie erster Teil.
In: Werke. Bd. 3. Hrsg. v. Erich Trunz, Hamburg: Beck, [9]1972, S. 141–145)

Lösungsvorschlag:

Aufbau

A. Einleitung:
Autor, Werk, Thema des Auszugs

B. Hauptteil:

I. Inhalt und Gesprächsanalyse

II. Sprachlich-stilistische und dramaturgische Gestaltung
   1. Sprachlich-stilistische Gestaltung
   2. Dramaturgische Gestaltung

III. Interpretation
   1. Auseinandersetzung Margaretes mit ihrer Schuld
   2. Vergleich mit einem anderen Werk

C. Schluss:
Thema „Schuld" in der Literatur

Stichwortartige Ausarbeitung des Aufsatzes

A. Einleitung:

Johann Wolfgang von Goethe widmet sich im *Faust* dem Problem des menschlichen Erkenntnisdrangs. Der Wissenschaftler Heinrich Faust erkauft sich um den Preis seiner Seligkeit die Möglichkeit, seinen Drang nach unbegrenzter Erkenntnis zu befriedigen. Mephisto verhilft ihm dazu, seinen Erfahrungsbereich um den der Liebe zu erweitern. Das „Opfer", Margarete, wird im Verlaufe der Beziehung zu Faust aus ihren sozialen Bindungen gerissen – unwissentlich vergiftet sie ihre Mutter und wird zum Auslöser für die Ermordung des Bruders; in dieser Isolation, auch Faust verlässt sie, tötet sie das gemeinsame Kind und wird dafür zum Tode verurteilt. In der vorliegenden Szene besucht Faust sie mit Mephistos Hilfe am Tag vor der Hinrichtung im Gefängnis.

B. Hauptteil:

I. Inhalt und Gesprächsanalyse

Gesprächseinsatz (vgl. V. 1–30)

- Faust drängt Margarete zur Eile bei der Flucht; Margarete möchte zunächst einen Liebesbeweis in Form eines Kusses (vgl. V. 16 f.).
- Sie fühlt, dass Faust sie nicht mehr liebt (vgl. V. 19–23), und fragt nach seiner Identität.
- Faust versichert ihr, dass er selbst es sei (vgl. V. 30).

Bekenntnis ihrer Schuld – Wendung in die Vergangenheit (vgl. V. 31–67)

- Margarete nimmt die Schuld am Tod der Mutter und am Mord an ihrem eigenen Kind auf sich (vgl. V. 31–46); sie wirft Faust vor, seiner Verantwortung gegenüber dem gemeinsamen Kind nicht nachgekommen zu sein (vgl. V. 38), und sie erinnert ihn an den für ihren Bruder tödlich endenden Kampf mit Faust (vgl. V. 41–45).
- Faust möchte nicht an die Vergangenheit und damit an seine eigene Schuld erinnert werden (vgl. V. 47 f.).
- Margarete bittet Faust darum, für die Gräber zu sorgen. Sie wiederholt ihren Gefühlseindruck, dass Faust ihr fremd sei (vgl. V. 61–63), obgleich der objektive Eindruck seine Identität bestätige.
- Faust missversteht sie, indem er meint, sie fühle, dass er es sei; er drängt sie erneut zur Eile (vgl. V. 65).

Gründe für die Ablehnung des Fluchtangebots (vgl. V. 68–108)

- Margarete weiß, dass für sie nur noch der Tod in Aussicht steht (vgl. V. 68–71). Eine Flucht würde scheitern, weil sie als Außenseiterin zu leben gezwungen wäre (vgl. V. 76), weil sie doch irgendwann ergriffen würde (vgl. V. 79) und weil sie immer mit ihrer Schuld leben müsste. In visionsartigen Metaphern verdeutlicht sie ihr Fehlverhalten – Mord des Kindes, Totschlag der Mutter –, das sie als schlechtes Gewissen immer begleiten würde (vgl. V. 81–104).

- Faust geht auf ihre Argumente nicht ein und verlangt weiter den unverzüglichen Aufbruch. Er will sie wegtragen, Margarete aber wehrt sich dagegen (vgl. V. 104–108).

Tod als Sühne der Schuld – Wendung in die Zukunft (vgl. V. 109–126)
- Faust mahnt erneut zum Aufbruch.
- In einer Vision erlebt Margarete ihre Hinrichtung und die letzten Lebensminuten (vgl. V. 110–125). Ein Wiedersehen mit Faust wird erst im Tod möglich sein (vgl. V. 115).
- Faust versteht nicht, warum Margarete den Tod akzeptieren kann. Sein Wunsch, nicht geboren worden zu sein, lässt sich als eine Einsicht in die Mitschuld interpretieren (vgl. V. 126).

Göttliche Gnade als Mittel der Entsühnung (vgl. V. 127–146)
- Mephisto taucht auf und mahnt zum Aufbruch (vgl. V. 127–130).
- Margarete schreckt vor Mephisto zurück. Sie hat ihre Seele ganz Gott überantwortet (vgl. V. 136) und bittet die Engel, ihr Beistand zu leisten (vgl. V. 138–140). Mit dieser Entscheidung wird die Distanz zwischen Margarete und Faust unüberwindbar – sie fürchtet sich sogar vor ihm (vgl. V. 141).
- Während Mephisto mit Faust verschwindet, verkündet eine „Stimme *von oben*" (V. 143), dass Margarete himmlische Vergebung erfahren habe. Sie hat diese Vergebung durch das Schuldeingeständnis und die Bereitschaft, die Strafe auf sich zu nehmen, ermöglicht.

II. Sprachlich-stilistische und dramaturgische Gestaltung

1. Sprachlich-stilistische Gestaltung
- Geminatio, Epizeuxis und Antilabe: „FAUST *fortstrebend*. Komm mit! Komm mit!/MARGARETE. O weile!" (V. 2 f.) – Ausdruck für die Unruhe Fausts im Gegensatz zur Freude Margaretes, die mit dem Geliebten gerne lange sprechen möchte
- Ausruf: „Eile!" (V. 6) – Ausdruck der Ungeduld Fausts
- Polyptoton: „(...) Und du mich küsstest, als wolltest du mich ersticken. /Küsse mich!/ Sonst küss' ich dich!" (V. 15–17) – Kuss als Ausdruck der Liebe, hier durch die mehrfache Wiederholung betont
- Diminutiv: „Liebchen" (V. 25) – als Hinweis darauf, dass Faust Margarete nicht als gleichwertige Partnerin betrachtet und das Liebesabenteuer als eine Spielerei bewertet
- Hyperbel: „Ich herze dich mit tausendfacher Glut" (V. 26) – mit Übertreibungen verdeckt Faust die Tatsache, dass er sie nicht mehr liebt

- Wiederholung: „Gib deine Hand! Es ist kein Traum!/Deine liebe Hand! (...)" (V. 40 f.) – Vergewisserung, dass sie nicht träumt
- Alliteration: „Lass das Vergangne vergangen sein" (V. 47) – Betonung der Endgültigkeit des Vergangenen
- Anapher: „Es will sich heben,/Es zappelt noch!" (V. 90 f.) – Nachdruck auf dem Todeskampf des Kindes.

2. Dramaturgische Gestaltung

Die dramaturgische Gestaltung lässt sich insbesondere mit Blick auf die Regieanweisungen untersuchen:

- „FAUST *fortstrebend*" (V. 2): Hinweis auf Eile bei der Durchführung der Flucht; auch Zeichen für mangelnde Bereitschaft Fausts, sich mit dem Ergebnis seiner Tat auseinander zu setzen; innerer Drang des Wissenschaftlers, möglichst viel zu erforschen – Zeitmangel für das Einzelne.
- „ *Liebkosend*". (V. 5): Maragrete verlangt eine Art „Erkennungszeichen"; Ausdruck der Liebe zu Faust; deren Mitteilung ist ihr wichtiger als eine schnelle Flucht, ja sogar Voraussetzung dafür; Hinweis darauf, dass Faust sie nicht mehr liebt.
- „*Sie umfasst ihn.*" (V. 18): Margarete möchte einen Liebesbeweis.
- „*Sie wendet sich von ihm.*" (V. 24): Sie erkennt, dass er sie nicht mehr liebt.
- „MARGARETE *zu ihm gewendet.*" (V. 28): Margarete fasst Vertrauen, nachdem Faust ihr seine Zuneigung versichert hat.
- „MEPHISTOPHELES *erscheint draußen.*" (V. 127): In dem Moment, in dem Faust seine Schuld einsieht und sein Tun bereut, erscheint Mephisto, um ihn aus der Situation zu befreien.
- „STIMME *von oben.*" (V. 143): Hinweis auf die Erlösung Margaretes; Voraussetzung sind das Schuldeingeständnis und die Reue.
- „MEPHISTOPHELES *zu Faust.* Her zu mir!/*Verschwindet mit Faust.*" (V. 144 f.): Mephisto betrachtet Faust gewissermaßen als „Eigentum" und sieht in der Erlösung des Mädchens möglicherweise ein Gefahr für seine eigenen Pläne.
- „STIMME *von innen, verhallend.*" (V. 146): Der Ruf kommt mit großer Sicherheit von Margarete; er könnte als Appell gemeint sein, aber auch ein nachdrücklicher Hinweis auf ihre Liebe zu ihm.

III. Interpretation

1. Auseinandersetzung Margaretes mit ihrer Schuld

- Margarete erkennt, dass sie wegen ihrer Liebe zu Faust direkt und indirekt gegen soziale, moralische und rechtliche Normen verstoßen hat.
- Sie lehnt eine Flucht ab, weil sie damit weder der gesellschaftlichen Isolation noch ihrem Gewissen entkommen kann.

- Befreiung von der Schuld kann sie nur im Eingeständnis der Schuld finden; daher liefert sie sich der Strafverfolgung aus, akzeptiert ihre Hinrichtung und bekennt sich damit zu den Normen des gesellschaftlichen Zusammenlebens.
- Vergebung sucht sie bei Gott; die göttliche Gnade kann sie von ihrem tiefen inneren Schuldgefühl lösen; damit entzieht sie sich auch dem Einflussbereich Mephistos.
- Die Religiosität Margaretes zeigt sich schon früher im deutlichen Widerstand gegen Mephisto, dessen Gegenwart ihr aus ihr selbst nicht bewussten Gründen unangenehm ist.

2. Vergleich mit einem anderen Werk

Als Vergleichswerk bietet sich ein motivgleiches Drama an. In dem 1903 erschienenes Drama *Rose Bernd* von Gerhart Hauptmann wird das Thema „Kindsmord" gestaltet; biografischer Bezug ist ein Kindsmordprozess in Hirschberg, an dessen Ende die Täterin freigesprochen wurde. Zur Erinnerung: Das historische Vorbild für Goethes Margarete, Anna Margareta Brandt, wurde am 17. Januar 1772 in Frankfurt hingerichtet. Vergleichsaspekte ergeben sich aus der Konstellation, in die Rose gerät:

- Rose liebt einen verheirateten Mann und muss ihre Liebe geheim halten; sie wird von einem ihr verhassten Mann belauscht und erpresst. Rose soll einen Mann heiraten, den sie nicht liebt; sie erwartet ein uneheliches Kind. Der einzigen Frau, die ihre Mutter ersetzen könnte, kann sie sich nicht anvertrauen, weil sie die Frau ihres Geliebten ist. Rose wird vergewaltigt und von ihrem Vergewaltiger verleumdet, ohne sich wehren zu können: Der Vater ihres Kindes lässt sie im Stich. Rose wird in einen Beleidigungsprozess verwickelt, der sie vor die tragische Alternative stellt, entweder die Wahrheit zu sagen und dadurch ihrem Vater Schande zu bereiten, ihre Ehre und ihren zukünftigen Ehemann zu verlieren oder einen Meineid zu leisten. Die Alternative ist tragisch, weil jede der beiden Möglichkeiten verhängnisvoll ist. Nach dem Meineid hat sie die Wahl: Lässt sie ihr Kind am Leben, gibt sie den Meineid zu, tötet sie ihr Kind, begeht sie ein noch größeres Verbrechen.
- Gründe für den Kindsmord sind somit – wie in Goethes *Faust* – sowohl Liebe und Rücksichtnahme als auch die sozialen und persönlichen Umstände und das Fehlen einer Vertrauensperson.
- Mit dem Geständnis findet Rose einen Weg aus einer Situation, in der sie durch jede Handlung schuldig würde. Sie akzeptiert die gerichtliche Verfolgung des Vergehens. Fast noch schwer wiegender scheint es für sie zu sein, dass sie ihrem Vater öffentliche Schande bereitet.
- Rose findet – anders als Maragrete – keinen Trost im Vertrauen auf göttliche Barmherzigkeit. Im menschlichen Mitleiden, dies äußert als

einziger August, eröffnet Hauptmann einen „irdischen“ Weg zur Bewältigung von Schuld.

C. Schluss:

- Antike: In Sophokles' *Antigone* besteht die Schuld in der Missachtung von Göttergesetzen; Kreon setzt sich über die heiligen Gesetze der Götter, aber auch über die Meinung der Polis und über die der Familienangehörigen hinweg. Er ist durch den eigenen Herrschaftsanspruch verblendet.
- Sturm und Drang: In Friedrich Schillers *Die Räuber* besteht die Schuld in der Absolutsetzung der eigenen Individualität auf Kosten anderer; die Anerkennung der Gültigkeit von Gesetzen führt dazu, dass Karl Moor sich am Ende der Strafverfolgung ausliefert.
- Moderne: In Max Frischs *Homo faber* besteht die Schuld in der Reduktion des Realitätsbegriffs auf wissenschaftlich Messbares.

2.3 Friedrich Schiller (1759–1805), *Don Carlos* (1787)*

Arbeitsaufgabe:

Erschließen Sie den Gesprächsverlauf des folgenden Szenenausschnitts und berücksichtigen Sie dabei die dramaturgischen und sprachlich-stilistischen Gestaltungsmittel! Arbeiten Sie die unterschiedlichen Positionen der beiden Figuren heraus und zeigen Sie in einem Vergleich, wie das Verhältnis von Macht und Verantwortung in einem anderen Drama dargestellt wird!

Friedrich (Johann Christoph) Schiller,
* 10. 11. 1759 in Marbach/Neckar, † 9. 5. 1805 in Weimar; Werke z. B.: *Die Räuber* (1782), *Fiesco* (1783), *Kabale und Liebe* (1784), *Wallenstein* (1800), *Maria Stuart* (1800), *Die Jungfrau von Orleans* (1801), *Die Braut von Messina* (1803), *Wilhelm Tell* (1804); epochengeschichtliche Einordnung: Sturm und Drang, Klassik.

Friedrich Schiller (1759–1805)
***Don Carlos, Infant von Spanien* (1787)**
Dramatisches Gedicht (III, 10)

(...)
MARQUIS. *(mit Feuer)*.Ja, beim Allmächtigen!
Ja – Ja – Ich wiederhol es. Geben Sie,
Was Sie uns nahmen, wieder. Lassen Sie,

Großmütig wie der Starke, Menschenglück
Aus Ihrem Füllhorn strömen – Geister reifen
In Ihrem Weltgebäude! Geben Sie,
Was Sie uns nahmen, wieder. Werden Sie
Von Millionen Königen ein König.
(Er nähert sich ihm kühn, indem er feste und feurige Blicke auf ihn richtet.)
O, könnte die Beredsamkeit von allen
Den Tausenden, die dieser großen Stunde
Teilhaftig sind, auf meinen Lippen schweben,
Den Strahl, den ich in diesen Augen merke,
Zur Flamme zu erheben! – Geben Sie
Die unnatürliche Vergöttrung auf,
Die uns vernichtet. Werden Sie uns Muster
Des Ewigen und Wahren. Niemals – niemals
Besaß ein Sterblicher so viel, so göttlich
Es zu gebrauchen. Alle Könige
Europens huldigen dem spanschen Namen.
Gehn Sie Europens Königen voran.
Ein Federzug von dieser Hand, und neu
Erschaffen wird die Erde. Geben Sie
Gedankenfreiheit. –
(Sich ihm zu Füßen werfend)
KÖNIG *(überrascht, das Gesicht weggewandt und dann wieder auf den Marquis geheftet)*. Sonderbarer Schwärmer!
Doch – stehet auf – ich –
MARQUIS. Sehen Sie sich um
In seiner herrlichen Natur! Auf Freiheit
Ist sie gegründet – und wie reich ist sie
Durch Freiheit! Er, der große Schöpfer, wirft
In einen Tropfen Tau den Wurm, und lässt
Noch in den toten Räumen der Verwesung
Die Willkür sich ergetzen – Ihre Schöpfung,
Wie eng und arm! Das Rauschen eines Blattes
Erschreckt den Herrn der Christenheit – Sie müssen
Vor jeder Tugend zittern. *Er* – der Freiheit
Entzückende Erscheinung nicht zu stören –
Er lässt des Übels grauenvolles Heer
In seinem Weltall lieber toben – ihn,
Den Künstler, wird man nicht gewahr, bescheiden
Verhüllt er sich in ewige Gesetze;
Die sieht der Freigeist, doch nicht *ihn*. Wozu
Ein Gott? sagt er; die Welt ist sich genug.

Und keines Christen Andacht hat ihn mehr
Als dieses Freigeists Lästerung gepriesen.
KÖNIG. Und wollet Ihr es unternehmen, dies
Erhabne Muster in der Sterblichkeit
In meinen Staaten nachzubilden?
MARQUIS. Sie,
Sie können es. Wer anders? Weihen Sie
Dem Glück der Völker die Regentenkraft,
Die – ach so lang – des Thrones Größe nur
Gewuchert hatte – stellen Sie der Menschheit
Verlornen Adel wieder her. Der Bürger
Sei wiederum, was er zuvor gewesen,
Der Krone Zweck – ihn binde keine Pflicht
Als seiner Brüder gleich ehrwürdge Rechte.
Wenn nun der Mensch, sich selbst zurückgegeben,
Zu seines Werts Gefühl erwacht – der Freiheit
Erhabne, stolze Tugenden gedeihen –
Dann, Sire, wenn Sie zum glücklichsten der Welt
Ihr eignes Königreich gemacht – dann ist
Es Ihre Pflicht, die Welt zu unterwerfen.
KÖNIG *(nach einem großen Stillschweigen)*.
Ich ließ Euch bis zu Ende reden – Anders,
Begreif ich wohl, als sonst in Menschenköpfen
Malt sich in diesem Kopf die Welt – auch will
Ich fremdem Maßstab Euch nicht unterwerfen.
Ich bin der Erste, dem Ihr Euer Innerstes
Enthüllt. Ich glaub es, weil ichs weiß. Um dieser
Enthaltung willen, solche Meinungen,
Mit solchem Feuer doch umfasst, verschwiegen
Zu haben bis auf diesen Tag – um dieser
Bescheidnen Klugheit willen, junger Mann,
Will ich vergessen, dass ich sie erfahren,
Und wie ich sie erfahren. Stehet auf.
Ich will den Jüngling, der sich übereilte,
Als Greis und nicht als König widerlegen.
Ich will es, weil ichs will – Gift also selbst,
Find ich, kann in gutartigen Naturen
Zu etwas Besserm sich veredeln – Aber
Flieht meine Inquisition. – Es sollte
Mir leid tun –
MARQUIS. Wirklich? Sollt es das?
KÖNIG *(in seinem Anblick verloren)*. Ich habe
Solch einen Menschen nie gesehen. – Nein!

Nein, Marquis! Ihr tut mir zuviel. Ich will
Nicht Nero sein. Ich will es nicht sein – will
Es gegen Euch nicht sein. Nicht alle
Glückseligkeit soll unter mir verdorren.
Ihr selbst, Ihr sollet unter meinen Augen
Fortfahren dürfen, Mensch zu sein.

MARQUIS *(rasch)*. Und meine
Mitbürger, Sire? – O! nicht um mich war mirs
Zu tun, nicht *meine* Sache wollt ich führen.
Und Ihre Untertanen, Sire? –

KÖNIG. Und wenn
Ihr so gut wisset, wie die Folgezeit
Mich richten wird, so lerne sie an Euch,
Wie ich mit Menschen es gehalten, als
Ich einen fand.

MARQUIS. O! der gerechteste
Der Könige sei nicht mit *einem* Male
Der ungerechteste – In Ihrem Flandern
Sind tausend Bessere als ich. Nur Sie –
Darf ich es frei gestehen, großer König? –
Sie sehn jetzt unter diesem sanftern Bilde
Vielleicht zum erstenmal die Freiheit.

KÖNIG *(mit gemildertem Ernst)*. Nichts mehr
Von diesem Inhalt, junger Mann. – Ich weiß,
Ihr werdet anders denken, kennet Ihr,
Den Menschen erst wie ich – Doch hätt ich Euch
Nicht gern zum letztenmal gesehn. Wie fang ich
Es an, Euch zu verbinden?

MARQUIS. Lassen Sie
Mich, wie ich bin. Was wär ich Ihnen, Sire,
Wenn Sie auch mich bestächen?

KÖNIG. Diesen Stolz
Ertrag ich nicht. Ihr seid von heute an
In meinen Diensten – Keine Einwendung!
Ich will es haben.
(...)

(Text aus: Schiller, Friedrich:
Don Carlos, Infant von Spanien. *Stuttgart: Reclam, 1966, S. 115–118)*

Lösungsvorschlag:

Gliederung des Aufsatzes

A. Einleitung:
Friedrich Schiller als Dichter der Klassik, Thema des *Don Carlos*

B. Hauptteil:

I. Inhalt und Gesprächsverlauf

II. Dramaturgische und sprachliche Gestaltungsmittel

III. Positionen der Hauptfiguren
  1. Marquis Posa
  2. Philipp II.

IV. Macht und Verantwortung in Brechts *Leben des Galilei*

C. Schluss:
Ausblick auf das Ende von *Don Carlos*

Stichwortartige Ausarbeitung des Aufsatzes

A. Einleitung:
Das fünfaktige Drama *Don Carlos* wurde im Jahre 1787 uraufgeführt, doch auch nach der Aufführung arbeitete Schiller weiter an seinem Werk. Der Ort der Handlung ist der spanische Hof zur Zeit Philipps II. (1527–1598), eines Königs also, der bekanntermaßen eine maßgebliche Rolle in der Gegenrefomation spielte. Bei dem vorliegenden Gesprächsausschnitt handelt es sich um einen zentralen Dialog des Dramas: Marquis von Posa, der Erzieher von Philipps Sohn Don Carlos, legt Philipp II. seine politischen Vorstellungen dar.

B. Hauptteil:

I. Inhalt und Gesprächsverlauf

Das Gespräch wird vom monologischen Sprechen des Marquis dominiert:
- Wiederherstellung der persönlichen und geistigen Freiheiten (vgl. V. 4–9)
- Abkehr von der absolutistischen Machtauffassung (vgl. V. 15–17)

- Lob der königlichen Macht und Mahnung, sie sinnvoll zu gebrauchen (vgl. V. 19 f.)
- Forderung nach Gewährung geistiger Freiheiten (vgl. 24 f.)
- Göttliche Schöpfung basiert auf Freiheit (vgl. V. 30–32)
- Vergleich der göttlichen Schöpfung mit dem Reich Philipps (vgl. V. 36 ff.)
- Wiederholung der Forderung nach Wiederherstellung der Freiheit (vgl. V. 57 f.)
- Appell, Menschenrechte zu garantieren (vgl. V. 59 f.)
- König soll das Wohlergehen des Volkes im Auge haben (vgl. V. 64–66), dies würde seinen Führungsanspruch begründen.

Der König weist die Forderungen zurück:
- Bezeichnung des Marquis als „Schwärmer" (V. 28)
- Angebot, die ketzerische Rede des Marquis zu vergessen (vgl. V. 78)
- Warnung vor der Inquisition (vgl. V. 84 f.)
- Angebot, den Marquis als Ausnahme zu behandeln (vgl. V. 94 f.)
- Anordnung eines Dienstverhältnisses (V. 122–124).

In einem nur zweimal vom König unterbrochenen Monolog entfaltet Posa zunächst bis V. 66 seine Thesen. In dem folgenden Dialog, in dem die Gesprächsanteile des Königs überwiegen, werden die Forderungen zurückgewiesen, ohne dass eine inhaltliche Begründung angeführt wird. Am Ende befiehlt der König die Einstellung weiterer Diskussionen über das Thema mit dem Hinweis auf seine Menschenkenntnis (vgl. V. 112–115). Das Gespräch endet mit der Anordnung des Königs, Posa habe von nun an in seinen Dienst zu treten.

II. Dramaturgische und sprachliche Gestaltungsmittel
- Regieanweisungen in Klammer, z. B. „(mit Feuer)" (V. 2): Verdeutlichung der inneren Bewegung der Figuren, Hinweis auf die unterschiedlichen Charaktere
- Parallelismen (vgl. z. B. V. 89–91), Blankvers, pathetische Sprache (vgl. z. B. V. 64), Enjambements (vgl. z. B. V. 15), Chiasmus (V. 31–33), Anaphern (vgl. z. B. V. 16 f.), Epipher (V. 90), Geminatio (vgl. z. B. V. 3, 18), Ausruf (vgl. z. B. V. 2): Ausdruck der inneren Erregung
- Verwendung von Hochwertwörtern und Schlüsselbegriffen: „Freiheit" (vgl. z. B. V. 25, 31, 33, 62), „Glück" bzw. „Glückseligkeit" (vgl. z. B. V. 54, 64, 93): Hinweis auf die existenzielle Ernsthaftigkeit des Anliegens
- Metonymie (V. 22), Metaphern (vgl. z. B. V. 6, 75): Erhöhung der Anschaulichkeit
- Ellipse (V. 29): Ausdruck der Überraschung
- Antithese (vgl. V. 33 und V. 36): Verstärkung des Appellcharakters der Rede.

III. Positionen der Hauptfiguren

1. Marquis Posa kritisiert die Amtsauffassung des Königs:
- Der Herrscher soll das Wohl seiner Untertanen im Auge haben und tolerant sein (Position des aufgeklärten Absolutismus)
- Menschenrechte sind zu gewähren, sie haben das Wohlergehen des Volkes zur Folge
- Freiheit und Selbstbestimmung sind durch die göttliche Schöpfung begründet
- Menschenrechte haben universalen Geltungscharakter.

2. Philipp II.
- Absolutistische Machtausübung schließt Toleranz aus (Ausnahme: Toleranz gegenüber Marquis Posa)
- Zweifel daran, dass Gewährung von persönlichen und geistigen Freiheiten das Glück der Menschen befördert (pessimistisches Menschenbild)
- Inquisition als Mittel der Durchsetzung absolutistischer Macht.

Posa kritisiert zwar den König, er ruft aber nicht zum Umsturz auf. In dem Gespräch stoßen die Forderungen nach aufgeklärter Toleranz und dem Recht auf Gedankenfreiheit mit der absolutistischen Selbstgewissheit zusammen, die das Glück der Bürger als Utopie begreift und den aus göttlichem Ursprung abgeleiteten Machtanspruch mit Hilfe der Inquisition auch im geistlichen Bereich durchsetzen will.

IV. Macht und Verantwortung in Brechts *Leben des Galilei*
- Inhalt: Galileo Galilei (1564–1642) wird von der römischen Inquisition gezwungen, seine naturwissenschaftlichen Erkenntnisse zu widerrufen, da die Vorstellung, dass die Erde nicht der Mittelpunkt des Universums sei (heliozentrisches Weltbild), der biblischen Lehre (ptolemäisches Weltlbild) widerspreche. Nach dem Widerruf wenden sich seine Schüler von ihm ab. Galileo Galilei forscht im Geheimen jedoch weiter – unbemerkt von der römischen Inquisition –, mit Hilfe seines Schülers Andrea gelingt es ihm schließlich, seine Erkenntnisse im Ausland in Sicherheit zu bringen.
- Das Drama handelt von der Frage nach der Verantwortung des Wissenschaftlers für seine Erkenntnisse und seinem Verhältnis zur Macht.
- Wie *Don Carlos,* so spielt auch *Leben des Galilei* in der Zeit der Gegenreformation; die Inquisition als „Gedankenpolizei" mit absolutistischem Charakter verhindert sowohl die Durchsetzung von Menschenrechten, z. B. der Glaubensfreiheit, als auch das ungehinderte wissenschaftliche Forschen.
- Im *Don Carlos* und im *Leben des Galilei* lässt sich des Verhalten angesichts einer einmal gefassten Überzeugung problematisieren: Marquis Posa nimmt die Konsequenzen seines Eintretens für Menschenrechte auf sich

und bezahlt sie am Ende mit seinem Leben; Galileo Galilei ordnet sich durch seinen Widerruf scheinbar unter, er rettet sein Leben, um weiter forschen zu können. Dürrenmatt sieht in seinem Stück *Die Physiker* (1962) die Pflicht des Wissenschaftlers darin, sich zudem verantwortlich für seine Forschungsergebnisse zu zeigen; allerdings schließt das Stück pessimistisch, als es der in Wirklichkeit wahnsinnigen Anstaltsärztin gelingt, die Formel abzuschreiben und in ihren Fabriken auszuwerten.

C. Schluss:

Don Carlos endet mit der Erschießung Posas und der Überstellung von Don Carlos an die Inquisition durch den eigenen Vater, der damit sein persönliches Glück der politischen Notwendigkeit unterwirft. Parallelen zu dieser Pflichtauffassung finden sich in der Literatur des 20. Jahrhunderts z. B. Siegfried Lenz' *Deutschstunde* (1968), in der der obrigkeitshörige Polizist das von den Nazis gegen den Künstler Nansen verhängte Malverbot sogar noch über den Krieg hinaus überwacht. Während Schiller den Pflichtgedanken auf die Handlungsbegründung des absolutistischen Königs bezieht, hat Lenz die autoritäre Bevormundung des Bürgers im Blick. In beiden Werken bleibt für humanes Handeln kein Raum.

3. Romantik (1795–1835) und Biedermeier (1815–1848), Vormärz/Junges Deutschland (1830–1850), Realismus (1850–1890)

Romantik

Inhaltliche Merkmale

- Dichtung zusammen mit Malerei und Musik als Teil progressiver Universalpoesie (Schlegel)
- Weg in das Innere des Menschen (Themen: Sehnsucht, Traum, Sinnlichkeit, Kindheit, auch Unterwegs-Sein)
- Sehnsucht nach enger Verbindung mit der Natur
- Wiederentdeckung der Tradition in Märchen und Volksbüchern – Verherrlichung des Mittelalters (als letzter Universalkultur)
- Romantische Ironie als Ausdruck des Widerspruchs zwischen Erstrebtem und Realem

Hauptvertreter und Werke

- Joseph von Eichendorff (1788–1857): Gedichte, *Aus dem Leben eines Taugenichts*
- E. T. A. Hoffmann (1776–1822): *Die Elixiere des Teufels*
- Ludwig Tieck (1773–1853): *Des Lebens Überfluss*
- Novalis (1772–1801): *Heinrich von Ofterdingen*
- Clemens Brentano (1778–1842) und Achim von Arnim (1781–1831): *Des Knaben Wunderhorn*
- Adelbert von Chamisso (1781–1838): *Peter Schlemihls wundersame Geschichte*

Formale Merkmale

- Volkslied
- Lyrik (Sehnsucht nach enger Verbindung mit der Natur)
- Fragment
- Kriminalgeschichte
- Leitmotiv

Biedermeier

Inhaltliche Merkmale

- unpolitische Dichtung
- Selbstbescheidung und Mäßigung, Liebe zum Kleinen
- konservative Vorstellungen
- befriedigt Bedürfnis nach Ruhe und privatem Glück

Hauptvertreter und Werke

- von Droste-Hülshoff (1797–1848): *Die Judenbuche*

- Adalbert Stifter (1805–1868): *Der Nachsommer*
- Eduard Mörike (1804–1875): *Mozart auf der Reise nach Prag*

Formale Merkmale
- Stimmungsbild
- Novelle
- Reisebild
- Dingsymbol

Vormärz/Junges Deutschland

Inhaltliche Merkmale
- Ablehnung des Absolutismus, des Idealismus, der Klassik und Romantik
- Forderung nach Presse- und Meinungsfreiheit

Hauptvertreter und Werke
- Georg Büchner (1813–1837): *Dantons Tod, Woyzeck, Lenz*
- Heinrich Heine (1797–1856): *Buch der Lieder*

Formale Merkmale
- Flugschrift
- Offene Dramenform

Realismus

Inhaltliche Merkmale
- Stoffe aus der Wirklichkeit
- distanzierte, mitunter künstlerische Umwandlung der Wirklichkeit durch humorvolle Betrachtung und Metaphorik
- Thema: Beziehung des einzelnen Menschen zur Gesellschaft
- Mensch in Kausalkette schicksalshafter Faktoren

Hauptvertreter und Werke
- Theodor Fontane (1819–1898): *Effi Briest, Unwiederbringlich, Mathilde Möhring*
- Theodor Storm (1817–1888): *Der Schimmelreiter, Posthuma*
- Conrad Ferdinand Meyer (1825–1898): *Das Amulett*
- Friedrich Hebbel (1813–1863): *Agnes Bernauer*
- Gottfried Keller (1819–1890): *Kleider machen Leute*
- Adalbert Stifter (1805–1868) *Bergkristall, Abdias*

Formale Merkmale
- (Gesellschafts-)Roman
- Novelle

3.1 Heinrich von Kleist (1777–1811), *Der zerbrochne Krug. Ein Lustspiel* (1804/05)*

Arbeitsaufgabe:

Aufgabe

Erschließen Sie die Dialogführung des folgenden Szenenausschnitts unter Berücksichtigung der eingesetzten dramaturgischen und sprachlich-stilistischen Mittel! Charakterisieren Sie die Protagonisten und vergleichen Sie diese Eingangsszene mit der Exposition eines Dramas der Klassik!

Info

Heinrich von Kleist,
* 18. 10. 1777 in Frankfurt/O. , † 21. 11. 1811 am Wannsee bei Berlin, Dramatiker, Erzähler, Publizist; Werke z. B. : *Amphitryon* (1807), *Penthesilea* (1806/07), *Käthchen von Heilbronn* (1807/08) *Die Hermannsschlacht* 1808–1810), *Prinz Friedrich von Homburg* (1808–1811); epochengeschichtliche Einordnung: Klassik/Romantik

Lesetext

Heinrich von Kleist (1777–1811)
Der zerbrochne Krug (1804/05)
Ein Lustspiel (1, 1)

Szene: Die Gerichtsstube
Erster Auftritt

Adam sitzt und verbindet sich ein Bein. Licht tritt auf.

LICHT. Ei, was zum Henker, sagt, Gevatter Adam!
Was ist mit Euch geschehn? Wie seht Ihr aus?
ADAM. Ja, seht. Zum Straucheln brauchts doch nichts, als Füße.
Auf diesem glatten Boden, ist ein Strauch hier?
Gestrauchelt bin ich hier; denn jeder trägt
Den leidgen Stein zum Anstoß in sich selbst.
LICHT. Nein, sagt mir, Freund! Den Stein trüg jeglicher ...?
ADAM. Ja, in sich selbst!
LICHT. Verflucht das!
ADAM. Was beliebt?
LICHT. Ihr stammt von einem lockern Ältervater[1],
Der so beim Anbeginn der Dinge fiel,
Und wegen seines Falls berühmt geworden;
Ihr seid doch nicht – ?

[1] „Ältervater“: Urahn

ADAM. Nun?
LICHT. Gleichfalls – ?
ADAM. Ob ich – ? Ich glaube –
Hier bin ich hingefallen, sag ich Euch.
LICHT. Unbildlich[2] hingeschlagen?
ADAM. Ja, unbildlich.
Es mag ein schlechtes Bild gewesen sein.
LICHT. Wann trug sich die Begebenheit denn zu?
ADAM. Jetzt in dem Augenblick, da ich dem Bett
Entsteig. Ich hatte noch das Morgenlied
Im Mund, da stolpr' ich in den Morgen schon,
Und eh ich noch den Lauf des Tags beginne,
Renkt unser Herrgott mir den Fuß schon aus.
LICHT. Und wohl den linken obenein?
ADAM. Den linken?
LICHT. Hier, den gesetzten?
ADAM. Freilich!
LICHT. Allgerechter!
Der ohnhin schwer den Weg der Sünde wandelt.
ADAM. Der Fuß! Was! Schwer! Warum?
LICHT. Der Klumpfuß?
ADAM. Klumpfuß!
Ein Fuß ist, wie der andere, ein Klumpen.
LICHT. Erlaubt! Da tut Ihr Eurem rechten Unrecht.
Der rechte kann sich dieser – Wucht nicht rühmen,
Und wagt sich eh'r aufs Schlüpfrige.
ADAM. Ach, was!
Wo sich der eine hinwagt, folgt der andre.
LICHT. Und was hat das Gesicht Euch so verrenkt?
ADAM. Mir das Gesicht?
LICHT. Wie? Davon wisst Ihr nichts?
ADAM. Ich müsst ein Lügner sein – wie siehts denn aus?
LICHT. Wies aussieht?
ADAM. Ja, Gevatterchen.
LICHT. Abscheulich!
ADAM. Erklärt Euch deutlicher.
LICHT. Geschunden ists,
Ein Gräul zu sehn. Ein Stück fehlt von der Wange,
Wie groß? Nicht ohne Waage kann ichs schätzen.
ADAM. Den Teufel auch!

[2] „unbildlich": buchstäblich, tatsächlich

LICHT *bringt einen Spiegel.* Hier! Überzeugt Euch selbst!
Ein Schaf, das, eingehetzt von Hunden, sich
Durch Dornen drängt, lässt nicht mehr Wolle sitzen,
Als Ihr, Gott weiß wo? Fleisch habt sitzen lassen.
ADAM. Hm! Ja! 's ist wahr. Unlieblich sieht es aus.
Die Nas hat auch gelitten.
LICHT. Und das Auge.
ADAM. Das Auge nicht, Gevatter.
LICHT. Ei, hier liegt
Querfeld ein Schlag, blutrünstig, straf mich Gott,
Als hätt ein Großknecht wütend ihn geführt.
ADAM. Das ist der Augenknochen. – Ja, nun seht,
Das alles hatt ich nicht einmal gespürt.
LICHT. Ja, ja! So gehts im Feuer des Gefechts.
ADAM. Gefecht! Was! – Mit dem verfluchten Ziegenbock[3],
Am Ofen focht ich, wenn Ihr wollt. Jetzt weiß ichs.
Da ich das Gleichgewicht verlier, und gleichsam
Ertrunken in den Lüften um mich greife,
Fass ich die Hosen, die ich gestern Abend
Durchnässt an das Gestell des Ofens hing.
Nun fass ich sie, versteht Ihr, denke mich,
Ich Tor, daran zu halten, und nun reißt
Der Bund; Bund jetzt und Hos und ich, wir stürzen,
Und häuptlings mit dem Stirnblatt schmettr' ich auf
Den Ofen hin, just wo ein Ziegenbock
Die Nase an der Ecke vorgestreckt.
LICHT *lacht.* Gut, gut.
ADAM. Verdammt!
LICHT. Der erste Adamsfall,
Den Ihr aus einem Bett hinaus getan.
ADAM. Mein Seel! – Doch, was ich sagen wollte, was gibts Neues?
LICHT. Ja, was es Neues gibt! Der Henker hols,
Hätt ichs doch bald vergessen.
ADAM. Nun?
LICHT. Macht Euch bereit auf unerwarteten
Besuch aus Utrecht.
ADAM. So?
LICHT. Der Herr Gerichtsrat kömmt.
ADAM. Wer kömmt?
LICHT. Der Herr Gerichtsrat Walter kömmt, aus Utrecht.

[3] „Ziegenbock": am Ofen als Verzierung angebrachte plastische Kachel

Er ist in Revisionsbereisung auf den Ämtern
Und heut noch trifft er bei uns ein.
ADAM. Noch heut! Seid Ihr bei Trost?
LICHT. So wahr ich lebe.
Er war in Holla, auf dem Grenzdorf, gestern,
Hat das Justizamt dort schon revidiert.
Ein Bauer sah zur Fahrt nach Huisum schon
Die Vorspannpferde vor den Wagen schirren.
ADAM. Heut noch, er, der Gerichtsrat, her, aus Utrecht! [...]
LICHT. Nun, ich versichr' Euch, der Gerichtsrat Walter
Erschien in Holla unvermutet gestern,
Vis'tierte[4] Kassen und Registraturen,
Und suspendierte Richter dort und Schreiber,
Warum? ich weiß nicht, ab officio[5].
ADAM. Den Teufel auch? Hat das der Bauer gesagt?
LICHT. Dies und noch mehr –
ADAM. So?
LICHT. Wenn Ihrs wissen wollt.
Denn in der Frühe heut sucht man den Richter,
Dem man in seinem Haus Arrest gegeben,
Und findet hinten in der Scheuer ihn,
Am Sparren[6] hoch des Daches aufgehangen.
ADAM. Was sagt Ihr?
LICHT. Hülf inzwischen kommt herbei,
Man löst ihn ab, man reibt ihn, und begießt ihn,
Ins nackte Leben bringt man ihn zurück.
ADAM. So? Bringt man ihn?
LICHT. Doch jetzo wird versiegelt,
In seinem Haus, vereidet und verschlossen,
Es ist, als wär er eine Leiche schon,
Und auch sein Richteramt ist schon beerbt.
ADAM. Ei, Henker, seht! – Ein liederlicher Hund wars –
Sonst eine ehrliche Haut, so wahr ich lebe,
Ein Kerl, mit dem sichs gut zusammen war;
Doch grausam liederlich, das muss ich sagen.
Wenn der Gerichtsrat heut in Holla war,
So gings ihm schlecht, dem armen Kauz, das glaub ich.
LICHT. Und dieser Vorfall einzig, sprach der Bauer,
Sei schuld, dass der Gerichtsrat noch nicht hier,
Zu Mittag treff er doch ohnfehlbar ein.

4 „vis'tierte": Kurzform von visitierte: überprüfte, untersuchte
5 „ab officio": vom Dienst
6 „Sparren": schräger Balken

ADAM. Zu Mittag! Gut, Gevatter! Jetzt gilts Freundschaft.
Ihr wisst, wie sich zwei Hände waschen können.
Ihr wollt auch gern, ich weiß, Dorfrichter werden,
Und Ihr verdients, bei Gott, so gut wie einer.
Doch heut ist noch nicht die Gelegenheit,
Heut lasst Ihr noch den Kelch vorübergehn.
LICHT. Dorfrichter, ich! Was denkt Ihr auch von mir?
ADAM. Ihr seid ein Freund von wohlgesetzter Rede,
Und Euren Cicero habt Ihr studiert
Trotz einem auf der Schul in Amsterdam.
Drückt Euren Ehrgeiz heut hinunter, hört Ihr?
Es werden wohl sich Fälle noch ergeben,
Wo Ihr mit Eurer Kunst Euch zeigen könnt.
LICHT. Wir zwei Gevatterleute! Geht mir fort.
ADAM. Zu seiner Zeit Ihr wissts, schwieg auch der große
Demosthenes[7]. Folgt hierin seinem Muster.
Und bin ich König nicht von Mazedonien,
Kann ich auf meine Art doch dankbar sein.
LICHT. Geht mir mit Eurem Argwohn, sag ich Euch.
Hab ich jemals –?
ADAM. Seht, ich, ich, für mein Teil,
Dem großen Griechen folg ich auch. Es ließe
Von Depositionen sich und Zinsen
Zuletzt auch eine Rede ausarbeiten[8]:
Wer wollte solche Perioden drehn[9]?
LICHT. Nun, also!
ADAM. Von solchem Vorwurf bin ich rein,
Der Henker hols! Und alles, was es gilt,
Ein Schwank ists etwa, der zur Nacht geboren,
Des Tags vorwitzgen Lichtstrahl scheut.
LICHT. Ich weiß.
ADAM. Mein Seel! Es ist kein Grund, warum ein Richter,
Wenn er nicht auf dem Richtstuhl sitzt,
Soll gravitätisch wie ein Eisbär sein.
LICHT. Das sag ich auch.

[7] Demosthenes (384–322 v. Chr.) soll einmal in der Volksversammlung unter dem Vorwand, erkältet zu sein, gegen seine Überzeugung geschwiegen haben, weil er von Harpalos, dem Schatzmeister Alexanders des Großen (356–323), bestochen worden war. Alexander der Große war ab 336 v. Chr. König von Mazedonien.

[8] Adam spielt hier auf Gelder an, von deren Veruntreuung Licht weiß.

[9] „Perioden drehn": kunstvoll gefügte Sätze formulieren

ADAM. Nun denn, so kommt Gevatter,
Folgt mir ein wenig zur Registratur;
Die Aktenstöße setz ich auf, denn die,
Die liegen wie der Turm zu Babylon.

(Text aus: Kleist, Heinrich von: Sämtliche Werke und Briefe. *Bd. 1. 9. vermehrte und revidierte Auflage. Herausgegeben von Helmut Sembdner. München: Hanser, 1993, S. 177–182)*

Lösungsvorschlag:

Gliederung des Aufsatzes

A. Einleitung:
Dichter, Werk, Thema, Gattung

B. Hauptteil:

I. Inhalt und Gesprächsführung

II. Dramaturgische und sprachliche Mittel

III. Charakterisierungen
   1. Adam
   2. Licht

IV. Vergleich mit einem anderen Drama der Klassik
   1. *Der zerbrochne Krug*
   2. *Iphigenie auf Tauris*

C. Schluss:
Ausblick auf weiteres Lustspiel Kleists

Stichwortartige Ausarbeitung des Aufsatzes

A. Einleitung:
Es gibt nicht viele und noch dazu bekannte Komödien in der deutschen Literatur; das 1808 am Weimarer Hoftheater uraufgeführte Lustspiel *Der zerbrochne Krug* gehört zu ihren berühmtesten. Eine reine Komödie aber war es ursprünglich nicht: Da dem Premieren-Publikum sowohl Stoff als auch Länge des Dramas missfielen, arbeitete Kleist das Werk um; die gestrichenen etwas 480 Verse lassen erkennen, dass Tragik und Komik sich in etwa die Waage hielten. In beiden Fassungen ist für

den Hauptschuldigen kein gutes Ende vorgesehen. In der selbst erfundenen Fabel thematisiert Kleist Allgemeinmenschliches – Liebe, Versuchung, Loyalität – aber auch die zeitgenössische Rechtsproblematik.

B. Hauptteil:

I. Inhalt und Gesprächsführung

Lichts Verhör und Adams Rechtfertigungsversuche (V. 1–87)

- Licht fragt Adam nach dem Grund der augenscheinlichen Verletzungen.
- Adam meint, er sei ohne Fremdeinwirkung auf dem glatten Boden ausgerutscht, worauf Licht, das Wortspiel Adams aufgreifend, darauf verweist, dass das Fallen menschlich sei, da doch selbst der biblische Namensvetter des Richters als Stammvater der Menschen wegen seines Übertretens von Geboten („Sündenfall") berühmt geworden sei.
- Adam zeigt ihm daraufhin die Stelle, auf der er ausgerutscht ist. Auf die entsprechende Nachfrage Lichts erklärt er, er sei am Morgen beim Aufstehen aus dem Bette ausgeglitten.
- Licht fragt ungläubig nach, ob Adam tatsächlich mit dem behinderten linken Fuß zuerst aufgestanden sei, worauf Adam entgegnet, dass sich an beiden Füßen keinerlei Bewegungseinschränkungen beobachten ließen.
- Licht spricht die Gesichtsverletzungen Adams an, die diesem noch gar nicht aufgefallen sind. Als Grund für diese Verletzungen gibt Adam an, er sei am vorherigen Abend ausgerutscht und habe sich den Kopf an einer Kachel angeschlagen. Licht reagiert auf diese Erklärung mit einem Lachen.

Ankündigung des Kontrollbesuchs von Gerichtsrat Walter (V. 88–106)

- Adam wechselt das Gesprächsthema und erkundigt sich nach den Neuigkeiten. Licht teilt ihm mit, dass der Gerichtsrat Walter auf dem Weg zu einem unerwarteten Kontrollbesuch und noch am selben Tage zu erwarten sei.
- Adam ist überrascht und will die Neuigkeit erst nach mehrmaliger Versicherung Lichts glauben.

Bericht über die bisherigen Revisionsergebnisse Walters (V. 107–137)

- Licht berichtet von dem Kontrollbesuch Walters in Holla, in dessen Verlauf dieser zahlreiche Richter und Schreiber aus ihren Ämtern entfernt habe. Ein Richter habe sich als Reaktion auf die drohende Suspendierung sogar das Leben nehmen wollen; er sei aber rechtzeitig gefunden worden.
- Adam kennt den betreffenden Kollegen und bewertet ihn in beruflicher Hinsicht als unzuverlässig, in menschlicher Hinsicht aber als ehrlich.
- Licht hebt hervor, dass nur der vereitelte Selbstmordversuch des Richters das frühzeitige Erscheinen Walters im Gericht Adams verhindert habe. Um die Mittagszeit werde er aber in jedem Falle eintreffen.

Adams Versuche der Beeinflussung Lichts (V. 138–176)

- Adam appelliert angesichts der bevorstehenden Kontrolle an die Loyalität Lichts, dem er unterstellt, er wolle sein Richteramt einnehmen. Licht weist solche Ambitionen von sich.
- Indem Adam auf die Bildung und die rhetorischen Fähigkeiten des Schreibers verweist, bittet er ihn nochmals darum, den beruflichen Ehrgeiz zu zügeln und auf eine andere Gelegenheit zu warten. Licht versichert Adam, dass er sich loyal verhalten werde.
- Adam erklärt Licht anhand des historischen Beispiels vom Schweigen des Demosthenes, dass es manchmal durchaus nützlich sein könne, nicht alles zu sagen, was man wisse. Licht könne sicher sein, dass ihm Adam für sein Schweigen einen anderen Dienst erweisen werde. Licht weist die Befürchtungen Adams zurück.
- Adam spielt auf Gelder an, von deren Veruntreuung Licht weiß; außerdem hebt er hervor, dass ein Richter auch ein Privatleben habe, in dem er sich so verhalte wie andere Menschen auch. Licht bestätigt Adams Ausführungen.
- Das Gespräch endet damit, dass Adam seinen Schreiber auffordert, ihm in die Registratur zu folgen.

II. Dramaturgische und sprachliche Mittel

Adams zunehmende Verunsicherung und die im Verlaufe des „Verhörs" zunehmende Selbstsicherheit Lichts werden durch die eingesetzten sprachlichen und formalen Mittel unterstützt. Diese Mittel intensivieren die komische Wirkung des Dialogs, verweisen aber bereits auf die intendierte Kritik an korrumpierbarer Rechtsprechung.

- Blankvers, Verzicht auf hohen Stil, bürgerliche Figuren: Realitätsanspruch, Unterstreichung der komischen Wirkung und der kritischen Intention
- wenige, aufs Notwendigste beschränkte Regieanweisungen: Konzentration auf den Dialoginhalt
- Ausrufe (vgl. z. B. V. 4, 11): Betonung der Überraschung
- sprechende Namen: Adam (Assoziation mit dem biblischen Adam, der sich zu sündvollem Handeln verführen ließ), Licht (Assoziation mit Aufklärung einer unklaren Begebenheit, „Licht" ins Dunkle bringen), Walter (von althochdt. „waltan", neuhochdt. „herrschen" – Ausdruck seiner Überlegenheit)
- Wortspiele: Stein des Anstoßes (vgl. V. 9 ff.), Namensvetter Adam (s. o.), „unbildlich", als Anspielungen auf den verschleierten wahren Sachverhalt
- Paradoxon: Richter wird zum Angeklagten (Licht verhört Adam, vgl. V. 4–88) als Hinweis auf die Umkehrung der gesetzlichen Ordnung (Richter als Verbrecher)
- Stichomythie (vgl. z. B. V. 46 ff.), Antilabe (vgl. V. 63 f.), Aposiopese (vgl. V. 17), Häufung von Ausrufen und Fragen (vgl. V. 37 ff.): Unterstreichung der Unglaubwürdigkeit von Adams Rechtfertigungsversuchen

- Metapher, Vergleich (vgl. V. 59 f.) als Anspielung auf den wahren Verletzungsgrund
- Alliterationen/Zwillingsformel, (vgl. V. 125 f.) und Vergleich (vgl. V. 127): Verstärkung der Eindringlichkeit der Schilderung vom Schicksal des Richters
- Aposiopese (vgl. V. 113), juristische Fachsprache (vgl. V. 109–111): Ausmalung der herannahenden Bedrohung von Adams Richteramt
- Parallelismus (vgl. V. 139 f.), Metapher (vgl. V. 139), Vergleich (vgl. V. 171), antike (vgl. V. 152 ff.) und biblische („Kelch", V. 143) Anspielungen zur Verdeutlichung des Anbiederungsversuchs Adams.

III. Charakterisierungen

1. Adam

Adam muss zunächst die Gefahr abwenden, dass Licht Informationen über die wahren Gründe seiner Verletzungen erhält. Dabei verhält er sich zunächst recht geschickt, indem er versucht, durch Redewendungen Zeit zu gewinnen, um eine Antwort zu formulieren (vgl. V. 6 ff.). Allerdings verstrickt er sich dabei auch in Widersprüche (vgl. „Klumpfuß", V. 38 ff.), die er nicht erklären kann. Seine zunehmende Unsicherheit wird offensichtlich, als er zugeben muss, über das Ausmaß der Gesichtsverletzung nicht informiert zu sein. Durch die genaue Untersuchung der Wunden gewinnt Adam erneut Zeit, um sich eine Antwort auf die Frage nach der Herkunft der Verletzung auszudenken. Eine Diskussion der Erklärung lässt er nicht zu und ergreift geschickt die Initiative, wenn er nach den Neuigkeiten fragt. Die Neuigkeit, das Herannahen des Gerichtsrates, bringt ihn allerdings wieder in die Defensive – Adam mag seiner Überraschung kaum Herr werden, was sich an zahlreichen Ausrufen und Fragen erkennen lässt. Dennoch gelingt es ihm wieder, die Initiative zu ergreifen und Licht durch Appelle und Versprechungen zu loyalem Verhalten zu ermuntern. Die Aufforderung, ihm in die Registratur zu folgen, stellt die hierarchische Ordnung zwischen Licht und Adam, die durch das Verhör Licht teilweise umgekehrt worden ist, wieder her.

2. Licht

Der Gerichtssschreiber Licht nutzt sein Wissen über das Fehlverhalten Adams in berechnender Weise aus, indem er ihn durch ironische Anspielungen geschickt in die Enge treibt. Sein Nachfragen wirkt insistierend; gleichzeitig nimmt er damit eine Richterposition ein, die er – der Aussage Adams nach – anstrebt. Das ausmalende Schildern vom Schicksal des befreundeten Richters zeigt, dass Licht Vergnügen dabei empfindet, Adam durch entlarvende Anspielungen zu verunsichern. Ob die Versicherung seiner Loyalität nur gespielt oder wahrhaftig ist, lässt sich aus der Eingangsszene nicht beantworten; nimmt man seine berechnende Dialogführung und die Andeutungen seiner beruflichen Ambitionen dazu, um eine Verhaltenstendenz vorauszusagen, so lässt sich vermuten, dass auf seine Loyalitätszusage wenig Verlass sein dürfte.

IV. Vergleich mit einem anderen Drama der Klassik
Als Vergleichswerk bietet sich jedes klassische Drama, z. B. Goethes *Egmont* (1788), *Torquato Tasso* (1789), Schillers *Don Carlos* (1787), *Wallenstein* (1800), *Maria Stuart* (1801), an. Exemplarisch wird der Vergleich an Goethes *Iphigenie auf Tauris* (1787) demonstriert.

1. *Der zerbrochne Krug*
- Stil und Sprache: Verzicht auf hohen Stil, Verssprache (fünfhebiger Jambus, Blankvers)
- Personen: Adam, Licht, Walter als Vertreter des Bürgertums (Verzicht auf Ständeklausel)
- Raum und Zeit: Festlegung des Spielortes, keine zeitliche Einordnung
- Handlung: keine explizite Einführung in die Handlung, ohne genaue Klärung der Ausgangssituation, der drohende Konflikt wird deutlich angelegt (Überprüfung durch den Gerichtsrat, Entlarvung des Richters)
- Redegestaltung: realistisch, Missverständnisse, Verzicht auf Herstellung einer stringenten Dialogführung
- Gestaltungsweise: realistisch, eingebettet in die bürgerliche Lebenswelt

2. *Iphigenie auf Tauris*
- Stil und Sprache: hoher Stil, Verssprache (fünfhebiger Jambus, Blankvers)
- Personen: Iphigenie als Vertreterin eines Herrscherhauses, auf Tauris Priesterin (Ständeklausel)
- Raum und Zeit: Festlegung des Spielortes, ungefähre zeitliche Einordnung (Trojanischer Krieg)
- Handlung: Einführung in die Handlung, Klärung der Ausgangssituation (Iphigenie auf Tauris), Konflikt deutlich angelegt (Fremdheitsempfindung und Heimweh Iphigenies, Pflicht gegenüber Diana und Thoas, Bitte um Rettung)
- Redegestaltung: idealtypisch, auf Verstehen angelegte stringente Dialoge
- Gestaltungsweise: idealtypisch, eingebettet in die griechische Heldensage

C. Schluss:
Einen juristischen Fall, die Aufklärung eines Ehebruchs, hat Kleist auch in seinem Lustspiel *Amphitryon* gestaltet. Indem er auf die griechische Mythologie zurückgreift und Zeus selbst als Täter und Aufklärer einsetzt, wendet er sich zwar von der bürgerlichen Lebenswelt ab, in Sosias gelangen ihre Wertvorstellungen in karikierender und komisch wirkender Weise gleichsam „durch die Hintertüre" ins Drama. Während Kleists Kritik im *Zerbrochnen Krug* auf ein korrumpierbares Rechtssystem zielt, widmet er sich im *Amphitryon* dem eher philosophischen Problem, welche

„Instanzen" wahre Erkenntnis ermöglichen, und er kommt zu dem Ergebnis, dass auch das Gefühl (der Liebe) sich täuschen lässt und somit kein sicheres Erkenntnisinstrument darstellt.

3.2 Johann Nestroy (1801–1862), *Der böse Geist Lumpazivagabundus* (1833)*

Arbeitsaufgabe:

Fassen Sie den Inhalt der ausgewählten Textstelle zusammen, ordnen Sie sie in den Kontext des Dramas ein und erarbeiten Sie wesentliche Mittel der poetischen Gestaltung. Charakterisieren Sie die Hauptfiguren.

Johann (Nepomuk Eduard Ambrosius) Nestroy,
* 07. 12. 1801 in Wien, † 25. 5. 1862 in Graz; Schauspieler, Dramatiker; Werke z. B.: *Der Zettelträger Papp* (1827), *Der böse Geist Lumpazivagabundus* (1833), *Der Talisman* (1840), *Das Mädl aus der Vorstadt* (1841), *Einen Jux will er sich machen* (1842), *Freiheit in Krähwinkel* (1849); epochengeschichtliche Einordnung: Biedermeier

Johann Nestroy (1801–1862)
***Der böse Geist Lumpazivagabundus* (1833)**
I, 3

Die Vorigen ohne Lumpazivagabundus. Amorosa

Amorosa *(Hilaris und Brillantinen an der Hand fassend und sich Fortuna nähernd)* Fortuna! Ich vereine meine Bitte mit dem Flehen dieser beiden, beselige durch günstigen Ausspruch zwei Herzen, die sich der wahren Liebe geweiht.

Fortuna *(zu Amorosa)* Wie, Törichte, du hoffst, ich werde mich deinem Wunsche fügen, in einem Augenblick, wo eben ein frecher Unhold zu deinen Gunsten mich erniedrigte und du mit stolzem Blick auf mich herniedersiehst? Ich zerreiße das Band, das du um diese Herzen geschlungen.

Brillantine *und* **Hilaris** Weh' uns!

Stellaris Halt ein, bedenk' erst, was du sprichst. Des Feenreiches unumstößliche Gesetze erlauben dir nicht, Hilaris' Antrag unbedingt zu verwerfen; nur eine schwere Bedingung festzusetzen, deren Erfüllung die Liebenden trennt, deren Nichterfüllung aber sie auf immer vereint, nur dies ist dir gestattet.

Fortuna Nun, denn, so sei's! Ich will eine Bedingung setzen, die zugleich jenem Frechen, der meine Macht verspottet und glaubt, nur du *(zu Amorosa)* allein sei'st ihm gefährlich, das Gegenteil beweisen soll. – Ich wähle unter den Sterblichen drei seiner Anhänger, lockere Gesellen, jedoch nur solche, welche schon der Armut drückend Los gefühlt. Diese will ich mit Reichtum überschütten; werfen sie, wie er gesagt, das Glück zum Fenster hinaus, so dringe ich es ihnen zum zweiten Male wieder auf; treten sie es dann mit Füßen, so erkenne ich mich als besiegt, und Hilaris werde meiner Tochter Gemahl; doch, wenn sie, wie kaum zu zweifeln ist, das Glück mit Dank empfangen und aus Furcht vor neuer Dürftigkeit mit weiser Mäßigung es sich fürs ganze Leben bewahren und ich sie so dem Lumpazivagabundus entreiße, dann bin ich Siegerin, und Hilaris werde auf immer von meiner Tochter getrennt.

Stellaris Wohlan! Nur eines hab' ich noch hinzuzufügen, es gilt für beide Teile gleich. – Gelingt es dir, dem Lumpazivagabundus von den drei lockeren Gesellen auch nur zwei zu entreißen, so hast du schon gewonnen; treten hingegen auch nur zwei von ihnen das Glück mit Füßen, so hast du verloren. Dies beschwöre hier vor meinem Thron.

Fortuna *(geht an die Stufen des Thrones und erhebt die Hand zum Schwur)* Ich schwöre!

(Drei kurze starke Akkorde.)

Stellaris Dein Schwur ist angenommen.

Mystifax *(zu Amorosa)* Und für die andern verlornen Söhne hier ist keine Rettung aus den Krallen des Lumpazivagabundus zu hoffen?

Amorosa Nicht eher, als bis wahre Liebe in ihren Herzen Eingang gefunden.

Hilaris *(Brillantinen umarmend)* So leb' denn wohl auf ewig! Unmöglich kann die Bedingung zu unserm Besten sich erfüllen.

Amorosa Verzweifelt nicht, baut auf die Beschützerin wahrer Liebe. *(Sie besteigt ihren Wolkenwagen. Kurze Musik fällt ein, alle ziehen sich zurück.)*

Chor

So ist in dunkler Zukunft Schoß
Verborgen unsrer Söhne Los.

(Mit den letzten Worten des Chores fällt die nächste Dekoration vor.)

(Text aus: Nestroy, Johann: Der böse Geist Lumpazivagabundus. Zauberposse mit Gesang. *Reclam: Stuttgart, 1986, S. 9 f.)*

Lösung

Lösungsvorschlag:

Gliederung des Aufsatzes

A. Einleitung:

Einleitung: Autor, literarische Gattung, Thema, Textstelle

B. Hauptteil:

I. Inhalt
II. Kontext
III. Poetische Gestaltungsmittel
IV. Charakterisierungen

C. Schluss:
Hinweis auf verwandte Werke

Stichwortartige Ausarbeitung des Aufsatzes

A. Einleitung:
Johann Nestroy zählt zusammen mit seinem Vorgänger Ferdinand Raimund zu den großen Dichtern des Wiener Volkstheaters. In seinen Komödien werden allgemeinmenschliche Probleme unter Zuhilfenahme bürgerlicher Moralvorstellungen einer Lösung zugeführt; dabei steht die Unterhaltung des Zuschauers immer im Vordergrund. Im Drama *Der böse Geist Lumpazivagabundus* verschränken sich im Rahmen einer Wette die Handlungen im Feenreich und in der Menschenwelt – diese Verschränkung ist ein weiteres typisches Merkmal der Wiener Volkskomödie.

B. Hauptteil:

I. Inhalt

Im Wolkenpalast des Feenkönigs Stellaris kommt es zu einem kräftemessenden Spiel zwischen der Glücksfee Fortuna und der Fee der wahren Liebe Amorosa. Der Stolz der Fortuna ist durch den bösen Geist Lumpazivagabundus, der die unschuldigen Söhne der alten Zauberer auf die Bahn der Verschwendung und des Müßigganges gebracht hat, verletzt worden, weil dieser sagt, dass nur die Fee der wahren Liebe, nämlich Amorosa, die Söhne wieder auf die rechte Bahn bringen könne. Gegen die Macht der Liebe könne er nichts ausrichten, sie sei daher die einzige Fee, die er fürchte.

Fortuna glaubt jedoch, dass er auch gegen das Glück nichts ausrichten kann und fordert Amorosa somit heraus.

Als Spielregeln gelten: Auf der Welt außerhalb des Feenreiches werden drei sterbliche Anhänger der Lumpazivagabundus ausgewählt. Diese sollen ein sehr lockeres Leben ohne große Verpflichtung führen, bis sie, durch Fortuna bedingt, unverhofft zu sehr großem Reichtum gelangen. Behalten sie ihren Reichtum, so ist Fortuna die Gewinnerin, finden sie jedoch die Liebe ihres Lebens, so ist Amorosa des Sieges gewiss. Wer die Mehrheit von zweien auf seiner Seite hat, hat gewonnen – so betont es auch der „Schiedsrichter" Stellaris. Besiegelt werden diese Regeln durch den Schwur der Fortuna auf den Thron des Feenkönigs.

II. Kontext

Die Szenen 1–3 des ersten Aktes bilden zusammen mit den Szenen 13, 14, 16 und 17 des 3. Aktes, in denen die Figuren Stellaris, Fortuna, Amorosa und das Liebespaar Hilaris und Brillantine nach und nach auftreten, eine Rahmenhandlung, die das Leben und Tun der drei Handwerksgesellen Leim, Zwirn und Knieriem umschließt.

III. Poetische Gestaltungsmittel

Die Figurenreden sind reich an sprachlichen Bildern; einige davon sind:

- Metapher: „Ich zerreiße das Band, das du um diese Herzen geschlungen" (Z. 7 f.) – als Bild für die befreiende Wirkung der Fortuna; „keine Rettung aus den Krallen" (Z. 34 ff.) – als Metapher für gewaltsames Festhalten
- Synonym: „jenem Frechen" (Z. 14 f.) als Bezeichnung für die Anmaßung des Lumpazivagabundus
- Anspielung: „verlorenen Söhne" (ebenda, Z. 34): Anlehnung an das „Gleichnis des verlorenen Sohnes" aus der Bibel
- Personifizierung: „in dunkler Zukunft Schoß" (Z. 42) – als Bild für die Unerreichbarkeit von Wissen üder die Zukunft

IV. Charakterisierungen

Stellaris:

Herrscher des Feenreichs, verbildlicht wird diese Stellung auch durch den Thron, auf dem er sitzt. „Die beschwöre hier vor meinem Thron. " (Z. 29 f.). Jedoch ist er nicht allwissend. Er weiß nicht, welcher Geist in seinem Reich sein Unwesen treibt. Auf der menschlichen Welt ist er ebenfalls nicht allwissend. Er muss sich selbst ein Bild von der Situation der drei von Fortuna begünstigten Gesellen machen, wobei er eher Amorosa den Sieg gönnt: „Die Gestalt habe ich gewählt, um mich von dem Treiben der drei lockeren Gesellen zu überzeugen. Fast fürchte ich, Fortuna möchte Siegerin in dem Kampfe bleiben." (III, 14). Er trifft eigenständige Entscheidungen, lässt gleichzeitig auch die Meinung anderer zu und revidiert eigene Beschlüsse (vgl. III, 16).

Amorosa:

besonnene Fee, die die Liebe als höchstes Gut sieht. Sie tritt als Bittstellerin auf: „Fortuna! Ich vereine meine Bitte mit dem Flehen dieser beiden, beselige durch günstigen Ausspruch zwei Herzen, die sich der wahren Liebe geweiht" (Z. 2–4), obwohl sie weiß, dass ihre Stellung die höhere ist. Wahre Liebe ist stärker als jedes weltliche Gut, wozu sie auch Geld zählt. Sie sieht die Liebe dem Glück überlegen, weil Liebe gleichzeitig Glück bedeutet. Durch ihre Bitten erniedrigt sie sich allerdings vor Fortuna und später auch vor dem Feenkönig. Sie besitzt große Macht, wird von Lumpazivagabundus als mächtig, als seine „größte( ) Feindin" bezeichnet (II, 2).

Fortuna:
Glücksfee, wird bei ihrer Ankunft von füllhorntragenden Nymphen (Symbol für ihre Sonderstellung) umsäumt; sie glaubt eine sehr mächtige Fee zu sein und reagiert mit verletztem Stolz, als sie von Lumpazivagabundus als weniger mächtig gesehen wird als die Fee der wahren Liebe Amorosa: „Wie, Törichte, du hoffst, ich werde mich deinem Wunsche fügen, in einem Augenblick, wo eben ein frecher Unhold zu deinen Gunsten mich erniedrigte und du mit stolzem Blick auf mich herniedersiehst?" (Z. 5–7).
Aus diesem verletzten Stolz heraus spricht sie ein Heiratsverbot für ihre Tochter Brillantine aus und lässt sich auf das kräftemessende Spiel ein. Sie steht allerdings auch dafür ein, was sie gesagt hat, und legitimiert mit ihrem Schwur die Spielregeln. Nachdem sie sieht, dass Amorosa gesiegt hat, erkennt sie die größere Macht ihrer Gegnerin an. Sie zeigt Einsicht. „Ich bin besiegt. Amorosa, ich erkenne deine Macht für höher als die meine" (III, 17).

Mystifax:
Zauberer mit großen Sorgen und ausgeprägtem Ordnungssinn; deswegen drängt er auch auf eine Intervention des Stellaris: „Mächtiger Herrscher, wir flehen um Deine Hilfe. Es treibt sich ein böser Geist im Zauberland herum." (I, 1). Natürlich ist er auch in Sorge um die Söhne: „Er hat sich der Herzen unserer Söhne bemächtigt (...) sie sind verloren, wenn du den bösen Geist nicht bannst. " (I, 1). Er weiß sich nicht mehr zu helfen und hofft auf die Hilfe des mächtigen Herrschers. Er möchte eine Wiederherstellung der alten Ordnung im Feenreich durch eine Verbannung des Lumpazivagabundus erreichen.

Alle Figuren dieser Szene leben im Feenreich, einem sagenhaften Ort, der die Not der menschlichen Welt nicht kennt. Nachdem Lumpazivagabundus die bestehende Weltordnung ein wenig aus dem Gleichgewicht gebracht hat, zeigen sich jedoch bei den Bewohnern menschliche Charaktereigenschaften wie Angst, Entsetzen, Trauer, Stolz, Machtbegierde, Hoffnungslosigkeit oder auch Einsicht.

C. Schluss:
Im Feenreich lassen sich Einflüsse aus der keltisch-germanische Sagenwelt (Feen) und der griechisch-römische Mythologie (Göttervater Zeus bzw. Jupiter, Fortuna, Amorosa) erkennen. Diese Figuren gehörten zum „Inventar" des Volkstheaters und waren dem Publikum bekannt; ihre Funktion bestand nicht in der Modellierung eines heidnischen Gegenentwurfes zum christlichen Weltbild, sondern in der Generierung einer Rahmenhandlung für ein unterhaltsames Spiel.

3.3 Georg Büchner (1813–1837), *Dantons Tod* (1835)

Aufgabe

Arbeitsaufgabe:

Erschließen Sie die beiden folgenden Szenen und stellen Sie den inneren Konflikt des Helden dar! Arbeiten Sie in einem Vergleich mit einem anderen dramatischen Werk Intentionen und Darstellungsweisen bei der Gestaltung geschichtlicher Stoffe heraus!

Info

> Georg (Karl) Büchner,
> * 17. 10. 1813 in Goddelau bei Darmstadt, † 19. 2. 1837 in Zürich; Arzt, Dramatiker, Erzähler; Werke z. B. : *Dantons Tod* (1835), *Lenz* (1835), *Leonce und Lena* (1836), *Woyzeck* (ersch. 1877); epochengeschichtliche Einordnung: Vormärz/Junges Deutschland

Lesetext

Georg Büchner (1813–1837)
Dantons Tod **(1835)**

FREIES FELD

DANTON. Ich mag nicht weiter. Ich mag in dieser Stille mit dem Geplauder meiner Tritte und dem Keuchen meines Atems nicht Lärm machen. *Er setzt sich nieder; nach einer Pause:*

Man hat mir von einer Krankheit erzählt, die einem das Gedächtnis verlieren mache. Der Tod soll etwas davon haben. Dann kommt mir manchmal die Hoffnung, dass er vielleicht noch kräftiger wirke und einem *alles* verlieren mache. Wenn das wäre! – Dann lief ich wie ein Christ, um einen Feind, d. h. mein Gedächtnis, zu retten.

Der Ort soll sicher sein, ja: für mein Gedächtnis, aber nicht für mich; mir gibt das Grab mehr Sicherheit, es schafft mir wenigstens Vergessen. Es tötet mein Gedächtnis. Dort aber lebt mein Gedächtnis und tötet mich. Ich oder es? Die Antwort ist leicht. *Er erhebt sich und kehrt um.*

Ich kokettiere mit dem Tod; es ist ganz angenehm, so aus der Ferne mit dem Lorgnon mit ihm zu liebäugeln.

Eigentlich muss ich über die ganze Geschichte lachen. Es ist ein Gefühl des Bleibens in mir, was mir sagt: es wird morgen sein wie heute, und übermorgen und weiter hinaus ist alles wie eben. Das ist leerer Lärm, man will mich schrecken; sie werden 's nicht wagen! *Ab.*

EIN ZIMMER
Es ist Nacht.

DANTON *am Fenster.* Will denn das nie aufhören? Wird das Licht nie ausglühn und der Schall nie modern? Will 's denn nie still und dunkel werden, dass wir uns die garstigen Sünden einander nicht mehr anhören und ansehen? – September! –

JULIE *ruft von innen.* Danton! Danton!

DANTON. He?

JULIE *tritt ein.* Was rufst du?

DANTON. Rief ich?

JULIE. Du sprachst von garstigen Sünden, und dann stöhntest du: September!

DANTON. Ich, ich? Nein, ich sprach nicht; das dacht ich kaum, das waren nur – ganz leise, heimliche Gedanken.

JULIE. Du zitterst, Danton!

DANTON. Und soll ich nicht zittern, wenn so die Wände plaudern? Wenn mein Leib so zerschellt ist, dass meine Gedanken unstet, umirrend mit den Lippen der Steine reden? Das ist seltsam.

JULIE. Georg, mein Georg!

DANTON. Ja, Julie, das ist sehr seltsam. Ich möchte nicht mehr denken, wenn das gleich so spricht. Es gibt Gedanken, Julie, für die es keine Ohren geben sollte. Das ist nicht gut, dass sie bei der Geburt gleich schreien wie Kinder; das ist nicht gut.

JULIE. Gott erhalte dir deine Sinne! – Georg. Georg, erkennst du mich?

DANTON. Ei warum nicht? Du bist ein Mensch und dann eine Frau und endlich meine Frau, und die Erde hat fünf Weltteile, Europa, Asien, Afrika, Amerika, Australien, und zwei mal zwei macht vier. Ich bin bei Sinnen, siehst du. – Schrie 's nicht September? Sagtest du nicht so was?

JULIE. Ja, Danton, durch alle Zimmer hört ich 's.

DANTON. Wie ich ans Fenster kam – *er sieht hinaus:* die Stadt ist ruhig, alle Lichter aus...

JULIE. Ein Kind schreit in der Nähe.

DANTON. Wie ich ans Fenster kam – durch alle Gassen schrie und zetert 's: September[1].

JULIE. Du träumtest, Danton. Fass dich!

DANTON. Träumtest? Ja, ich träumte; doch das war anders, ich will dir es gleich sagen – mein armer Kopf ist schwach – gleich! So, jetzt hab ich 's: Unter mir keuchte die Erdkugel in ihrem Schwung; ich hatte sie wie ein wildes Ross gepackt, mit riesigen Gliedern wühlt ich in ihren Mähnen und presst ich ihre Rippen, das Haupt abwärts gewandt, die Haare flatternd über dem Abgrund; so ward ich geschleift. Da schrie ich in der Angst, und ich erwachte. Ich trat ans Fenster – und da hört ich 's, Julie.

Was das Wort nur will? Warum gerade das? Was hab ich damit zu schaffen? Was streckt es nach mir die blutigen Hände? Ich hab es nicht geschlagen. – O hilf mir, Julie, mein Sinn ist stumpf! War 's nicht im September, Julie?

[1] Nach der Kapitulation Verduns gegenüber der österreichisch-preußischen Invasionsarmee kam es im September 1792 im revolutionären Paris zu den so genannten „Septembermorden" an klerikalen und royalistischen Häftlingen, da man eine „aristokratische" Verschwörung unterstellte.

JULIE. Die Könige waren nur noch vierzig Stunden von Paris ...

DANTON. Die Festungen gefallen, die Aristokraten in der Stadt ...

JULIE. Die Republik war verloren.

DANTON. Ja, verloren. Wir konnten den Feind nicht im Rücken lassen, wir wären Narren gewesen: zwei Feinde auf einem Brett; wir oder sie, der Stärkere stößt den Schwächeren hinunter – ist das nicht billig?

JULIE. Ja, ja.

DANTON. Wir schlugen sie – das war kein Mord, das war Krieg nach innen.

JULIE. Du hast das Vaterland gerettet.

DANTON. Ja, das hab ich; das war Notwehr, wir mussten. Der Mann am Kreuze hat sich 's bequem gemacht: es muss ja Ärgernis kommen, doch wehe dem, durch welchen Ärgernis kommt! – Es muss; das war dies Muss. Wer will der Hand fluchen, auf die der Fluch des Muss gefallen? Wer hat das Muss gesprochen, wer? Was ist das, was in uns lügt, hurt, stiehlt und mordet?

Puppen sind wir, von unbekannten Gewalten am Draht gezogen; nichts, nichts wir selbst! die Schwerter, mit denen Geister kämpfen – man sieht nur die Hände nicht, wie im Märchen. – Jetzt bin ich ruhig.

JULIE. Ganz ruhig, lieb Herz?

DANTON. Ja, Julie; komm, zu Bette!

(Text aus: Büchner, Georg: Dantons Tod. *Hollfeld: Bange, 1996, S. 38–41)*

Lösungsvorschlag:

Gliederung des Aufsatzes

A. Einleitung:
Vorstellung des Dichters, Thema des Werkes und des zu bearbeitenden Dialogs

B. Hauptteil:
Interpretation

I. Analyse der Szenen
   1. Inhalt und Argumentationsgang
   2. Dramaturgische und sprachliche Gestaltungsmittel
      a) Dramaturgische Gestaltungsmittel
      b) Sprachliche Gestaltungsmittel

II. Vergleich mit einem anderen Werk

C. Schluss:
Gestaltung geschichtlicher Stoffe in der Gegenwart

Stichwortartige Ausarbeitung des Aufsatzes

A. Einleitung:
Georg Büchner, der mit seinem Werk der Epoche der „Vormärz-Literatur" zuzuordnen ist, zeigt in seinen Dramen großes Interesse an historischem Stoff. In seinem berühmten Drama *Woyzeck* beispielsweise benutzt er einen medizinisch aktenkundigen Fall zur Darstellung seiner sozialkritischen Intention und seiner Vorstellung einer gesellschaftlichen Determination des Menschen. Die Fremdbestimmung des Menschen ist ein Thema, das vor *Woyzeck* schon am Beispiel des Revolutionärs Danton im Drama *Dantons Tod* behandelt worden ist. In den vorliegenden Szenen wird am Beispiel der den ehemaligen Revolutionär quälenden Erinnerung an die Septembermorde die Frage nach der Verantwortung für Schuld gestellt.

B. Hauptteil:

I. Analyse der Szenen

1. Inhalt und Argumentationsgang

Monolog Dantons
- Erinnerung und Lebensüberdruss: Sehnsucht nach Stille, nach Vergessen; Grab als Ort, der Vergessen schafft; Erinnerung als Qual und existenzielle Bedrohung (vgl. Z. 1–11).
- Distanzierung und Beruhigung: Distanzierung durch Bewusstwerden der eigenen Situation; Versuch, dem artikulierten Lebensüberdruss mit Lachen zu begegnen; Beruhigung durch das Gefühl der Dauerhaftigkeit und die Annahme, dass die Feinde ihn nur beunruhigen, ihn aber nicht ergreifen wollen (vgl. Z. 11–17).

Dialog Danton / Julie
- Gewissensqual Dantons angesichts der durch die Septembermorde aufgeladenen Schuld (vgl. Z. 20–22) – Ruf Julies (vgl. Z. 23)
- Erscheinen Julies, Frage nach dem Inhalt seiner Rede (vgl. Z. 25–27) – zunächst Zurückweisung, dann Hinweis Dantons auf die ihn beschäftigenden Probleme (vgl. Z. 28 f.)
- Zuwendung Julies (vgl. Z. 30, 34) – Beschreibung der inneren Unruhe Dantons (vgl. Z. 31 f., 35–37)
- Julies Sorge um Dantons geistigen Zustand (vgl. Z. 38) – ironischer Nachweis der geistigen Klarheit Dantons, Hinweis auf die ihn beschäftigenden Gedanken (vgl. Z. 39–42)
- Rationalisierungsversuche Julies (vgl. Z. 43, 46, 49) – Dantons Alptraum (vgl. Z. 44, 47, 50–58), Bitte um Hilfe bei der Rekonstruktion der vergangenen Ereignisse (vgl. Z. 58 f.)

- Vergegenwärtigung der Septemberereignisse mit Hilfe Julies, Rechtfertigung von Dantons Handlung als letzter Möglichkeit der Rettung der Republik bzw. des Vaterlandes (vgl. 60–67) – Julies Lob der Verdienste Dantons (vgl. Z. 68)
- Kritik Dantons an der passiven Leidenshaltung Jesu (vgl. Z. 69 f.), Frage nach dem Verursacher menschlicher Schuld, Ablehnung menschlicher Entscheidungsfreiheit – Julies Frage, ob sich Danton beruhigt habe (vgl. Z. 77)
- Dantons Beruhigung und Aufforderung, wieder zu Bett zu gehen (vgl. Z. 78).

2. Dramaturgische und sprachliche Gestaltungsmittel

a) Dramaturgische Gestaltungsmittel
- Monolog und Regieanweisung „Freies Feld": Ausdruck der Isolation Dantons
- Regieanweisung: *Er erhebt sich und kehrt um.* (Z. 11) als Widerspiegelung der gedanklichen Kehrtwendung
- Nacht und Regieanweisung *am Fenster* (Z. 20): Ausdruck der Isolation Dantons, Nacht als zeitlicher Ort der Konfrontation mit der Erinnerung, Fenster als Ort des Übergangs (als Symbol für den Einblick in die seelische Verfassung).

b) Sprachliche Gestaltungsmittel

Danton ist verzweifelt, ihn plagen Schuldgefühle und er sucht nach Erklärungen. Die genannten sprachlichen Mittel bringen diese innere Verfassung des Revolutionärs zum Ausdruck.
- Chiasmus: „Es tötet mein Gedächtnis. Dort aber lebt mein Gedächtnis und tötet mich. " (V. 9 f.)
- Metapher, Synästhesie: „Wird das Licht nie ausglühn und der Schall nie modern?" (V. 20 f.)
- Exclamatio: „Danton! Danton! " (V. 23) als Verdeutlichung der Sorge von Julie
- Einwortsatz Interjektion: „He?" (V. 24)
- Wiederholung des Personalpronomens: „Ich, ich?" (V. 28)
- Personifikation: „Und soll ich nicht zittern, wenn so die Wände plaudern?" (V. 31)
- Klimax: „Du bist ein Mensch und dann eine Frau und endlich meine Frau (...). " (V. 39)
- Personifikation, Vergleich drastische Metaphorik: „Unter mir keuchte die Erdkugel in ihrem Schwung; ich hatte sie wie ein wildes Ross gepackt, mit riesigen Gliedern wühlt ich in ihren Mähnen und presst ich ihre Rippen, das Haupt abwärts gewandt, die Haare flatternd über dem Abgrund; so ward ich geschleift. " (V. 51–55)

- W-Alliterationen, a-Assonanzen, Aufzählung von Fragen: „Was das Wort nur will? Warum gerade das? Was hab ich damit zu schaffen? Was streckt es nach mir die blutigen Hände? Ich hab es nicht geschlagen. – O hilf mir, Julie, mein Sinn ist stumpf! War 's nicht im September, Julie?" (V. 57–59)
- Aposiopese: „Die Festungen gefallen, die Aristokraten in der Stadt (...). " (V. 61)
- Anspielung Wiederholung des Schlüsselworts „muss", rhetorische Frage: „Ja, das hab ich; das war Notwehr, wir mussten. Der Mann am Kreuze hat sich 's bequem gemacht: es muss ja Ärgernis kommen, doch wehe dem, durch welchen Ärgernis kommt! – Es muss; das war dies Muss. Wer will der Hand fluchen, auf die der Fluch des Muss gefallen? Wer hat das Muss gesprochen, wer?" (V. 69–72)
- Vergleich, Ellipse, Anakoluth: „Puppen sind wir, von unbekannten Gewalten am Draht gezogen; nichts, nichts wir selbst! die Schwerter, mit denen Geister kämpfen – man sieht nur die Hände nicht, wie im Märchen. " (V. 74–76)
- Wörter aus den Bereichen Krieg, Religion; Verwendung von Prosa mit zahlreichen sprachlichen Gestaltungsmitteln: Hinweis auf die Verzweiflung und die innere Zerrissenheit Dantons.

3. Position der Hauptfiguren (zentraler Konflikt)
- Todessehnsucht – „Gefühl des Bleibens" (vgl. Z. 2–17)
- Fremdbestimmung / Zurückweisung von Verantwortung (vgl. Z. 74) – Rechtfertigung der Notwendigkeit politischen Handelns / Eingeständnis von Verantwortung (vgl. Z. 63–65)
- innere Zerrissenheit angesichts der Schuldgefühle in Bezug auf die Septembermorde (vgl. Z. 57–59) – rationale Erklärung mit politischer Notwendigkeit (vgl. Z. 69).

II. Vergleich mit einem anderen Werk

a) Mit der Gestaltung historischer Stoffe lassen sich vielfältige Intentionen verbinden:

Darstellung existenzieller Grunderfahrungen, Darstellung der Vorbildhaftigkeit historischer Figuren, historische Reflexion zeitgenössischer Probleme, Kritik an der aktuellen Deutung des historischen Stoffs. In Bertolt Brechts *Leben des Galilei* spiegeln sich Auseinandersetzungen der Zeitgeschichte (Spaltung des Uranatoms, Abwurf der ersten Atombomben) sowie ethisch-philosophische Probleme (Frage nach der Verantwortung des Wissenschaftlers für den Umgang mit seinen Forschungsergebnissen) wider. Insbesondere die Frage nach der Verantwortung für Handlungen verbindet das Drama *Leben des Galilei* mit Büchners *Dantons Tod*.

b) Problem der Verantwortung in Bertolt Brechts *Leben des Galilei* (3. Fassung 1955)

- Inhalt: Galileo Galilei (1564–1642) wird von der römischen Inquisition gezwungen, seine naturwissenschaftlichen Erkenntnisse zu widerrufen, da die Vorstellung, dass die Erde nicht der Mittelpunkt des Universums sei, (heliozentrisches Weltbild) der biblischen Lehre (ptolemäisches Weltbild) widerspreche. Nach dem Widerruf wenden sich seine Schüler von ihm ab. Galileo Galilei forscht im Geheimen jedoch weiter – unbemerkt von der römischen Inquisition –, mit Hilfe seines Schülers Andrea gelingt es ihm schließlich, seine Erkenntnisse im Ausland in Sicherheit zu bringen.
- Das Drama handelt von der Frage nach der Verantwortung des Wissenschaftlers für seine Erkenntnisse und seinem Verhältnis zur Macht.
- Das *Leben des Galilei* spielt in der Zeit der Gegenreformation; die Inquisition als „Gedankenpolizei" mit absolutistischem Charakter verhindert sowohl die Durchsetzung von Menschenrechten, z. B. der Glaubensfreiheit, als auch das ungehinderte wissenschaftliche Forschen.
- Im *Leben des Galilei* lässt sich des Verhalten angesichts einer einmal gefassten Überzeugung problematisieren: Galileo Galilei ordnet sich durch seinen Widerruf scheinbar unter, er rettet sein Leben, um weiter forschen zu können. Im Gespräch mit dem kleinen Mönch äußert sich zur Verantwortung des Wissenschaftlers, der den sozialen Fortschritt seiner Erkenntnisse den Befürchtungen über die möglichen persönliche Konsequenzen zu stellen hat: „Es setzt sich nur so viel Wahrheit durch, als wir durchsetzen." (*Leben des Galilei*, Berlin: Suhrkamp, 1980, S. 78). Ganz klar äußert sich Galilei zu der Verantwortung des Wissenschaftlers bei der Verbreitung von Wahrheit: „Wer die Wahrheit nicht weiß, der ist bloß ein Dummkopf. Aber wer sie weiß und sie eine Lüge nennt, der ist ein Verbrecher!" (*Leben des Galilei*, S. 81). Durch seinen Widerruf verrät Galilei seine Position.
- Dürrenmatt sieht in seinem Stück *Die Physiker* (1962) die Pflicht des Wissenschaftlers darin, sich verantwortlich für seine Forschungsergebnisse zu zeigen; allerdings schließt das Stück pessimistisch, als es der in Wirklichkeit wahnsinnigen Anstaltsärztin gelingt, die Formel abzuschreiben und in ihren Fabriken auszuwerten.
- Das Drama *Leben des Galilei* gehorcht der Konzeption des epischen Theaters: Ziel des Theaters ist die Schaffung eines kritischen, aktiven Zuschauers; Mittel sind das Argument, die Betonung des Verstandes, die Darstellung der wirklichen Welt; zentrales Gestaltungsmittel ist der Verfremdungseffekt (Lieder, Beiseite-Sprechen, Kommentare der Schauspieler), der eine Identifikation des Zuschauers mit den Figuren verhindern soll; philosophischer Hintergrund ist der Materialismus: Das Sein des Menschen bestimmt sein Bewusstsein.

C. Schluss:
Im Dokumentartheater spielt das Aufgreifen historischen Stoffes eine wichtige Rolle bei der Auseinandersetzung mit der Vergangenheit. Insbesondere die Dramen von Heinar Kipphardt, *Bruder Eichmann* (1982), Rolf Hochhuth, *Der Stellvertreter* (1963), und Peter Weiss, *Die Ermittlung. Oratorium in zwölf Gesängen* (1965), beschäftigen sich mit der Zeit der nationalsozialistischen Diktatur. Sie haben eine breite öffentliche Diskussion angeregt und damit zur Bewusstseinsbildung beigetragen.

3.4 Friedrich Hebbel (1813–1863), *Agnes Bernauer* (1852)

Aufgabe

Arbeitsaufgabe:

Erschließen Sie die Dialogführung der folgenden Szene und arbeiten Sie die Positionen der beiden Figuren heraus! Berücksichtigen Sie dabei die dramaturgischen und sprachlichen Gestaltungsmittel! Zeigen Sie, ausgehend von Ihren Ergebnissen, in einem Vergleich auf, wie der Konflikt zwischen Individuum und Staat in einem anderen literarischen Werk behandelt wird!

Info

Friedrich (Christian) Hebbel,
* 18. 3. 1813 in Wesselburen, † 13. 12. 1863 in Wien; Dramatiker, Lyriker, Erzähler; Werke z. B. : *Herodes und Mariamne* (1848), *Agnes Bernauer* (1852), *Gyges und sein Ring* (1854), *Nibelungen* (1860), *Erzählungen und Novellen* (1855); epochengeschichtliche Einordnung: bürgerlicher Realismus

Lesetext

Friedrich Hebbel (1813–1863)
***Agnes Bernauer* (1852)**
Ein deutsches Trauerspiel in fünf Aufzügen (V, 2)

Straubing. Kerker.

PREISING. *(tritt ein).*
AGNES. *(ihm entgegen).* Was bringt Ihr mir?
PREISING. Was Ihr selbst wollt!
AGNES. Was ich selbst will? Oh, spottet meiner nicht! Ihr werdet mir die düstre Pforte nicht wieder öffnen, die man so fest hinter mir verriegelt hat!
PREISING. Ich werde, wenn Ihr Euch fügt!
AGNES. Und was verlangt Ihr von mir?
PREISING. Ich stehe hier für den Herzog von Bayern.
AGNES. *(macht eine zurückweichende Bewegung).*

PREISING. Aber ich meine es redlich mit Euch, und auch mein erlauchter Gebieter ist nicht Euer Feind!

AGNES. Nicht mein Feind? Wie komm ich denn hieher?

PREISING. Ihr wisst, wie 's steht! Herzog Ernst ist alt, und sein Thron bleibt unbesetzt, wenn Gott ihn abruft, oder sein einziger Sohn muss ihn besteigen. Nun, Albrecht kann Euch nimmermehr mit hinaufnehmen, und da er sich von Euch nicht trennen will, so müsst Ihr Euch von ihm trennen!

AGNES. Ich mich von ihm! Eher von mir selbst!

PREISING. Ihr müsst! Glaubt 's mir, glaubt 's einem Mann, der Euer Schicksal schon kennt, wie Gott, und es gern noch wenden möchte! Ihr könnt kein Misstrauen in mich setzen; warum wär' ich gekommen, wenn Euer Los mir nicht am Herzen läge? Meines Arms bedurfte es doch gewiss nicht; Ihr habt 's ja gesehen, wie überflüssig ich war, und welchen Gebrauch ich von meinem Schwert machte. Ich zog mit, weil Ihr mich erbarmtet; ich suche Euch jetzt im Kerker, im Vorhof des Todes, auf, weil ich allein noch helfen kann, doch ich wiederhol 's Euch: Ihr müsst!

AGNES. Ihr habt den armen Menschen gerettet, der vorhin sein Leben für mich wagte, ich muss glauben, dass Ihr 's aufrichtig meint, aber Ihr seid ein Mann und wisst nicht, was Ihr fordert! Nein, nein! Das in Ewigkeit nicht!

PREISING. Nicht zu rasch, ich beschwör Euch! Wohl mag 's ein schweres Opfer für Euch sein, doch wenn Ihr 's verweigert, so wird man – könnt Ihr noch zweifeln nach allem, was heute geschah? – aus Euch selbst ein Opfer machen! Ja, ich gehe vielleicht schon weiter, als ich darf, indem ich Euch überhaupt noch eine Bedingung stelle, und tu 's auf meine eigne Gefahr!

AGNES. Ihr wollt mich erschrecken, aber es wird Euch nicht gelingen! *(Sie hält sich an einem Tisch.)* So leicht fürchte ich mich nicht, dies Zittern meiner Knie kommt noch von dem Überfall! Mein Gott, erst die Trompeten, dann die blutigen Schwerter und die Toten! Aber für mich besorg ich nichts, ich bin ja nicht in Räuberhänden, und Herzog Ernst ist ebenso gerecht, als streng! *(Sie setzt sich.)* Seht mich nicht so an, mir ward jetzt so wunderlich, weil der tote Törring[1] mir auf einmal vor die Seele trat, es ist schon wieder vorüber. *(Sie erhebt sich wieder.)* Was könnte mir auch wohl widerfahren! Ist doch selbst ein Missetäter, solange der Richter ihn noch nicht verurteilt hat, in seinem Kerker so sicher, als ob die Engel Gottes ihn bewachten, und ich habe den meinigen noch nicht einmal erblickt! Nein, nein, so hat mein Gemahl nicht von seinem Vater gesprochen, dass ich dies glauben dürfte! Doch, wenn 's auch so wäre, wenn der Tod – es ist unmöglich, ich weiß es, ganz unmöglich – aber wenn er wirklich schon vor der Tür stände und meine Worte zählte: Ich könnte nimmermehr anders!

PREISING. Der Tod steht vor der Tür, er kommt, wenn ich gehe, ja er wird anklopfen, wenn ich zu lange säume! Schaut einmal durchs Gitter zur Brücke hinüber! Was seht Ihr?

[1] „Törring": treuer Gefolgsmann der Agnes Bernauer

AGNES. Das Volk drängt sich, einige heben die Hände zum Himmel empor, andere starren in die Donau hinab, es liegt doch keiner darin?

PREISING. *(mit einem Blick auf sie)*. Noch nicht!

AGNES. Allmächtiger Gott! Versteh ich Euch?

PREISING. *(nickt)*.

AGNES. Und was hab ich verbrochen?

PREISING. *(hebt das Todesurteil in die Höhe)*. Die Ordnung der Welt gestört, Vater und Sohn entzweit, dem Volk seinen Fürsten entfremdet, einen Zustand herbeigeführt, in dem nicht mehr nach Schuld und Unschuld, nur noch nach Ursach' und Wirkung gefragt werden kann! So sprechen Eure Richter, denn das Schicksal, das Euch bevorsteht, wurde schon vor Jahren von Männern ohne Furcht und ohne Tadel über Euch verhängt, und Gott selbst hat den harten Spruch bestätigt, da er den jungen Prinzen zu sich rief, der die Vollziehung allein aufhielt. Ihr schaudert, sucht Euch nicht länger zu täuschen, so ist 's! Und wenn 's einen Edelstein gäbe, kostbarer, wie sie alle zusammen, die in den Kronen der Könige funkeln und in den Schachten der Berge ruhen, aber ebendarum auch ringsum die wildesten Leidenschaften entzündend und Gute wie Böse, zu Raub, Mord und Totschlag verlockend: dürfte der Einzige, der noch ungeblendet blieb, ihn nicht mit fester Hand ergreifen und ins Meer hinunterschleudern, um den allgemeinen Untergang abzuwenden? Das ist Euer Fall, erwägt 's und bedenkt Euch, ich frage zum letzten Mal!

AGNES. Erwägt auch Ihr, ob Ihr nicht verlangt, was mehr als Tod ist! Ich entsage meinem Gemahl nicht, ich kann 's und darf 's nicht. Bin ich denn selbst noch, die ich war? Hab ich bloß empfangen? Hab ich nicht auch gegeben? Sind wir nicht eins, unzertrennlich eins durch Geben und Nehmen, wie Leib und Seele? Aber ich verbürge mich für ihn, dass er dem Thron entsagt! Fürchtet nicht, dass ich verspreche, was er nicht halten wird! Ich hab 's aus seinem eignen Munde, wie ein Zauberwort für die höchste Gefahr! Zwar glaubte ich längst nicht mehr, dass ich 's noch brauchen würde, aber diese Stunde hat 's mir entrissen, und nun braucht 's, wie Ihr wollt!

PREISING. Das rettet Euch nicht mehr! Herzog Albrecht kann die angestammte Majestät sowenig ablegen, als Euch damit bekleiden, sie ist unzertrennlich mit ihm verbunden, wie die Schönheit, die ihn fesselt, mit Euch. Will er 's nicht seinen Segen nennen, so nenne er 's seinen Fluch, aber er gehört seinem Volk und muss auf den Thron steigen, wie Ihr ins Grab. Euch rettet 's nur noch, wenn Ihr Eure Ehe für eine sündliche erklärt und augenblicklich den Schleier nehmt.[2]

AGNES. Wie mild ist Herzog Ernst! Der will doch nur mein Leben! Ihr wollt mehr! Ja, ja, das braucht' ich bloß zu tun, so wär' ich für ihn, wie nie da gewesen; ich selbst hätte mein Andenken in seiner Seele ausgelöscht, und er müsste erröten, mich je geliebt zu haben! Mein Albrecht, deine Agnes dich abschwören! O Gott,

[2] „den Schleier nehmen": ins Kloster eintreten

wie reich komm ich mir in meiner Armut jetzt auf einmal wieder vor, wie stark in meiner Ohnmacht! Diesen Schmerz kann ich doch noch von ihm abwenden! Das kann mir doch kein Herzog gebieten! Nun zittre ich wirklich nicht mehr!

PREISING. Oh, dass Euer alter Vater neben mir stände und mich unterstützte! Dass er spräche: Mein Kind, warum willst du einen Platz nicht freiwillig wiederaufgeben, den du doch nur gezwungen einnahmst? Denn ich weiß ja, dass dies Euer Fall war!

AGNES. Gezwungen? So also wird meine Angst, mein Zittern und Zagen ausgelegt? Oh, wenn Ihr mir Euer Mitleid geschenkt habt, weil Ihr das glaubt, so nehmt 's zurück und quält mich nicht länger, ich habe keinen Anspruch darauf. Nein, nein, ich wurde nicht gezwungen! So gewiss ich ihn eher erblickt habe, als er mich, so gewiss habe ich ihn auch eher geliebt, und das war gleich, als ob 's immer gewesen wäre und in alle Ewigkeit nicht wiederaufhören könne. Darum keine Anklage gegen ihn, ich war früher schuldig, als er! Nie zwar hätt' ich 's verraten, ich hätte vielleicht nicht zum zweiten Mal zu ihm hinübergeschaut, sondern im Stillen mein Herz zerdrückt und unter Lachen und Weinen ein Gelübde getan. Ach, ich schämte mich vor Gott und vor mir selbst, mir war, als ob mein eignes Blut mir über den Kopf liefe, ich erwiderte ein Lächeln des armen Theobald[3], um mir recht wehzutun. Doch, als er[4] nun am Abend zu mir herantrat, da wandte ich mich zuerst freilich auch noch ab, aber nur, wie ein Mensch, der in den Himmel eintreten soll und weiß, dass er dem Tode die Schuld noch nicht bezahlt hat! Wenn ein Engel den mit sanfter Gewalt über die Schwelle nötigt: Hat er ihn gezwungen?

PREISING. So ist es Euer letztes Wort?

(Text aus: Hebbel, Friedrich: Agnes Bernauer. *Stuttgart: Reclam, 1997, S. 74–78)*

Lösungsvorschlag:

Gliederung des Aufsatzes

A. Einleitung:
Autor, literarische Gattung, Thema, Textstelle

B. Hauptteil:
I. Dialogführung und Inhalt
II. Positionen der Hauptfiguren
III. Dramaturgische und sprachliche Gestaltungsmittel

[3] „Theobald": Bewunderer der Agnes Bernauer und Gehilfe ihres Vaters
[4] „er": Albrecht

IV. Vergleich mit der *Antigone* des Sophokles
   1. Inhalt
   2. Konflikt zwischen dem Herrscher Kreon und Antigone
   3. Epochen- und zeittypische Gestaltungsmerkmale

C. Schluss:
Moderne Adaptionen des Stoffes

Stichwortartige Ausarbeitung des Aufsatzes

A. Einleitung:
Friedrich Hebbel gestaltet in seinem Trauerspiel *Agnes Bernauer* (1852) die Geschichte der gleichnamigen Augsburger Baderstochter, die 1432 eine Ehe mit dem Herzog von Bayern einging und 1435 wegen Hexerei in der Donau ertränkt wurde. In der vorliegenden Szene wird Agnes kurz vor ihrem Tod von dem Kanzler des Herzogs, Preising, im Kerker besucht.

B. Hauptteil:

I. Dialogführung und Inhalt

Exposition (Z. 1–13)
- Eintritt ohne Begrüßung
- Erwartungshaltung von Agnes; sie hofft, dass sie die Freiheit wiedererlangt. Preising verspricht ihr Freiheit für Gehorsam und legitimiert sich als Vertreter des Herzogs. Er unterstreicht sein Versprechen mit dem Hinweis auf seine Glaubwürdigkeit und seine Ehrlichkeit.

Konfliktdialog (Z. 14–111)
- Preising verlangt von Agnes, sie müsse sich von Albrecht trennen, da Albrecht sich aus eigener Kraft nicht zur Trennung entschließen könne. Agnes weist die Forderung vehement zurück.
- Preising appelliert an Agnes, sie möge ihm vertrauen, er habe nur ihr Wohlergehen im Auge. Er wiederholt die Forderung nach Auflösung der Ehe. Agnes erkennt seine Hilfsbereitschaft an, sie weist die Aufforderung zur Trennung zurück.
- Preising warnt, dass der Tod die Folge weiterer Weigerung sein werde; er betont die eigene Gefährdung durch den Besuch bei Agnes. Agnes vermutet, er wolle sie erschrecken. Sie vertraut auf die Gerechtigkeit des Herzogs. Die Forderung nach Auflösung der Ehe weist sie erneut zurück, selbst wenn die Weigerung den Tod zur Folge hätte.

- Preising macht sie auf den nahenden Tod aufmerksam, indem er ihren Blick auf das an der Donau wartende Volk lenkt. Agnes begreift langsam die Bedrohlichkeit der Situation und stellt die Frage, was für eine Schuld sie auf sich geladen habe.
- Preising führt aus, sie habe durch ihre Verbindung mit einem Adligen die „Weltordnung" gestört und Unfrieden in die Familie des Herzogs gebracht. Bereits vor Jahren sei das Todesurteil über sie ausgefertigt worden; nachdem der zum Nachfolger der Herzogs berufene Adolf verstorben ist, müsse Albrecht die Regierungsverantwortung übernehmen. Der Tod Adolfs sei ein göttliches Zeichen, das sich gegen die nicht-standesgemäße Verbindung einer Bürgerlichen mit einem Adeligen richtet. Agnes weist die Forderung zurück. Sie begründet ihre Zurückweisung damit, dass die Ehe eine unauflösliche Verbindung sei. Außerdem sei Albrecht zum Thronverzicht bereit.
- Preising erwidert, Albrecht könne sich seiner Regierungsverantwortung gar nicht entziehen. Als zukünftiger Herrscher gehöre er dem Volk; sein persönliches Glück sei gegenüber dieser Pflicht von nachgeordneter Bedeutung. Er fordert Agnes auf, die Ehe aufzulösen und in ein Kloster einzutreten. Agnes bekräftigt, dass Liebe einen höheren Wert als das eigene Leben habe. Aus diesem Grund wolle sie ihren Ehemann nicht verlassen und lieber den Tod in Kauf nehmen.
- Preising erinnert Agnes an die Zweifel ihres Vaters bezüglich der Verbindung mit Albrecht. Der Vater gehe davon aus, dass Agnes in die Verbindung gezwungen worden sei. Agnes leugnet, dass ihre Liebe in Verbindung mit Zwang steht; vielmehr sei sie ihre freie Entscheidung gewesen. Sie versteht ihre Liebe als Wirken des von Gott gelenkten Schicksals.

Ende des Gesprächs ohne Annäherung der gegensätzlichen Standpunkte (Z. 112)

II. Positionen der Hauptfiguren

Aus dem Dialog zwischen Agnes und Preising lassen sich die Positionen beider Figuren erschließen.

Preisings Position:

- Nachdem sich der Kanzler als Vertreter des Herzogs legitimiert und auf seine Glaubwürdigkeit hingewiesen hat, stellt er der gerade entführten Agnes die baldige Freilassung in Aussicht, wenn sie auf seine Forderung eingeht. Die einzige Forderung, die Preising formuliert, ist die Trennung von Albrecht. Als ein Grund für die Trennung soll Albrechts Unvermögen gelten, die notwendige Trennung aus eigenen Stücken zu vollziehen. Agnes solle daher Einsicht zeigen und Albrecht vor vollendete Tatsachen stellen. Durch ihren Verzicht auf privates Glück helfe sie ihrem Ehemann. Ein weiterer Grund ist die drohende Hinrichtung von Agnes; das Todesurteil gegen sie sei bereits seit langem ausgefertigt, der Hinweis auf die Hinrichtungsvorbereitungen solle ihr ein deutliches Warnsignal sein, was mit ihr bei einer weiteren Weigerung passieren werde.

- Der Hauptgrund für die Forderung nach Auflösung der Ehe ist die von Preising formulierte Störung der Weltordnung (vgl. Z. 57). Albrecht habe als zukünftiger Herrscher kein Recht, sich der Verantwortung, die das Amt mit sich bringt, zu entziehen. Insbesondere Überlegungen hinsichtlich des privaten Glücks müssten gegenüber den Erfordernissen des Amtes zurückstehen. Eine nicht-standesgemäße Beziehung bedrohe das durch Gesetze und Tradition geregelte Verhältnis zwischen Volk und Herrscher. Die Ehe zwischen Albrecht und Agnes müsse somit aus Gründen der Staatsräson aufgelöst werden.
- Als letztes Argument verwendet Preising den Hinweis auf die skeptische Haltung ihres Vaters, der davon ausgegangen sei, dass Agnes die Verbindung mit Albrecht nicht freiwillig eingegangen sei.

Agnes' Position:

- Die Position von Agnes ist von der Zurückweisung aller Forderung nach Auflösung der Ehe gekennzeichnet. Zunächst äußert sie ihr Vertrauen in die Gerechtigkeit des Herzogs. Vor allem betont sie das von der Staatsräson unabhängige Recht des Einzelnen auf die freie Wahl des Ehepartners. Die Ehe sei als kirchliches Sakrament unauflöslich, Liebe habe einen höheren Wert als das Leben selbst. Agnes will durch den Hinweis auf den möglichen Thronverzicht Albrecht klar machen, dass auch er von der Höherwertigkeit der Liebe ausgeht und die Staatsräson nicht zum bestimmenden Faktor im privaten Bereich zulassen will. Sie geht einerseits davon aus, dass der einzelne Mensch sich aus freien Stücken für einen Lebenspartner entscheiden kann; auf der anderen Seite begreift sie die Liebesbeziehung zu einem Menschen auch als Verwirklichung eines göttlich bestimmten Schicksals.

III. Dramaturgische und sprachliche Gestaltungsmittel

- Regieanweisungen: Die Regieanweisungen verdeutlichen oft innerseelische Vorgänge. So wird die unruhige Erwartungshaltung von Agnes dadurch unterstrichen, dass sie dem eintretenden Preising entgegengeht (vgl. Z. 3). Die Erschütterung, die sie nach der Todesdrohung befällt, wird durch die Regieanweisung „(*Sie hält sich an einem Tisch.*)" (Z. 34 f.) hervorgehoben. Sie setzt sich an einen Tisch, um die emotionale Bewegung, die sie nach der Todesdrohung und bei der Erinnerung an die Toten des vorangegangenen Kampfes überkommen hat, zu kontrollieren (vgl. Z. 38). Nachdem sie sich beruhigt hat, steht sie auf (vgl. Z. 40) – dies ist ein Hinweis auf die wiedergewonnene Stabilität und die Überwindung der kurzzeitigen Schwäche.

- Schneller Wechsel von Rede und Gegenrede (Stichomythie): Die schnelle Abfolge von Frage- und Ausrufesätzen zu Beginn des Dialogs (vgl. Z. 1–10) unterstreicht die emotionale Bewegung. Agnes äußert in diesem einleitenden Teil des Gesprächs nahezu ausschließlich Fragen, Preising reagiert vielfach mit Ausrufesätzen.
- Interjektionen (z. B. :„Nein, nein! Das in Ewigkeit nicht!", Z. 28 ; „O Gott", Z. 90; „Oh", Z. 98), kurze Ausrufungssätze (vgl. z. B. Z. 18), rhetorische Fragen („Bin ich denn selbst noch, die ich war? Hab ich bloß empfangen? Hab ich nicht auch gegeben? Sind wir nicht eins, unzertrennlich eins durch Geben und Nehmen, wie Leib und Seele?", Z. 73–75), Vergleich („wie ein Zauberwort", Z. 78), Wiederholung von Wörtern, die Preising gebraucht (z. B. : „Feind", Z. 12 und 13; „gezwungen", Z. 97), Ellipse (vgl. z. B. Z. 13, Z. 102) als emphatische Verstärkung der Zurückweisung und Ausdruck der Entschlossenheit von Agnes
- Symbol „Herz" (Z. 105) als bildhafte Umschreibung für Liebe
- Suggestivfragen sollen die Glaubwürdigkeit von Preising unterstützen: „Ihr könnt kein Misstrauen in mich setzen; warum wär' ich gekommen, wenn Euer Los mir nicht am Herzen läge?" (Z. 20–22), Wiederholungen (vgl. Z. 19 und Z. 25) verstärken das Anliegen.
- Metapher („Vorhof des Todes", Z. 24 f.; ins Grab steigen (vgl. Z. 85), Personifikation („der Tod steht vor der Tür", Z. 48): anschauliches Ausmalen der Konsequenzen in den Sätzen Preisings
- Hypotaxe: Zur Begründung der eigenen Position werden hypotaktische Strukturen verwendet (vgl. z. B. Z. 14–17, Z. 35–47). Sie machen deutlich, dass die Argumentation wohl überlegt und nicht von der Aufregung der Kerkersituation abhängig ist.
- Regieanweisung: „(*hebt das Todesurteil in die Höhe*)" (Z. 57), Aufzählung (vgl. Z. 57–60), religiöse Anspielung („Richter", Z. 60, „Gott", Z. 62), Trias („Raub, Mord und Totschlag", Z. 58 f.), Beispielgeschichte/Metapher (vgl. Z. 64–70): Verdeutlichung der irdischen und metaphysischen Dimension von Agnes' Verbrechen
- Metonymie: „den Schleier nehm(en)" (Z. 86) als Aufforderung zum Eintritt in ein Kloster.

IV. Vergleich mit der *Antigone* des Sophokles

Hebbel selbst hat die Figur der Agnes Bernauer als eine „Antigone der modernen Zeit" bewundert. Es liegt daher nahe, den Konflikt von Staat und Individuum in dieser antiken Tragödie zu untersuchen: Sophokles (497/96–406 v. Chr.) thematisiert in seinem Drama *Antigone* (442/41 v. Chr.) den Widerstand gegen staatliche Anordnungen, die scheinbare Außenseiterin Antigone verkörpert das Recht auf Widerstand im Namen einer höheren Gerechtigkeit.

1. Inhalt

- Die Tragödie *Antigone* von Sophokles, die 442 oder 441 v. Chr. ihre Aufführung erlebte, behandelt die Frage nach den Grundlagen und den Grenzen menschlichen Handelns am Beispiel der dem Labdakidengeschlecht entstammenden Antigone. Als mythologischer Hintergrund ist ferner der Kampf des Polyneikes um die ihm rechtmäßig zustehende Herrschaft über Theben zu denken, der mit seinem eigenen Tod und dem seines Widersachers, seines Bruders Eteokles, endet.
- Die Handlung des Dramas ist in sieben Hauptszenen eingeteilt, zwischen denen jeweils ein Chorlied steht. Sie setzt am frühen Morgen des Tages, der nach dem Tod der beiden Brüder folgt, ein. Antigone teilt ihrer Schwester Ismene mit, gegen das Bestattungsverbot Kreons, des neuen Herrschers, handeln zu wollen und Polyneikes diese Ehre zu erweisen. Sie begründet ihre Haltung mit dem Göttergebot, das die Bestattung eines Toten zur heiligen Pflicht mache.
- Kreon, der sich als grundsatztreuer und strenger Herrscher darstellt, erlässt das Bestattungsverbot, weil er in Polyneikes einen Feind sieht, der Theben mit Krieg überzogen hat. Als ihm ein Wächter die Nachricht von der symbolischen Bestattung des Toten überbringt, verlangt Kreon unter Androhung der Todesstrafe die Aufklärung des Tatbestandes. Kurze Zeit später kann derselbe Wächter die Ergreifung Antigones melden, die versucht hat, Polyneikes ein zweites Mal zu begraben. Gegenüber Kreon rechtfertigt sie sich mit dem Hinweis auf Göttergebot und Familienpflicht. Kreon sieht in ihr nur eine Straftäterin, über die er das vorgesehene Urteil verhängen wird.
- Im Gespräch mit seinem Sohn Haimon, dem Verlobten Antigones, erläutert Kreon seine Haltung und fordert gleichzeitig Gehorsam. Haimon appelliert dagegen an die Einsicht des Vaters und bittet ihn zu erkennen, dass die Tat Antigones beim Volk als ehrenhaft eingestuft wird. Sollte Antigone sterben, so deutet Haimon seinen Selbstmord an, so werde der Vater auch ihn zum letzten Mal gesehen haben.
- Auf ihrem Weg ins Felsengrab klagt Antigone darüber, von keinem Unterstützung für ihre Tat erhalten zu haben und nicht zu wissen, gegen welches göttliche Gesetz sie verstoßen habe. Ihr einziger Trost sei es, im Tod von den Angehörigen empfangen zu werden.
- Nachdem Kreon die Ausführung des Urteils befohlen hat, teilt ihm der blinde Seher Teiresias mit, dass Kreon bei Ausführung seines Urteils mit der Verfolgung durch die Erinnyen zu rechnen hat, da er einem Toten die Bestattung versage und eine Unschuldige, gemeint ist Antigone, hinrichten lasse. Aus Angst vor den Folgen befiehlt Kreon die Befreiung Antigones; in der Schlussszene wird klar, dass seine Verhaltensänderung zu spät kommt: Nach Antigone sterben auch Kreons Sohn und Eurydike, Kreons Gattin, durch eigene Hand; Kreon bleibt am Ende des Tages als gebrochener Mann zurück.

2. Konflikt zwischen dem Herrscher Kreon und Antigone

- Die *Antigone* stellt sich im Wesentlichen als ein Zweifigurendrama dar; um den Konflikt zwischen Antigone und Kreon um die Frage des Bestattungsverbotes gruppieren sich die anderen Figuren, wobei sich die Haltung von Kreon und Antigone zu diesen anderen Figuren daran entscheidet, wie jene zu der Bestattungsfrage stehen.
- Sowohl Kreon als auch Antigone berufen sich zur Begründung ihrer Haltung auf Recht und Gesetz. In seiner „Regierungserklärung" führt der gerade neu eingesetzte Herrscher aus, dass es das Recht und die Pflicht des Monarchen sei, das zu tun, was seiner Meinung nach Schaden von der Stadt abwendet (vgl. V. 185 f. Die Belegstellenangaben orientieren sich an: Sophokles: *Antigone*. Übersetzt von W. Kuchenmüller. Stuttgart: Reclam, 1955). Aus diesem Grund lässt er Antigone außerhalb der Stadt einmauern, versorgt sie aber gleichzeitig mit Nahrungsmitteln (vgl. V. 775), weil er hofft, die Stadt von der Schuld an ihrem Tode zu entlasten. Der Monarch muss seiner Meinung nach Gehorsam fordern (vgl. V. 656), er hat willensstark zu sein und darf seine Verwandten und Freunde nicht anders behandeln als seine Untertanen (vgl. V. 178–183). Polyneikes habe sich durch seinen Angriff auf die Stadt als Feind erwiesen, daher verweigert Kreon ihm die Bestattung (vgl. V. 207–210).

  Diese Grundsätze klingen als Prinzipien für absolutistische Herrschaft nicht nur plausibel, sie drücken auch ein hohes Verantwortungsgefühl gegenüber dem Gemeinwesen aus.

  Vom Ende her betrachtet erweist sich Kreons Vorstellung von Souveränität als tödlich; dabei wird sich Kreon anfangs untreu, als es erstmals um die Anwendung seiner Prinzipien an einem konkreten Fall geht: Entgegen seinem eigenen Grundsatz, Familienmitglieder nicht zu bevorzugen, gibt er Antigone eine Chance, durch eine entsprechende Antwort der Verurteilung zu entgehen (vgl. V. 446 f.). Erst die Unbeugsamkeit Antigones (V. 471: „Des Vaters trotzige Art verrät das Kind"), lässt ihm keine andere Wahl, als konsequent seinen Regierungsprinzipien zu folgen und somit ein Mitglied seiner eigenen Familie zum Tode zu verurteilen. Die Verurteilung wird zusätzlich mit zwei Argumenten untermauert: Antigones Ungehorsam macht die Verhängung einer Strafe notwendig, weil einmal erlassene Gesetze unter allen Umständen einzuhalten sind; zum anderen erkennt Kreon die Notwendigkeit einer Strafe, will er sich als Mann nicht dem Vorwurf aussetzen, von einer Frau „regiert" zu werden.

  Nach dem Gespräch mit Teiresias gibt er schließlich doch nach, weil er einsehen muss, dass er einer höheren Gewalt, den Göttern, gegenübersteht. Ansatzweise mag man auch ein Eingeständnis eigener Schuld erkennen (vgl. V. 1318 f.). Im Abgang noch erneuert er seine Vorstellung vom Gehorsam gegenüber bestehenden Gesetzen: „Es ist das beste, fürcht ich, treu zu bleiben / Bestehenden Gesetzen bis zum Tod" (V. 1114); damit meint er, dass er selbst die Konsequenzen seiner nicht dem Götterwillen gemäßen Gesetze tragen will. Ausdrücklich lässt sich aber keine inhaltliche Änderung im Vergleich zu seiner Regierungserklärung feststellen: Er weicht nur gezwungenermaßen höherer Macht. Der Tod der Angehörigen vernichtet auch seine Existenz: „Ich sehe keinen Weg, nichts, was mich hält. / Nur Wankendes greif ich. Aufs Haupt / Brach mir untragbares Schicksal" (V. 1342–1346).

- Es ist die Überzeugung der Antigone, dass Polyneikes „nach Recht und Sitte" (V. 23) bestattet werden muss. Antigone will, dass ihre Familie im Tode zusammengeführt ist; sie bezeichnet das als ein heiliges Gesetz der Götter (vgl. V. 77). So fordert sie Ismene auf, ihr bei der Erfüllung dieser heiligen Pflicht behilflich zu sein; Ismene rät aber zur Besonnenheit und erinnert die Schwester an das tödliche Schicksal der Familie (vgl. V. 50–60). Antigone aber will ihren Protest gegen das Gesetz des neuen Herrschers unbedingt an die Öffentlichkeit bringen und legt es auch darauf an, bei der Tat gefasst zu werden. Obgleich die erste symbolische Bestattung des Bruders nach der griechischen Vorstellung ausreicht, der Seele die gebührende Ruhe zuteil werden zu lassen, bestattet sie ihn ein zweites Mal; dieser zweite Gang zum Leichnam ist als eine öffentliche Demonstration gedacht, er soll entdeckt werden, damit der öffentliche Protest wirken kann. Vom Ende her betrachtet und angesichts des Schicksals, das Kreon trifft, beweist sie mit dieser Einstellung Weitsicht, da sich der Verstoß gegen die als heilig erachteten Göttergesetze letztlich rächt.
- Im Konflikt zwischen Kreon und Antigone setzt sich in gewisser Weise auch der Streit zwischen Polyneikes und Eteokles fort. Die Konfrontation zwischen dem Recht der Stadt (Eteokles) und dem Familienrecht (Polyneikes) wird entscheidend erweitert und erhöht: In der Auseinandersetzung zwischen Antigone und Kreon stehen auf der einen Seite das Recht einer göttlichen Weltordnung und auf der anderen Seite das Recht einer von Menschen gesetzten irdischen Ordnung.
- Die Aussage der Tragödie lässt sich aus den Schlussversen des Chores entnehmen, in denen die Besonnenheit gelobt wird. Sie bedeutet im Kontext der Handlung die Spannung zwischen Götterwillen und menschlichem Freiheitsanspruch, der sich in Kreons Gesetzgebung für die Polis zeigt. Besonnenheit heißt, dass menschliche Entscheidungen hinsichtlich ihrer Legitimationsgrundlagen, seien sie familiärer, politischer oder religiöser Art, überprüft werden müssen. Eigenmächtiges Handeln ist ein Ausdruck der Verblendung, die zu Unheil führt.

3. Epochen- und zeittypische Gestaltungsmerkmale

- Stoff: Sophokles rückt in seinem Drama erstmals die Figur der Antigone in den Mittelpunkt des Geschehens. Auch das Bestattungsverbot ist seine Erfindung. Schadewaldt berichtet dagegen, dass die Leiche des Polyneikes wie die der anderen gefallenen Heerführer verbrannt worden sei: „An den Zug der Sieben gegen Theben und den Tod der beiden Brüder schließt unmittelbar die Geschichte von Antigone an, wie Sophokles sie in seiner Tragödie gestaltet hat. Doch hat Sophokles nach allem, was wir wissen, die Fabel seines Dramas aus dem ihm gegebenen großen Zusammenhang der Labdakidensage so gut wie frei entwickelt. Die Hauptmomente seiner Neugestaltung waren, dass er zunächst einmal in seinem Einzeldrama den Fluch, den Pelops einst über Laios gesprochen hatte, zurückdrängte (...). Sodann hat nach allem, was wir wissen, erst Sophokles die Gestalt der Ödipustochter Antigone in seinem Einzeldrama in die Mitte gerückt. Die ältere Sage wusste allenfalls von Schwester Ismene zu berichten (...). Diese ältere Sage wusste auch nichts von dem Bestattungsverbot, das über Polyneikes verhängt wird. Vielmehr wird dieser in einigen auf uns gekommenen Nachrichten so wie die anderen vor Theben gefallenen Heerführer auf dem Scheiterhaufen verbrannt" (Schadewaldt, *Hellas und Hesperien*, Stuttgart, Zürich, ^{2}1970, S. 444 ff.).

- Form: griechische Tragödie zu Ehren des Dionysos; vgl. die Schlussszene, in der der Chor den Schutzherrn Thebens, den Zeussohn Dionysos, anruft, zu dessen Ehren die Tragödienaufführung im Rahmen seines Gottesdienstes stattfindet.
- Politischer Hintergrund: Nimmt man den politischen Kontext hinzu, so ist das Verhalten Kreons vor dem Hintergrund des um 442/41 v. Chr. in Athen vollendeten demokratischen Systems zu kritisieren; vorgeblich vertritt Kreon die Interessen der Polis, in Wirklichkeit aber nur seine eigenen Vorstellungen. Das Wohl der Polisgemeinschaft setzt dem eigenmächtigen Handeln des Herrschers eine Grenze; Besonnenheit bei der Führung der Amtsgeschäfte, die Beachtung der öffentlichen Meinung und der sittlichen Gebote sind gerade von ihm zu erwarten. Einer der berühmtesten Strategen des 5. Jahrhunderts ist Perikles. Von 443 bis 429 wird er jährlich zum Strategen wiedergewählt, nachdem die Opposition beseitigt worden ist. Perikles überragt seine Mitstrategen durch seine Autorität im Volk und seine Rednergabe. Kreon lässt sich auch als warnendes Beispiel für Perikles interpretieren.

C. Schluss:

Die *Antigone* ist ein Drama von der freien Selbstbestimmung des Menschen und von ihrer Begrenzung: Diese Freiheit findet ihre Grenze zum einen an der demokratisch verfassten Polis, zum anderen an den heiligen Gesetzen der Götter. Kreon steht für den in seiner Freiheit scheiternden Menschen, Antigone verkörpert den Widerstand im Namen eines höheren Rechts. Auch in modernen Adaptionen des Antigone-Stoffes wie z. B. in Döblins *November 1918*, Hochhuths *Die Berliner Anti-*

gone, Langgässers *Die getreue Antigone*, Weils *Meine Schwester Antigone* oder Brechts *Antigone des Sophokles* wird die Antigone-Figur in dieser Hinsicht verstanden.

Agnes Bernauer, deren Opfertod Hebbel mit dem der Antigone vergleicht, stirbt aus Gründen der Staatsräson. Während im antiken Drama die Kritik an der mangelnden staatlichen Anerkennung heiliger Gesetze klar herauskommt, versäumt es Hebbel, den Übergangscharakter einer Herrschaftsform zu zeigen, die bereits durch eine Liebesaffäre an Stabilität verliert. Deutlicher hätte Hebbel akzentuieren müssen, dass der politische Mord weniger der Gesellschaft als vielmehr der Selbsterhaltung einzelner Dynastien, einer Partei oder einer herrschenden Gruppe dient.

4. Dramen der Jahrhundertwende und des 20. Jahrhunderts (1880–Gegenwart)

Naturalismus (1880–1900)

Inhaltliche Merkmale

- naturgetreue Abbildung ohne künstlerische Stilisierung oder metaphysische Überhöhung (*Wahrheit des Lebens*)
- radikale Objektivierung
- Arno Holz: naturalistische Kunst = Natur minus x (künstlerische Gestaltungsfähigkeit)
- Radikaler Determinismus und Positivismus

Hauptvertreter und Werke

- Gerhart Hauptmann (1862–1946): *Bahnwärter Thiel, Die Weber, Die Ratten*
- Arno Holz (1863–1929) und Johannes Schlaf (1862–1941): *Papa Hamlet*

Formale Merkmale

- Sekundenstil
- Zustandsdrama
- ausführliche Regieanweisungen
- naturgetreue Wiedergabe

Impressionismus/Symbolismus (1890–1930)

Inhaltliche Merkmale

- Wiedergabe subjektiv-sinnlicher Eindrücke
- Kritische Distanz zum Alltag
- Melancholie
- Suche nach dem inneren Zusammenhang zwischen den Dingen
- autonome Kunst
- Kunst gibt Halt in sinnentleerter Welt

Hauptvertreter und Werke

- Arthur Schnitzler (1862–1931): *Leutnant Gustl*
- Stefan George (1868–1933): Gedichte
- Rainer Maria Rilke (1875–1926): Gedichte

Formale Merkmale

- lautmalerische Sprache
- Handlung im Hintergrund
- absolutes Gedicht

- innerer Monolog als neue Erzählperspektive im Roman
- Dinggedicht

Expressionismus (1910–1925)
Inhaltliche Merkmale

- Grunderfahrung: Entfremdung (Krieg, Stadt)
- Ausdruck des inneren Erlebens, Pathos, Ekstase
- Kunst als rein geistiger Ausdruck innerlich geschauter Wahrheit
- Sehnsucht nach einer besseren Welt
- Protest gegen Kaisertum
- Forderung nach einem neuen Menschen
- Antimilitarismus

Hauptvertreter und Werke

- Georg Heym (1887–1912): *Der Winter*
- Georg Trakl (1887–1914): Gedichte
- Gottfried Benn (1886–1956): *Morgue*
- Georg Kaiser (1878–1945): *Die Bürger von Calais*
- Franz Kafka (1883–1924): *Das Schloss*

Formale Merkmale

- Chiffre
- Bruch mit sprachlichen und allgemeinen ästhetischen Konventionen
- Parabel

Literatur des 20. Jahrhunderts
Inhaltliche Merkmale

- Einteilung z. B. nach politischer Situation in: Weimarer Zeit, Literatur des Exils und der inneren Emigration, Nachkriegsliteratur, Literatur in der DDR, Literatur in der BRD
- Reflexion der politischen Situation in der Literatur (z. B. äußere und innere Emigration, Umgang mit der Zeit des Nationalsozialismus)
- Poetik des „Kahlschlags", „Trümmerliteratur"
- literarische Neuorientierung durch die Gruppe 47 (Richter, Andersch, Bachmann, Böll, Celan, Grass u. a.)
- Trennung von Politik und Literatur in den 50er Jahren
- Politisierung in den 60er Jahren
- „Neue Subjektivität" in den 70er und 80er Jahren
- Postmoderne in den 90er Jahren

Hauptvertreter und Werke

- Thomas Mann (1875–1955): *Buddenbrooks, Der Zauberberg, Der Tod in Venedig*
- Heinrich Mann (1871–1950): *Der Untertan*
- Alfred Döblin (1878–1957): *Berlin Alexanderplatz*
- Heimito von Doderer (1896–1966): *Der Brand*
- Stefan Zweig (1881–1942): *Schachnovelle*
- Carl Zuckmayer (1896–1977): *Der Hauptmann von Köpenick*
- Bertolt Brecht (1898–1956): *Der gute Mensch von Sezuan, Leben des Galilei*
- Wolfgang Borchert (1921–1947): *Draußen vor der Tür*
- Günter Grass (geb. 1927): *Die Blechtrommel*
- Patrick Süskind (geb. 1949): *Das Parfum*

Formale Merkmale

- Experimentieren mit allen literarischen Formen, Entwicklung neuer Formen (episches Theater)
- Verfremdungseffekt
- Kurzgeschichte als bedeutende Gattung nach dem 2. Weltkrieg
- Montagetechnik in Epik, Drama und Lyrik
- Groteske
- Konkrete Poesie
- Dokumentartheater
- Autobiografie
- Science-fiction-Roman

4.1 Arthur Schnitzler (1862–1931), *Liebelei. Schauspiel in drei Akten* (1895)

Arbeitsaufgabe:

Untersuchen Sie die beiden folgenden Dramenausschnitte unter besonderer Berücksichtigung des Gesprächsverlaufs und des Verhaltens der Protagonisten. Erarbeiten Sie die Gründe für das Scheitern der dargestellten Liebesbeziehung. Vergleichen Sie damit die Gründe, die in einem anderen dramatischen Werk zum Scheitern einer Liebe führen!

Arthur Schnitzler,
* 15. 5. 1862 in Wien, † 21. 10. 1931 in Wien; Erzähler, Dramatiker; Werke z. B. : *Liebelei* (1895), *Leutnant Gustl* (1901), *Der einsame Weg* (1904), *Das weite Land* (1911), *Fräulein Else* (1924), *Therese. Chronik eines Frauenlebens* (1928); epochengeschichtliche Einordnung: Impressionismus.

Lesetext

Arthur Schnitzler (1862–1931)
***Liebelei. Schauspiel in drei Akten* (1895)**
(Szene aus dem 2. Akt)

Zimmer Christines. Bescheiden und nett.
VORIGE (CHRISTINE, MIZI) – FRITZ *ist eingetreten.*

(...)

FRITZ Guten Abend!

CHRISTINE *aufjubelnd* Fritz, Fritz! *Ihm entgegen, in seine Arme.*

Mizi schleicht sich hinaus, mit einer Miene, die ausdrückt: Da bin ich überflüssig.

FRITZ *sich losmachend* Aber –

CHRISTINE Alle sagen, dass du mich verlassen wirst! Nicht wahr, du tust es nicht – jetzt noch nicht – jetzt noch nicht ...

FRITZ Wer sagt denn das? ... Was hast du denn ... *sie streichelnd* Aber Schatz! ... Ich hab' mir eigentlich gedacht, dass du recht erschrecken wirst, wenn ich plötzlich da hereinkomme.

CHRISTINE Oh – dass du nur da bist!

FRITZ Geh, so beruhig' dich doch – hast du lang auf mich gewartet?

CHRISTINE Warum bist du denn nicht gekommen?

FRITZ Ich bin aufgehalten worden, hab' mich verspätet. Jetzt bin ich im Garten gewesen und hab' dich nicht gefunden – und hab' wieder nach Haus gehen wollen. Aber plötzlich hat mich eine solche Sehnsucht gepackt, eine solche Sehnsucht nach diesem lieben süßen Gesichtel ...

CHRISTINE *glücklich* Is' wahr?

FRITZ Und dann hab' ich auch plötzlich eine so unbeschreibliche Lust bekommen zu sehen, wo du eigentlich wohnst – ja im Ernst – ich hab' das einmal sehen m ü s s e n – und da hab' ich 's nicht ausgehalten und bin da herauf ... , es ist dir also nicht unangenehm?

CHRISTINE O Gott!

FRITZ Es hat mich niemand gesehn – und dass dein Vater im Theater ist, hab' ich ja gewusst.

CHRISTINE Was liegt mir an den Leuten!

FRITZ Also da –? *Sieht sich im Zimmer um* Das also ist dein Zimmer? Sehr hübsch ...

(...)

FRITZ *So ... stellt die Lampe hin* Ah, und da ist deine Bibliothek. *Setzt sich neben die kleine Bücherstellage.*

CHRISTINE Die schau' dir lieber nicht an – –

FRITZ Warum denn? Ah! – Schiller ... Hauff ... Das Konversationslexikon ... Donnerwetter! –

CHRISTINE Geht nur bis zum G ...

FRITZ *lächelnd* Ach so ... Das Buch für alle ... Da schaust du dir die Bilder drin an, was?

CHRISTINE Natürlich hab' ich mir die Bilder angeschaut.

(...)

FRITZ *setzt sich* So gemütlich ist es da! –

CHRISTINE Gefällt 's dir wirklich?

FRITZ Was ist denn das? *Nimmt eine Vase mit Kunstblumen, die auf dem Tisch steht.*

CHRISTINE Er hat schon wieder was gefunden! ...

FRITZ Nein, Kind, das gehört nicht da herein ... das sieht verstaubt aus.

CHRISTINE Die sind aber gewiss nicht verstaubt.

FRITZ Künstliche Blumen sehen immer verstaubt aus ... In deinem Zimmer müssen wirkliche Blumen stehn, die duften und frisch sind. Von jetzt an werde ich dir ... *unterbricht sich, wendet sich ab, um seine Bewegung zu verbergen.*

CHRISTINE Was denn? ... Was wolltest du denn sagen?

FRITZ Nichts, nichts ...

CHRISTINE *steht auf, zärtlich* Was? –

FRITZ Dass ich dir morgen frische Blumen schicken werde, hab' ich sagen wollen ...

CHRISTINE Na, und reut 's dich schon? – Natürlich! Morgen denkst du ja nicht mehr an mich.

FRITZ *abwehrende Bewegung.*

CHRISTINE Gewiss, wenn du mich nicht siehst, denkst du nicht an mich.

FRITZ Aber was redst du denn?

CHRISTINE O ja, ich weiß es. Ich spür 's ja.

FRITZ Wie kannst du dir das nur einbilden.

CHRISTINE Du selbst bist schuld daran. Weil du immer Geheimnisse vor mir hast! ... Weil du mir gar nichts von dir erzählst. – Was tust du so den ganzen Tag?

FRITZ Aber Schatz, das ist ja sehr einfach. Ich geh' in Vorlesungen zuweilen – dann geh' ich ins Kaffeehaus ... dann les' ich ... manchmal spiel' ich auch Klavier – dann plauder' ich mit dem oder jenem, dann mach' ich Besuche ... das ist doch alles ganz belanglos. Es ist ja langweilig, davon zu reden. –jetzt muss ich übrigens gehn, Kind ...

CHRISTINE jetzt schon –

FRITZ Dein Vater wird ja bald da sein.

CHRISTINE Noch lange nicht, Fritz. – Bleib noch – eine Minute – bleib noch –

FRITZ Und dann hab' ich ... der Theodor erwartet mich ... ich hab' mit ihm noch was zu sprechen.

CHRISTINE Heut?

FRITZ Gewiss heut.

CHRISTINE Wirst ihn morgen auch sehn!

FRITZ Ich bin morgen vielleicht gar nicht in Wien.

CHRISTINE Nicht in Wien?

FRITZ *ihre Ängstlichkeit, bemerkend, ruhig – heiter* Nun ja, das kommt ja vor? Ich fahr' übern Tag weg – oder auch über zwei, du Kind. –

CHRISTINE Wohin?

FRITZ Wohin! ... Irgendwohin – Ach Gott, so mach' doch kein solches Gesicht ... Aufs Gut fahr' ich zu meinen Eltern ... na, ... ist das auch unheimlich?

CHRISTINE Auch von denen, schau', erzählst du mir nie!

FRITZ Nein, was du für ein Kind bist ... Du verstehst gar nicht, wie schön das ist, dass wir so vollkommen mit uns allein sind. Sag', spürst du denn das nicht?

CHRISTINE Nein, es ist gar nicht schön, dass du mir nie etwas von dir erzählst ... Schau', mich interessiert ja alles, was dich angeht, ach ja ... alles, – ich möcht' mehr von dir haben als die eine Stunde am Abend, die wir manchmal beisammen sind. Dann bist du ja wieder fort, und ich weiß gar nichts ... Da geht dann die ganze Nacht vorüber und ein ganzer Tag mit den vielen Stunden – und nichts weiß ich. Darüber bin ich oft so traurig.

FRITZ Warum bist du denn da traurig?

CHRISTINE Ja, weil ich dann so eine Sehnsucht nach dir hab', als wenn du gar nicht in derselben Stadt, als wenn du ganz woanders wärst! Wie verschwunden bist du da für mich, so weit weg ...

FRITZ *etwas ungeduldig* Aber ...

CHRISTINE Na schau', es ist ja wahr! ...

FRITZ Komm daher, zu mir. *sie ist bei ihm* Du weißt ja doch nur eins, wie ich – dass du mich in d i e s e m Augenblicke liebst ... *Wie sie reden will* Sprich nicht von Ewigkeit. *Mehr für sich* Es gibt ja vielleicht Augenblicke, die einen Duft von Ewigkeit um sich sprühen. – ... Das ist die Einzige, die wir verstehen können, die Einzige, die uns gehört ... *Er küsst sie. – Pause. – Er steht auf. – Ausbrechend* O, wie schön ist es bei dir, wie schön! ... *Er steht beim Fenster* So weltfern ist man da, mitten unter den vielen Häusern ... so einsam komm' ich mir vor, so mit dir allein ... *leise* so geborgen ...

CHRISTINE Wenn du immer so sprächst ... da könnt' ich fast glauben ...

FRITZ Was denn, Kind?

CHRISTINE Dass du mich so lieb hast, wie ich 's mir geträumt hab' – an dem Tag, wo du mir den ersten Kuss gegeben hast ... erinnerst du dich daran?

FRITZ *leidenschaftlich* Ich h a b' dich lieb! – *Er umarmt sie; reißt sich los* Aber jetzt lass mich fort!

CHRISTINE Reut 's dich denn schon wieder, dass du mir 's gesagt hast? Du bist ja frei, du bist ja frei – du kannst mich ja sitzen lassen, wann du willst ... du hast mir nichts versprochen – und ich hab' nichts von dir verlangt ... Was dann aus mir wird – es ist ja ganz einerlei – ich bin doch einmal glücklich gewesen, mehr will ich ja vom Leben nicht. Ich möchte nur, dass du das weißt und mir glaubst: Dass ich keinen lieb gehabt vor dir, und dass ich keinen lieb haben werde – wenn du mich einmal nimmer willst –

FRITZ *mehr für sich* Sag 's nicht, sag 's nicht – es klingt ... zu schön ... *Es klopft.*

FRITZ *schrickt zusammen* Es wird Theodor sein ...

CHRISTINE *betroffen* Er weiß, dass du bei mir bist –?

3. Akt [Schlussszene]

Dasselbe Zimmer wie im vorigen. Es ist um die Mittagsstunde.

WEIRING [Christines Vater], CHRISTINE, MIZI, THEODOR

(...)

CHRISTINE Zu spät? – Seine Leiche zu sehn ... ist es zu spät? Ja ... ja – *sie begreift nicht.*

THEODOR Heut früh hat man ihn begraben.

CHRISTINE *mit dem höchsten Ausdruck des Entsetzens* Begraben ... Und ich hab 's nicht gewusst? Erschossen haben sie ihn ... und in den Sarg haben sie ihn gelegt und hinausgetragen haben sie ihn und in die Erde haben sie ihn eingegraben – und ich hab' ihn nicht noch einmal sehen dürfen? – Zwei Tage lang ist er tot – und Sie sind nicht gekommen und haben 's mir gesagt –?

THEODOR *sehr bewegt* Ich hab' in diesen zwei Tagen ... Sie können nicht ahnen, was alles in diesen zwei Tagen ... Bedenken Sie, dass ich auch die Verpflichtung hatte, seine Eltern zu benachrichtigen – ich musste an sehr viel denken – und dazu noch meine Gemütsstimmung ...

CHRISTINE Ihre ...

THEODOR Auch hat das ... es hat in aller Stille stattgefunden ... Nur die allernächsten Verwandten und Freunde ...

CHRISTINE Nur die nächsten –! Und ich –? ... Was bin denn ich? ....

MIZI Das hätten die dort auch gefragt.

CHRISTINE Was bin denn ich –? Weniger als alle andern –? Weniger als seine Verwandten, weniger als ... Sie?

WEIRING Mein Kind, mein Kind. Zu mir komm, zu mir ... *Er umfängt sie. Zu Theodor* Gehen Sie ... lassen Sie mich mit ihr allein!

THEODOR Ich bin sehr ... *mit Tränen in der Stimme* Ich hab' das nicht geahnt ...

CHRISTINE Was nicht geahnt? – Dass ich ihn g e l i e b t habe? – *Weiring zieht sie an sich; Theodor sieht vor sich hin. Mizi steht bei Christine.*

CHRISTINE *sich von Weiring losmachend* Führen Sie mich zu seinem Grab!

WEIRING Nein, nein –

MIZI Geh nicht hin, Christin' –

THEODOR Christine ... später ... morgen ... bis Sie ruhiger geworden sind –

CHRISTINE Morgen? – Wenn ich ruhiger sein werde?! – Und in einem Monat ganz getröstet, wie? – Und in einem halben Jahr kann ich wieder lachen, was –? *Auflachend* Und wann kommt denn der nächste Liebhaber? ...

WEIRING Christin' ...

CHRISTINE Bleiben Sie nur ... ich find' den Weg auch allein ...

WEIRING Geh nicht.

MIZI Geh nicht.

CHRISTINE Es ist sogar besser ... wenn ich ... Lasst mich, lasst mich.

WEIRING Christin', bleib ...

MIZI Geh nicht hin! – Vielleicht findest du grad die andere dort – beten.

CHRISTINE *vor sich hin, starren Blickes* Ich will dort nicht beten ... nein ...

Sie stürzt ab ... die anderen anfangs sprachlos.

WEIRING Eilen Sie ihr nach.

Theodor und Mizi ihr nach.

WEIRING Ich kann nicht, ich kann nicht ... *Er geht mühsam von der Tür bis zum Fenster* Was will sie ... was will sie ... *Er sieht durchs Fenster ins Leere* Sie kommt nicht wieder – sie kommt nicht wieder! *Er sinkt laut schluchzend zu Boden.*

Vorhang

(*Text aus: Schnitzler, Arthur:* Liebelei. *In:* Gesammelte Werke. Die Dramatischen Werke. *Bd. 1. Frankfurt/Main: Fischer, 1962, S. 248–253 u. S. 262–264*)

Lösungsvorschlag:

Gliederung des Aufsatzes

A. Einleitung:
Autor, Werk, Thema des Auszugs

B. Hauptteil:

I. Inhalt und Gesprächsanalyse
II. Gründe für das Scheitern der Liebesbeziehung
III. Vergleich mit einem anderen literarischen Werk

C. Schluss:
Aktualität

Stichwortartige Ausarbeitung des Aufsatzes

A. Einleitung:

Arthur Schnitzler gestaltet in seinem 1895 entstandenen Schauspiel *Liebelei* eine Geschichte aus der Wiener Gesellschaft des 19. Jahrhunderts. Fritz, ein junger Leutnant der Reserve, unterbricht den täglichen Müßiggang durch eine Beziehung mit einer verheirateten Dame. Als der betrogenen Ehemann von der Liaison erfährt, fordert er Fritz standesgemäß zum Duell. Fritz, der gleichzeitig eine Beziehung zu Christine, einem Mädchen aus einer einfachen bürgerlichen Familie, unterhält, ahnt, dass er bei dem Duell sein Leben verlieren wird; um Abschied zu nehmen, besucht er am Vorabend noch einmal Christine.

B. Hauptteil:

I. Inhalt und Gesprächsanalyse

Szene aus dem 2. Akt

- Ankunft von Fritz (vgl. Z. 1–26)
  Nachdem Fritz nicht zum vereinbarten Treffen erschienen ist, wird Christine von ihrer Freundin Mizi mit dem Hinweis getröstet, dass sie von einer solchen Beziehung nicht allzu viel erwarten dürfe. Als Fritz abends plötzlich doch erscheint, begrüßt Christine ihn überschwänglich und verlangt sofort die Bestätigung, dass er sie nicht verlassen werde, einschränkend fügt sie hinzu, dass er sie zumindest nicht in nächster Zeit verlassen werde. Sie drückt ihre Freude über seinen Besuch aus und fragt, warum er nicht zum Treffen gekommen sei.
  Fritz entgegnet, er sei aufgehalten worden, habe sie dann aber im Garten gesucht und habe schließlich eine große Sehnsucht nach ihr empfunden, so dass er sich entschlossen habe, sie zu Hause zu besuchen. Seine Frage, ob ihr die durch seinen Besuch gegebenenfalls entstehenden Gerüchte etwas ausmachten, verneint sie vehement.
- Besichtigung von Christines Zimmer (vgl. Z. 27–50)
  Fritz schaut sich in ihrem Zimmer um und ist überrascht, Literatur zu sehen. Er findet es gemütlich, bemängelt aber, dass auf den Kunstblumen Staub liege. Christine bestreitet das sofort. Als er ihr versprechen will, von nun an dafür zu sorgen, dass sie immer frische Blumen in ihrem Zimmer stehen habe, hält er inne, da er sich daran erinnert, dass er dieses Versprechen wegen des bevorstehenden Duells möglicherweise nicht wird einhalten können.
- Ankündigung des Abschieds (vgl. Z. 51–81)
  Christine deutet den nicht zu Ende gebrachten Satz als Hinweis darauf, dass Fritz schon am nächsten Tag nicht mehr an sie denken werde. Sie wiederholt diese Erwartung zweimal, und als Fritz Aufklärung darüber verlangt, wie sie auf solch einen Gedanken komme, kritisiert sie, dass er ihr zu wenig von seinem täglichen Leben mitteile. Fritz gibt ihr daraufhin ein Resümee seines Tagesablaufes, der hauptsächlich aus Kaffeehausbesuchen, Klavierspiel und der Wahrnehmung gesellschaftlicher Veranstaltungen besteht. Er bewertet seinen Tagesablauf selbst als langweilig und kündigt im gleichen Atemzuge an, dass er Christine nun verlassen müsse, da der Vater bald zurückkomme. Als Christine ihn beruhigt und meint, dass die Ankunft des Vaters erst viel später erwartet sei, begründet Fritz seinen Abschied mit einem Termin bei Theodor, mit dem er noch etwas zu besprechen habe.
  Auf den Einwand Christines, er könne Theodor doch auch am nächsten Tag noch sehen, entgegnet Fritz, dass er einige Tage nicht in Wien sein werde, da er zu seinen Eltern fahren wolle.

- Gespräch über die Liebesbeziehung zwischen Fritz und Christine (vgl. Z. 82–118)
  Christine ist traurig darüber, dass Fritz auch von seinen Eltern niemals etwas erzählt hat. Sie drückt aus, dass sie eine große Sehnsucht nach ihm verspüre, wenn er nicht da ist.
  Fritz schränkt ein, dass sie genauso wie er nur von der Liebe ausgehen können, die sie im Moment verspürten; dieser Moment vermittle ein Gefühl von Ewigkeit. Er genieße das Zusammensein mit ihr, das ihm Geborgenheit beschere. Auf eine entsprechende Bemerkung Christines hin gesteht er ihr leidenschaftlich, dass er sie liebe. Fast gleichzeitig aber bittet er sie, ihm das Fortgehen zu erlauben.
  Christine bestätigt ihm, dass er frei sei und gehen könne, wann immer er es für richtig halte. In der Versicherung, dass er jederzeit die Beziehung zu ihr lösen könne, entfernt sie sich von ihrer eigenen Vorstellung einer dauerhaften Beziehung, die sie zu Beginn des Gesprächs geäußert hat. Ihre Vergewisserung, dass sie vor Fritz keinen Mann in ähnlicher Weise geliebt habe mit der gleichzeitigen Erlaubnis, sie jederzeit verlassen zu können, ist ein Ausdruck von Selbstaufgabe. Die Worte, die Fritz mehr für sich sagt und mit denen er seine Freude über ihre Liebeserklärung ausdrückt, zeigen, dass er sich in diesem Moment eine Fortdauer ihres Verhältnisses vorstellen könnte.
- Unterbrechung des Gesprächs/Abschied (vgl. Z. 118–120)
  Ihr Gespräch wird durch ein Klopfen unterbrochen; die spontane Bemerkung von Fritz, dass es Theodor sein könnte, lässt Christine betroffen reagieren, da ihr klar wird, dass die vorher genannten Entschuldigungsgründe von Fritz nur einen Vorwand dargestellt haben.

3. Akt (Schlussszene)

- Christines Reaktion auf die Nachricht vom Tod Fritz' (vgl. Z. 125–147)
  Zwei Tage nach seinem Tod erfährt Christine, dass ihr Geliebter bei einem Duell sein Leben verloren hat. Sie beklagt, dass man sie nicht über seinen Tod und über sein Begräbnis informiert habe. Theodor entschuldigt sich damit, dass er selbst zusätzlich zur eigenen Trauer noch die Familie habe informieren müssen. Außerdem hätten nur die engsten Verwandten und Freunde an der Beerdigung teilgenommen.
  Christine muss erkennen, dass sie nicht zu diesem Kreis gezählt wird. In der wiederholten Frage: „Was bin denn ich?" (Z. 139, Z. 141) kommt ihre Enttäuschung darüber zum Ausdruck, dass ihre Gefühle für Fritz nicht berücksichtigt worden sind. Mizi weist mit ihrem Kommentar über eine mögliche Reaktion der Trauergäste anlässlich einer Teilnahme Christines nicht nur auf den Standesunterschied hin, sondern auch darauf, dass nur einem kleinen Kreis von Eingeweihten überhaupt die Beziehung zu Christine bekannt gewesen ist.

Weiring, Christines Vater, versucht seine Tochter zu trösten, die nachdrücklich ihre Liebe zu Fritz unterstreicht.

- Christine will zum Grab (vgl. Z. 148–167)
  Christine verlangt, an das Grab geführt zu werden. Sowohl Mizi als auch Weiring und Theodor raten ihr, nicht dorthin zu gehen. Auf den Rat Theodors, erst einmal ruhiger zu werden, reagiert Christine mit Sarkasmus: Mit der Zeit werde sie dann wohl auch wieder einen neuen Liebhaber haben. Diese Aussicht kann sie nicht trösten, da sie ihrer Vorstellung einer allumfassenden und ewig dauernden Liebe widerspricht.
  Auf den Einwand Mizis, dass sie am Grab vielleicht die andere Geliebte Fritzens beim Beten treffen könnte, entgegnet Christine, dass sie nicht vorhabe zu beten.
- Christines plötzlicher Aufbruch (vgl. Z. 168–173)
  Christine eilt davon. Weiring bittet Theodor und Mizi, ihr zu folgen. Er ahnt, dass Christine vorhat, sich das Leben zu nehmen.

II. Gründe für das Scheitern der Liebesbeziehung

Als Gründe für das Scheitern der Liebesbeziehung in einem sehr frühen Stadium lassen sich die folgenden Punkte anführen:

- Ein äußerlicher Grund ist der Tod Fritz' während des Duells. Die Frage, ob sich das Duell zugunsten einer Verbindung mit Christine verhindern ließe, wird im Textausschnitt nicht gestellt. Fritz akzeptiert die gesellschaftliche Notwendigkeit des Zweikampfes auch auf die Gefahr hin, sein Leben zu verlieren und das Glück Christines, deren bedingungslose Liebe er im vorliegenden Textauszug erfährt, zu zerstören.
- Fritz akzeptiert Christine nicht als gleichwertige Partnerin. Dies zeigt sich beim Zustandekommen der Beziehung (Fritz soll sie als Mittel benutzen, um die Liaison mit der verheirateten Dame zu beenden) und im vorliegenden Auszug bei der Besichtigung ihrer Bibliothek. Fritz unterstellt, dass sie nur die Bilder des Lexikons betrachte, und wundert sich, Werke von Dichtern bei ihr zu finden. Außerdem tituliert er sie als mehrmals als „Kind" (Z. 44, 66, 78, 83, 106). Würde er sie als gleichwertig betrachten – und die selbstlose Liebe, die sie ihm entgegenbringt, müsste eigentlich als Anstoß wirken – so würde er möglicherweise die Sinnhaftigkeit des Duells in Frage stellen. Die Tatsache, dass er nichts von dem Duell und seinen Hintergründen erzählt, zeigt auch das geringe Vertrauen, das er in Christine hat.
- Ein entscheidender Grund für ein auch später möglich gewesenes Scheitern der Beziehung ist der Standesunterschied. Fritz gehört als Offizier zur so genannten „Wiener Gesellschaft", die seine Verbindung mit einem bürgerlichen Mädchen aus einfachem Hause sicherlich ebenso sanktioniert hätte wie die Angehörigen von Christines Stand (vgl. den Hinweis auf die Nachbarn in Z. 24 f.). Auf die aus dem Standesunterschied resultierenden Probleme zu wenig geachtet zu haben, trifft als Vorwurf sowohl Fritz als

auch Christine; insofern ist ihre bedingungslose und zur Selbstaufgabe bereite Liebe zwar auf der einen Seite ein beeindruckender Beweis ihrer Hingabe und der alles andere überragenden Bedeutung der Beziehung, auf der anderen Seite ist aber auch ein Zeichen von Naivität.

- Wenn man den Standesunterschiedes als einen für das Scheitern wesentlich verantwortlichen Faktor heranzieht, so lässt sich *Liebelei* in die Reihe der bürgerlichen Trauerspiele einordnen (z. B. Lessings *Emilia Galotti* oder Hebbels *Maria Magdalena*), in denen dem Standesunterschied eine ähnliche Bedeutung zukommt.

III. Vergleich mit einem anderen literarischen Werk

- Die Liebesbeziehung, insbesondere ihr Scheitern, gehört zu den beliebten literarischen Themen, das in vielen Werken gestaltet wird: Sophokles (497/96–406 v. Chr.), *Antigone* (442/41 v. Chr.); Bertolt Brecht (1898–1956), *Der gute Mensch von Sezuan* (1939–41); Johann Wolfgang von Goethe (1749–1832), *Faust* (Teil I: 1806, Teil II: 1831); Gotthold Ephraim Lessing (1729–1781), *Emilia Galotti* (1772), *Nathan der Weise* (1779); Friedrich Schiller (1759–1805), *Die Räuber* (1779/80); Hans Jacob Christoph (Christoffel) von Grimmelshausen (1621/22–1676), *Der abenteuerliche Simplicissimus* (1668/69); Georg Büchner (1813–1837), *Woyzeck* (1877); Friedrich Dürrenmatt (1921–1990), *Der Besuch der alten Dame* (1955); Theodor Fontane (1819–1898), *Unwiederbringlich* (1891); Max Frisch (1911–1991), *Homo faber* (1957); Heinrich Böll (1917–1985), *Gruppenbild mit Dame* (1971); Theodor Fontane (1819–1898), *Effi Briest* (1896).
- Johann Wolfgang von Goethes *Faust*: In Faust und Gretchen zeigen sich zwei unterschiedliche Liebeskonzeptionen: Gretchen liebt Faust bedingungslos und ist bereit, alles für diese Liebe zu tun; Faust sieht in der Liebe zu Gretchen ein Mittel zur Erweiterung seiner Welterfahrung, seine Liebe trägt einen berechnenden Charakter. Gretchen wird am Ende des Dramas wahnsinnig, tötet ihr Kind und sieht ihrer Hinrichtung entgegen. Ihre Reue und Buße sind Voraussetzung für ihre Erlösung. Faust dagegen setzt seinen Weg der Welterfahrung fort.
- Bertolt Brechts *Der gute Mensch von Sezuan*: Bei Brecht wird am Motiv der „Liebe" gezeigt, wie ökonomische Interessen die Basis zwischenmenschlichen Zusammenlebens bestimmen: Shen Te kann den Tabakladen, den sie von den Göttern geschenkt bekommen hat, aufgrund ihrer Freigebigkeit nicht halten; sie verwandelt sich in den Vetter Shui Ta, der mit inhumanen, aber erfolgreichen Methoden die Organisation übernimmt und damit Shen Te die Mittel bereitstellt, Gutes zu tun. Die Liebe Shen Tes zu dem stellungslosen Flieger Sun wird ausgenutzt, Shen Te wird schwanger, Shui Ta wird verdächtigt, sie getötet zu haben. Der abschließende Prozess, dem die Götter vorsitzen, bringt keine Lösung des Problems, wie Shen Te gut sein und gleichzeitig wirtschaftlich überleben kann. Für eine

Liebesvorstellung, die nicht materialistisch ausgerichtet ist, ist kein Platz in einer Gesellschaft, in der sich die Menschen im ständigen Kampf ums Überleben befinden. Liebe und Moral sind abhängig von den ökonomischen Lebensbedingungen. Erst wenn der inhumane Kapitalismus als Wirtschaftsform beseitigt sein wird, dann kann sich das Gute des Menschen durchsetzen – so lautet die „Lehre" des offenen Parabelstücks.

C. Schluss:
In den vorgestellten Werken führen gesellschaftliche und ökonomische Gründe zum Scheitern einer Liebesbeziehung. Dass in der heutigen Zeit mehr als 30% aller Ehen wieder geschieden werden, ist wohl in erster Linie auf persönliche Gründe zurückzuführen, wohingegen Standesunterschiede in den Industrieländern sicherlich keine große Rolle beim Scheitern einer Beziehung spielen. Die Aktualität Schnitzlers lässt sich aber erweisen, wenn man für das Gelingen einer Beziehung die Annahme der Gleichwertigkeit beider Partner voraussetzt.

4.2 Gerhart Hauptmann (1862–1946), *Der Biberpelz* (1893)*

Aufgabe

Arbeitsaufgabe:
Beschreiben Sie Gesprächsführung und sprachliche Gestaltung der beiden folgenden Szenenausschnitte! Interpretieren Sie das Rollenverhalten der Frau Wolff, und weisen Sie davon ausgehend epochentypische Merkmale des Dramas nach!

Info

Gerhart Hauptmann,
* 15. 11. 1862 in Ober-Salzbrunn/Schlesien, † 6. 6. 1946 in Agnetendorf/Riesengebirge; Dramatiker, Erzähler, Lyriker; Werke z. B. : *Vor Sonnenaufgang* (1889), *Bahnwärter Thiel* (1888), *Die Weber* (1892), *Der Biberpelz* (1893), *Hanneles Himmelfahrt* (1893–1896), *Und Pippa tanzt!* (1906), *Der Narr in Christo Emanuel Quint* (1910), *Iphigenie in Delphi* (1941), *Iphigenie in Aulis* (1944), *Agamemnons Tod* (1948), *Elektra* (1948); epochengeschichtliche Einordnung: Naturalismus (Frühwerk), Weimarer Republik und Exilliteratur.

Lesetext

Gerhart Hauptmann (1862–1946)
***Der Biberpelz* (1893)**
(Schluss des ersten Aktes, Küche bei Familie)

(...) Beide essen.

FRAU WOLFF. Du, 's Holz is ooch alle, Julian[1].

JULIUS. Ick soll woll noch jehn bis in Hinterwinkel[2]?

FRAU WOLFF. Am besten wärsch, mer machten 's gleich ab.

JULIUS. Ick spüre de Knochen schon jar nich mehr. Mag jehn, wer will, det is mich eejal!

FRAU WOLFF. Ihr Männer habt immer a großes Maul, und wenn 's derzu kommt, da kennt er nischt leisten. Ich arbeit' euch dreimal in a Sack un wieder raus, euch alle mitnander. Wenn de heite und de willst durchaus nich mehr raus, hilft alles nischt, Julian, morgen musste. Wie is 's, sein die Klettereisen[3] scharf?

JULIUS. Ick hebbe se Machnow Karln jeborgt.

FRAU WOLFF, *nach einer Pause.* Wenn du bloß nich aso feige wärscht! – Da hätt'n mer schonn schnell a paar Meter Holz! – Da braucht mer uns gar nich erscht so schinden. – Da braucht mer ooch gar nich erscht weit zu gehn.

JULIUS. Lass mir man essen 'n Happen, ja!

FRAU WOLFF *gibt ihm ein Kopfstück*[4]. Nu sei bloß nich immer so miseldrähtig[5]. Ich will amal gutt sein, pass amal uff! *Eine Flasche Schnaps hervorholend und zeigend.* Hier! Siehste, das hab' ich der mitgebracht. Nu machste ooch glei a freindlich Gesichte! *Gießt ihrem Manne ein Glas voll.*

JULIUS *trinkt; nachher.* Det is ... bei die Kälte – is det all – janz jut!

FRAU WOLFF. Na, siehste woll! Sorg' ich nu etwa fer dich?

JULIUS. Janz jut war det. Det war janz jut! *Er gießt sich aufs Neue ein und trinkt.*

FRAU WOLFF, *nach einer Pause, Holz spaltend, dazwischen hier und da einen Bissen essend.* Der Wulkow – das is a rechter Halunke. A tutt doch immer, als wenn 's 'n schlecht ginge.

JULIUS. Der soll man still sind – all – der – mit sein – – Handel. –

FRAU WOLFF. Du hast doch geheert, mit dem Biberpelz.

JULIUS. Ick hebb'– nischt jehört all.

FRAU WOLFF, *gezwungen leichthin.* 's Mädel erzählte doch von d'r Frau Kriegern, se hat doch 'm Krieger an Pelz geschenkt.

JULIUS. Die Leite – hebben 's ja, det ....

FRAU WOLFF. Na ja, da meente doch Wulkow ... Du hast 's doch geheert! Wenn a so an Pelz amal kriegen kennte, da wollt' a gleich sechszig Taler geben.

JULIUS. Der soll sich – all selber de Finger verbrenn.

1 Julian: Frau Wolff gebraucht stets die mundartliche Form von Julius.
2 jehn bis in Hinterwinkel: mundartl. „in immer abgelegenere Winkel gehen"
3 Klettereisen: mit Spitzen versehene Eisen, die unter die Schuhe geschnallt werden
4 Kopfstück: mundartl. „Schlag mit den Fingerknöcheln auf den Kopf"
5 miseldrähtig: mundartl. „übel gelaunt"

FRAU WOLFF, *nach einer Pause, ihrem Manne eingießend.* I, trink man noch eenen!

JULIUS. Denn immer ... immerzu – all – wat ... *Frau Wolff – holt ein Oktavbüchelchen hervor und blättert darin.* Wie viel hebben wir denn seit Juli verdrübert[6]?

FRAU WOLFF. Halt dreißig Taler sein abgezahlt.

JULIUS. Dann bleiben noch all – all ... ?

FRAU WOLFF. Sein immer noch sibzig. Ma kommt halt uff die Art gar nich recht weiter. So fufzig – sechzig Taler uff eemal, wenn ma die uff eemal so hinleg'n kennte. Da wär doch d'r Grund und Boden bezahlt. Da könnt' ma so hundert bis zwee wieder uffnehmen und vielleicht a paar hibsche Stub'n uffbaun. An Sommergast kenn mer doch so nich uffnehmen: und Sommergäste, die bringen 's hauptsächlich.

JULIUS. Na, immerzu – all –

FRAU WOLFF, *resolut.* Du bist a zu langsamer Mensch, Julian. Hätt'st du woll das Grundstick gekooft, hä? Nu? Und wenn mersch jetzt wieder wollten verkoofen, da könnt mer schonn 's Doppelte kriegen. Ich hab' ne ganz andere Temperatur. Wenn du bloß meine Temperatur hätt'st ...

JULIUS. Ick arbeete doch – wat nützt denn det alles!

FRAU WOLFF. Mit dem bissel Arbeiten wirschte weit komm.

JULIUS. Ick kann doch nich stehlen. Ick soll woll – all rinfallen.

FRAU WOLFF. De bist eben tumm und musst ooch tumm bleiben. Hier hat kee Mensch von stehln gered't. Wer halt nich wagt, der gewinnt ooch nich. Und wenn de erscht reich bist, Julian, und kannst in der Eklipage[7] sitzen, da fragt dich kee Mensch nich, wo de 's her hast. ja, wenn ma 's von armen Leiten nähme! Aber wenn mer nu wirklich und gingen zu Kriegern und lad'ten de zwee Meter Holz uff a Schlitten und stellten se drum'n bei uns in a Schuppen, da sein de Leite noch lange nich ärmer.

JULIUS. Holz? Wat soll det nu widder sin – mit det Holz?

FRAU WOLFF. Du bekimmerscht dich eben reene um gar nischt. Deine Tochter, die kann ma zu Tode schinden. Holz hat se solln reinräumen, abens um zehne, un deswegen is se davongeloofen. Aso was lässt du d'r ruhig gefalln. Womeeglich gibbste dem Kinde Kallasche[8] und jagst se noch zu da Leiten zuricke.

JULIUS. Jewiss doch! – Tu' ick! – Det sollt' mir infalln ...

FRAU WOLFF. Bei sowas muss immer 'ne Strafe sein. Wer mich haut, sprech' ich, den hau' ich wieder –

(...)

(Schluss des zweiten Aktes, Amtszimmer beim Amtsvorsteher von Wehrhahn)

(...)

WEHRHAHN. (...) Ihre Tochter ist seit wie lange zu Hause?

FRAU WOLFF. Seit gestern Abend.

[6] verdrübert: mundartl. „abbezahlt"
[7] Eklipage: falscher Gebrauch des französischen Wortes „Equipage", hier „herrschaftliche Kutsche"
[8] Kallasche: mundartl. „Prügel, Schläge"

WEHRHAHN. Schön. Seit gestern. Sie hat sollen Holz in den Schuppen räumen und hat sich geweigert.

FRAU WOLFF. Wärsch doch! Geweigert! Das Mädel weigert Ihn keene Arbeit. Das hätt' ich dem Mädel ooch wolln anstreichen!

WEHRHAHN. Sie haben jehört, was Frau Wolff jesagt hat.

FRAU WOLFF. Das Mädel is immer willig gewesen. Wenn die mir hätt' eemal'n Handgriff verweigert...

KRÜGER. Sie hat sich keweigert, das Holz reinzutragen.

FRAU WOLFF. Ja, Holz reinschleppen, de Nacht um halb elwe, wer das von so an Kinde verlangt – –

WEHRHAHN. Das Wesentliche ist nun, Frau Wolffen: das Holz ist draußen liegen geblieben, und diese Nacht ist es gestohlen worden. Nun will ...

KRÜGER *hält sich nicht mehr*. Sie werden tas Holz ersetzen, Frau Wolff.

WEHRHAHN. Das wird sich ja finden, warten Sie doch.

KRÜGER, Sie werden 's mir Heller bei Pfennig ersetzen.

FRAU WOLFF. I, ja doch! Das wär' ane neie Mode! Hab' ich Ihn vielleicht Ihr Holz gestohlen?

WEHRHAHN. Na, lassen Sie sich mal den Mann erst beruhigen.

FRAU WOLFF. I, I, wenn mir Herr Krieger erst aso kommt, mit Holz bezahlen und solchen Sachen, da hat a bei mir kee Glicke nich. Ich bin zu a Leiten gewiss immer freindlich. Da kann sich kee Mensch ieber mich beklagen. Aber wenn 's amal muss sein, warum denn nich? Da red' ich halt ooch amal frisch von der Leber. Ich tu' meine Pflicht, und damit is 's gutt. Da kann mir keener im Dorfe was nachsagen. Uff'm Koppe rumtrampeln lass' ich mir nich!

WEHRHAHN. Ereifern Sie sich nur nicht, Frau Wolff. Sie haben durchaus keinen Grund dazu. Bleiben Sie nur immer ruhig, ganz ruhig. Sie sind uns ja nicht mehr unbekannt. Dass Sie fleißig sind und ehrenhaft, das wird Ihnen wohl kein Mensch bestreiten. Was haben Sie also dagegen zu sagen?

KRÜGER. Die Frau kann kar nichts dagegen sagen!

FRAU WOLFF. Na nu, ihr Leute, nu schlägt 's aber dreiz'n. Is denn das Mädel nich meine Tochter? Da soll ich nischt derzu sagen, hä? Da suchen Se sich ane Tumme aus, da kenn Se de Mutter Wolffen schlecht, Ich halte vor niemand nich hinterm Berge, und wenn 's der Herr Vorschteher selber is. Viel weniger vor Ihn, das kenn Se mer glooben.

(Text aus: Hauptmann, Gerhart: Der Biberpelz. *In:* Sämtliche Werke. *Bd. 1. Hrsg. v. Hans-Egon Hass. Berlin: Propyläen, 1966, S. 499–501, S. 513 f.)*

Lösungsvorschlag:

Gliederung des Aufsatzes

A. Einleitung:
Autor, Werk, Thema des Auszugs

B. Hauptteil:
I. Inhalt und Gesprächsanalyse
II. Sprachliche Gestaltung
III. Interpretation
  1. Charakterisierung der Frau Wolff
  2. Epochentypische Merkmale

C. Schluss:
Aktualität

Stichwortartige Ausarbeitung des Aufsatzes

A. Einleitung:
Gerhart Hauptmann, dessen Frühwerk zum Naturalismus zählt, stellt in das Zentrum seiner Dramen häufig Figuren, die dem Arbeitermilieu entstammen, als Beispiel seien die Dramen *Die Weber* und *Die Ratten* genannt. Auch in dem vorliegenden Textauszug aus der Diebskomödie *Der Biberpelz* geht es um einen Ausschnitt aus dem Leben einer Arbeiterfamilie; sie wird in ihrem Bemühen beschrieben, die dargebotenen Lebenschancen auf legale und illegale Weise zum Erzielen eines bescheidenen Wohlstands zu nutzen.

B. Hauptteil:

I. Inhalt und Gesprächsanalyse

Im ersten Auszug vom Ende des ersten Aktes, der in der Küche der Familie Wolff spielt, hat Frau Wolff das Ziel, ihren Ehemann Julius zum Holz- und Pelzdiebstahl zu überreden. Sie wählt dabei folgende Gesprächsstrategie:

Aufforderung zum Holzdiebstahl (Z. 1–14)
- Hinweis auf das fehlende Holz
- Julius will aufgrund seiner Müdigkeit kein Holz holen.
- Feigheitsvorwurf als Provokation durch Frau Wolff

Beschwichtigung (vgl. Z. 16–21)
- Frau Wolff versorgt ihren Mann mit Schnaps und lenkt scheinbar ein.
- Sie bereitet so die Basis für ihre weitere Argumentation vor.

Anspielung auf den Biberpelz als neues Gesprächsziel – indirekte Aufforderung zum Diebstahl (vgl. Z. 23–33)
- Erwähnung von Krügers wertvollem Pelz
- Hehler Wulkow würde dafür 60 Taler bezahlen.
- Julius weigert sich, den Diebstahl auszuführen.

Beschwichtigung (vgl. Z. 35)
- Frau Wolff schenkt Julius erneut Alkohol ein.

Finanzielle Situation als Grund für den Diebstahl (vgl. Z. 36–46)
- Abzahlung der Schuld verläuft nur schleppend.
- Mit 60 Talern wäre der größte Teil der Schuld bezahlt.

Provokation (vgl. Z. 47–52)
- Frau Wolff betont ihre Überlegenheit in Bezug auf ihren Erwerbssinn.
- Julius verteidigt sich schwach mit dem Hinweis auf seine Arbeit.

Rechtfertigung des Diebstahls (vgl. Z. 53–60)
- Julius entgegnet, er könne doch nicht stehlen.
- Frau Wolff hält dagegen, dass es sich nicht um Diebstahl handele, weil die wohlhabenden Krügers das Verschwinden des Holzes nicht bemerken würden; außerdem würde niemand einen Reichen danach fragen, wie er zu seinem Reichtum gekommen sei.

Appell an die Verantwortung als Vater und Gesprächsergebnis (vgl. Z. 61–68)
- Frau Wolff erwähnt die schlechte Behandlung der Tochter durch die Krügers.
- Julius sollte als ihr Vater mehr Verantwortungsgefühl zeigen.
- Schließlich erklärt sich Julius zum Holzdiebstahl bereit.

Im zweiten Auszug vom Schluss des zweiten Aktes, der im Büro des Amtsvorstehers Wehrhahn spielt, geht es darum, dass Frau Wolff sich gegen den Vorwurf Krügers, sie trage die Schuld am Verlust des Holzes, verteidigen muss. Vorwurf:

unmenschliche Arbeitsbedingungen für ein junges, fleißiges Mädchen (vgl. Z. 72–83)
- Frau Wolff bewertet die Aufforderung Krügers, Leontine solle nachts Holz in die Scheune tragen, als unmenschlich.

- Sie stellt dabei vor allem die Jugend und die Arbeitswilligkeit des Mädchens heraus.

Krüger fordert eine finanzielle Entschädigung von Frau Wolff (vgl. Z. 84–88)

Reaktion von Frau Wolff auf die Forderung (vgl. Z. 89–107)
- „Offensivstrategie“: Frau Wolff fordert Krüger direkt auf, sie des Diebstahls zu beschuldigen.
- Ablenkung: Hinweis auf ihren guten Leumund, der sie dazu berechtigt, sich gegen solche Beschuldigungen zu wehren.
- Verteidigung der Tochter als Pflicht einer Mutter.

II. Sprachliche Gestaltung

Die sprachliche Gestaltung unterstreicht die soziale Zugehörigkeit der Figuren und ihr Selbstbewusstsein. Frau Wolff hat in den beiden Gesprächen ein klares Ziel vor Augen, sie dominiert die Diskussion. Anapher und Parallelismus z. B. in den Sätzen: „Da hätt'n mer schonn schnell a paar Meter Holz! – Da braucht mer uns gar nich erscht so schinden. – Da braucht mer ooch gar nich erscht weit zu gehn. “ (Z. 12–14) heben die Nachdrücklichkeit der Forderung hervor. Mit der Correctio: „reinzutragen“ / „reinschleppen“ (Z. 81 f.), mit Ausrufen, „Wärsch doch! Geweigert!“ (Z. 76), und rhetorischen Fragen bestimmt sie den Diskussionsverlauf: „Sorg' ich nu etwa fer dich?“ (Z. 21) / „Hab' ich Ihn vielleicht Ihr Holz gestohlen?“ (Z. 89 f.). Auch die zahlreichen Parataxen stehen im Dienste dieser Wirkung, z. B. in: „I, wenn mir Herr Krieger erst aso kommt, mit Holz bezahlen und solchen Sachen, da hat a bei mir kee Glicke nich. Ich bin zu a Leiten gewiss immer freindlich. Da kann sich kee Mensch ieber mich beklagen. Aber wenn's amal muss sein, warum denn nich? Da red' ich halt ooch amal frisch von der Leber. Ich tu' meine Pflicht, und damit is's gutt. Da kann mir keener im Dorfe was nachsagen. Uff'm Koppe rumtrampeln lass' ich mir nich!“ (Z. 92–97).

Die doppelte Negation in: „(...) da hat a bei mir kee Glicke nich“ (Z. 93) hebt ihre Entschlossenheit hervor.

Sprichwörter/Redensarten setzt sie zur metaphorischen Verdeutlichung ein, z. B. : „Ich arbeit' euch dreimal in a Sack un wieder raus, euch alle mitnander“ (Z. 8 f.) oder: „Uff'm Koppe rumtrampeln lass' ich mir nich!“ (Z. 97).

Der Dialekt, „Das wär' ane neie Mode!“ (Z. 89), der falsche Gebrauch von Fremdwörtern, z. B: in „Eklipage“ (Z. 56), weist auf ihre soziale Herkunft hin. Die Wiederholung in dem Satz: „De bist eben tumm und musst ooch tumm bleiben. “ (Z. 54) hebt nachdrücklich ihre Meinung über ihren Ehemann hervor.

Julius Wolff ist seiner Frau in der Diskussion unterlegen. Dies zeigt sich an seinem Sprachverhalten: Aposiopesen wie z. B. in „Die Leite – hebben's ja, det ...“ (Z. 31) / „Dann bleiben noch all – all ...?“ (Z. 39) oder Ellipsen, z. B. in „Denn immer ... immerzu – all – wat ...“ (Z. 36) deuten wie der Dialekt auf unzurei-

chende Sprachbeherrschung und darüber hinaus auf seine Unterlegenheit hin. Der Chiasmus in seiner Reaktion auf den Schnaps: „Janz jut war det. Det war janz jut!" (Z. 22) lässt seine Vorlieben erkennen.
Wehrhahn bemüht sich, seine Autorität auch durch die Verwendung der Hochsprache zu betonen. Anklänge an das Amtsdeutsche: „Ihre Tochter ist seit wie lange zu Hause?" (Z. 72) und die Epanalepse „Bleiben Sie nur immer ruhig, ganz ruhig. " (Z. 99) kennzeichnen seine Sprache. Dabei fällt er immer wieder einmal in den Dialekt: „Sie haben jehört, was Frau Wolff jesagt hat. " (Z. 78).
Krügers defensive Position zeigt sich in kurzen Parataxen und Ausrufen, die dialektale Einfärbungen tragen.

III. Interpretation

1. Charakterisierung der Frau Wolff

- Ihre Gesprächsführung zeugt von Selbstbewusstsein, Zielstrebigkeit und Durchsetzungsfähigkeit.
- Sie ist ausgestattet mit einem Erwerbssinn, der sich auch illegaler Methoden bedient.
- Gleichzeitig legt sie Wert auf einen guten Leumund.
- Diese illegalen Methoden rechtfertigt sie mit Hilfe eigener Moralvorstellungen.
- Ihr Ziel sind die Existenzsicherung der Famile und der wirtschaftliche Aufstieg.
- Um diese Ziele zu erreichen benutzt sie ihren Mann als Mittel. In allen Fragen, die die Familie betreffen, beansprucht sie die Entscheidungsgewalt.

2. Epochentypische Merkmale

- Der Naturalismus fordert die naturgetreue Abbildung der Wirklichkeit (vgl. ausführliche Regieanweisungen zu Beginn der Akte, Dialekt) ohne Stilisierung.
- Der Mensch und seine Moral erklären sich als Produkt aus Erbgut, Milieu, Erziehung, geschichtlicher Situation (vgl. die Moralvorstellungen der Mutter Wolff).
- Die deterministische Realitätsauffassung spiegelt sich in der Sprachbeherrschung der Angehörigen verschiedener sozialer Schichten wider.
- Die positivistische Realitätsauffassung zeigt sich im Materialismus Mutter Wolffens, der der Ausgangspunkt ihres Denkens ist. Gleichzeitig symbolisiert sie die aktive Emanzipation des Proletariats, dies besonders im Gegensatz zu ihrem passiven Mann, der eine traditionelle Auffassung der Arbeiterschaft vermittelt (Opferrolle, Alkoholismus, Sprachohnmacht).
- Naturalistische Literatur soll Kausalzusammenhänge aufdecken, Natürlichkeit ist die Hauptforderung der literarischen Richtung.

C. Schluss:
Unterhaltendes Theater, in dem die Figuren aus dem einfachen Volk kommen, hat eine lange Tradition in der Literatur. Es geht zurück auf die griechische Komödie, findet seine mittelalterliche Ausprägung in Fastnachtsspielen und wird im 19. Jahrhundert in Wien in Form des „Wiener Volkstheaters" von Nestroy und Raimund und im 20. Jahrhundert in so genannten Volksstücken und Schwänken (Ohnsorg-Theater) gestaltet. Die Figur der Mutter Wolffen hat nur zu einem kleinen Teil unterhaltende Anteile. In ihr personifiziert sich konkrete Sozialkritik, die in ihrer materialistischen Ausprägung mit dem Anliegen des epischen Theaters Brechts vergleichbar ist. Die Tatsache, dass das Verbrechen am Ende des *Biberpelz* siegt, will den Zuschauer zur kritischen Reflexion über die sozialen Gegebenheiten anregen – darin gleicht Hauptmanns Intention der von Brecht, und darin liegt auch die Aktualität seiner naturalistischen Dramen begründet.

4.3 Gerhart Hauptmann (1862–1946), *Die Ratten* (1911)

Arbeitsaufgabe:
Skizzieren Sie die Handlungslinien, die in dieser Textstelle zusammenlaufen. Zeigen Sie, wie Tragisches und Komisches hier miteinander verwoben sind. Beziehen Sie Dialogführung und sprachliche Gestaltung in Ihre Untersuchung ein. Diskutieren Sie, ausgehend von dieser Textstelle, die Angemessenheit des Untertitels „Berliner Tragikomödie".

Gerhart Hauptmann,
* 15. 11. 1862 in Ober-Salzbrunn/Schlesien, † 6. 6. 1946 in Agnetendorf/Riesengebirge; Dramatiker, Erzähler, Lyriker; Werke z. B. : *Vor Sonnenaufgang* (1889), *Bahnwärter Thiel* (1888), *Die Weber* (1892), *Der Biberpelz* (1893), *Hanneles Himmelfahrt* (1893–1896), *Und Pippa tanzt!* (1906), *Der Narr in Christo Emanuel Quint* (1910), *Iphigenie in Delphi* (1941), *Iphigenie in Aulis* (1944), *Agamemnons Tod* (1948), *Elektra* (1948); epochengeschichtliche Einordnung: Naturalismus (Frühwerk), Weimarer Republik und Exilliteratur.

Gerhart Hauptmann (1862–1946)
Die Ratten (1911) *(Ende 5. Akt)*

FRAU JOHN. Paul!! Nu soll et nich leben! Nu jerade! Nu ooch nich! Nu brauch et nich leben! Nu muss et mit mich mit unter de Erde komm.

Frau John war blitzschnell hinter den Verschlag gelaufen. Sie kommt mit dem Kinde wieder und will mit ihm zur Tür hinaus. Der Direktor und Spitta werfen sich der Verzweifelten entgegen, in der Absicht, das Kind zu retten.

DIREKTOR HASSENREUTER. Halt! Hier greife ich ein! Hier bin ich zuständig! Wem das Knäblein hier auch immer gehören mag – um so schlimmer, wenn seine Mutter ermordet ist! –, es ist in meinem Fundus geboren! Vorwärts, Spitta! Kämpfen Sie, Spitta! Hier sind Ihre Eigenschaften am Platz! Vorwärts! Vorsicht! So! Bravo! Als wär' es das Jesuskind! Bravo! Sie selber sind frei, Frau John! Wir halten Sie nicht. Sie brauchen uns nur das Jungchen hierlassen.

Frau John stürzt hinaus.

SCHIERKE. Hierjeblieben!

FRAU DIREKTOR HASSENREUTER. Die Frau ist verzweifelt! Aufhalten! Festhalten!

JOHN, *plötzlich verändert.* Jebt uff Muttern Acht! Mutter! Uffhalten! Festhalten! – Mutter! Mutter!

Selma, Schierke und John eilen Frau John nach. Spitta, der Direktor, Frau Direktor und Walburga sind um das Kind bemüht, das auf den Tisch gebettet wird.

DIREKTOR HASSENREUTER, *der das Kind sorgfältig auf den Tisch bettet.* Meinethalben mag diese entsetzliche Frau doch verzweifelt sein! Deshalb braucht sie das Kind nicht zugrunde richten.

FRAU DIREKTOR HASSENREUTER. Aber liebster Papa, das merkt man doch, dass diese Frau ihre Liebe, närrisch bis zum Wahnsinn, gerade an diesen Säugling geheftet hat. Unbedachtsame harte Worte, Papa, können die unglückselige Person in den Tod treiben.

DIREKTOR HASSENREUTER. Harte Worte habe ich nicht gebraucht, Mama.

SPITTA. Mir sagt ein ganz bestimmtes Gefühl: erst jetzt hat das Kind seine Mutter verloren.

QUAQUARO. Det stimmt. Vater is nich, will nischt von wissen, hat jestern in de Hasenheide mit eene Karussellbesitzerswitwe Hochzeit jemacht! Mutter war liederlich! Und beide Kielbacken, wo Kinder in Fleje hat, sterben von's Dutzend mehrschtens zehn. Nu is et soweit: det jeht jetzt ooch zujrunde.

DIREKTOR HASSENREUTER. Sofern es nämlich bei dem Vater dort oben, der alles sieht, nicht anders beschlossen ist.

QUAQUARO. Meen Se Pauln? den Mauerpolier! Nu nich mehr! dem kenn' ick! wo der uff'n Ehrenpunkt kitzlich is.

FRAU DIREKTOR HASSENREUTER. Wie das Kindchen da liegt! es ist unbegreiflich. Feine Leinwand! Spitzen sogar! Schmuck und frisch wie ein Püppchen. Es wendet sich einem das Herz um, zu denken, wie es so plötzlich zu einer von aller Welt verlassenen Waise geworden ist.

SPITTA. Wäre ich Richter in Israel ...

DIREKTOR HASSENREUTER. Sie würden der John ein Denkmal setzen! Mag sein, dass in diesen verkrochenen Kämpfen und Schicksalen manches heroisch und manches verborgen Verdienstliche ist. Aber Kohlhaas von Kohlhaasenbrück konnte da mit seinem Gerechtigkeitswahnsinn auch nicht durchkommen. Treiben wir praktisches Christentum! Vielleicht können wir uns des Kindchens annehmen.

QUAQUARO. Lassen Se da bloß de Finger von!

DIREKTOR HASSENREUTER. Warum?

QUAQUARO. Außer det Se Jeld wollen loswerden und uff de Quengeleien und Scherereien mit de Armenverwaltung, mit Polizei und Jericht womeechlich happich sind.

DIREKTOR HASSENREUTER. Dazu hätte ich allerdings keine Zeit übrig.

SPITTA. Finden Sie nicht, dass hier ein wahrhaft tragisches Verhängnis wirksam gewesen ist?

DIREKTOR HASSENREUTER. Die Tragik ist nicht an Stände gebunden. Ich habe Ihnen das stets gesagt.

Selma, atemlos, öffnet die Flurtür.

SELMA. Herr John, Herr John, Herr Mauerpolier.

FRAU DIREKTOR HASSENREUTER. Herr John ist nicht hier. Was willst du denn, Selma?

SELMA. Herr John. Se sonn uff de Straße kornm'n.

DIREKTOR HASSENREUTER. Nur Ruhe, Ruhe. Was gibt 's denn, Selma?

SELMA, *atemlos*. Ihre Frau ... Ihre Frau ... Janze Straße steht voll ... Omnibus, Pferdebahnwagen is jar keen Durchkommen ... Arme ausjestreckt... Ihre Frau liecht lang uff Jesichte unten.

FRAU DIREKTOR HASSENREUTER. Was ist denn geschehen?

SELMA. Herrjott, Herrjott in Himmel, Mutter John hat sich umjebracht.

(Text aus: Hauptmann, Gerhart: Die Ratten. *In:* Gerhart Hauptmann. Sämtliche Werke. *Hrsg. Von Hans-Egon Haas. Bd. 2:* Dramen. *Frankfurt/Main, Berlin: Propyläen, 1965, S. 829–831)*

Lösung

Lösungsvorschlag:

Gliederung des Aufsatzes

A. Einleitung:
Autor, Werk, Thema des Auszugs

B. Hauptteil:

I. Handlungslinien
   1. John-Handlung
   2. Hassenreuter-Handlung

II. Analyse der Textstelle

1. Tragik und Komik
2. Dialogführung
3. Sprachliche Gestaltung

III. Angemessenheit des Untertitels „Berliner Tragikomödie"
1. Aspekte, die für die Angemessenheit sprechen
2. Aspekte, die gegen die Angemessenheit sprechen

C. Schluss:
Das Drama im Kontext des Naturalismus

Stichwortartige Ausarbeitung des Aufsatzes

A. Einleitung:
Gerhart Hauptmann, dessen Frühwerk zum Naturalismus zählt, stellt in das Zentrum seiner Dramen häufig Figuren, die dem Arbeitermilieu entstammen, als Beispiel seien die Dramen *Die Weber* und die Diebskomödie *Der Biberpelz* genannt. Auch in dem Drama *Die Ratten* geht es um einen Ausschnitt aus dem Leben der Arbeiterfamilie John, die in der Großstadt Berlin lebt.

B. Hauptteil:

I. Handlungslinien
Die vorliegende Textstelle ist die Schlussszene des Dramas, in der die Handlungslinien der John-Handlung und der Hassenreuter-Handlung, die das Drama bestimmen, zusammenlaufen.

1. John-Handlung
- Henriette John, die unter ihrer Kinderlosigkeit leidet, vereinbart mit dem schwangeren Dienstmädchen Piperkarcka die Übernahme des Neugeborenen, das sie als ihr eigenes Kind ausgibt. Dafür will sie dem Dienstmädchen eine Entschädigung zahlen.
- Als diese das Kind zurückfordert, versucht Frau John das Kind zu behalten. Bei dem Versuch Brunos, die Piperkarcka einzuschüchtern, stirbt diese.
- Das Jugendamt und die Polizei haben bereits von der Sache erfahren, Schierke kommt, um das Kind in ein Waisenhaus zu bringen.
- Nachdem Selma Herrn John über die wahre Identität des Kindes aufgeklärt hat, hat Frau John auch die Unterstützung ihres Mannes verloren. In der vorliegenden Szene erreicht diese Handlung ihren Höhepunkt: Frau John wird das Kind entrissen, sie erkennt ihre vollständige soziale Isolation und sieht nur noch in ihrem Selbstmord einen Ausweg.

2. Hassenreuter-Handlung

- Nach dem Verlust seiner Stelle verdient sich der ehemalige Theaterdirektor Hassenreuter Geld durch Kostümverleih und Schauspielunterricht.
- Seine Tochter Walburga trifft sich heimlich mit seinem Schauspielschüler Spitta; Frau John putzt gelegentlich auf dem Dachboden, wo sein Theaterfundus untergebracht ist.
- Hassenreuter erhält schließlich eine neue Stelle und versöhnt sich mit seiner Tochter und Spitta.
- Er erfährt von den Ereignissen um Frau John; Quaquaro verhindert, dass er die Verantwortung für den Säugling übernimmt.
- Die Hassenreuter-Handlung hat einen guten Ausgang.

II. Analyse der Textstelle

1. Tragik und Komik

Tragische und komische Elemente treffen in der Schlussszene aufeinander. Tragische Elemente sind:

- soziale Isolation von Frau John, Verlust des Kindes, ihr Tod (vgl. Z. 67)
- Zukunftsperspektive des Kindes ohne Mutter und Vater, auch Hassenreuter nimmt Unterstützungsangebot wieder zurück (vgl. Z. 52)
- Anwesende erkennen zwar den Ernst der Lage, der Versuch, das Unglück abzuwenden, scheitert aber (vgl. Z. 16 f.)

Komische Elemente sind:

- Hassenreuters Begründung, dass das Kind in seinen Zuständigkeitsbereich falle (vgl. Z. 6 ff.)
- Hassenreuters Pathos und Emphase: „Vorwärts, Spitta! Kämpfen Sie, Spitta! Hier sind Ihre Eigenschaften am Platz! Vorwärts! Vorsicht! So! Bravo!" (Z. 8 ff.)
- Anrede des Ehepaars Hassenreuter mit „Mama" und „Papa" (vgl. Z. 21–25)
- Widerspruch zwischen Pathos und Realität (vgl. Z. 41–52)
- Reflexion über Tragik, während sich ein tragischer Vorgang vor seinen Augen abspielt, ohne dass er es merkt (vgl. Z. 53–56).

2. Dialogführung

Die Figuren verfügen über unterschiedliche Sprachebenen: Schierke, Quaquaro, Selma, Herr und Frau John verwenden den Berliner Dialekt. Frau John hat nur zu Beginn der Szene einen kurzen, durch zahlreiche Anaphern und Ausrufe gekennzeichneten Redeanteil. Dies zeigt ihre Isolation und ihre Sprachlosigkeit, nachdem sie von keiner Seite aus mehr Unterstützung erfahren hat. Auch Herr John, der von Selma die Wahrheit erfahren hat und mit den kriminellen Taten seiner Frau nichts zu tun haben will, äußert sich nur kurz. Die Szene wird sprachlich von den Hassenreuters dominiert: Sie und Spitta verwenden gehobene Sprache; hypotaktische Konstruktionen verstärken das Pathos der Rede des Direktors. Sie wirkt theatralisch. Frau Hassenreuter kann die innere Lage der Frau John nachvollziehen: „Die Frau ist verzweifelt! Aufhalten! Festhalten!" (Z. 13)

3. Sprachliche Gestaltung

- Anapher, Ellipse, Hypotaxe, Dialekt: „Nu soll et nich leben! Nu jerade! Nu ooch nich! Nu brauch et nich leben! Nu muss et mit mich mit unter de Erde komm. " (Z. 1 f.)
- Anapher, Emphase: „Halt! Hier greife ich ein! Hier bin ich zuständig!" (Z. 6)
- Pathos: „Vorwärts! Vorsicht! So! Bravo! Als wär' es das Jesuskind! Bravo!" (Z. 9 f.)
- Ellipse, Ausruf, Vergleich, Metapher, Alliteration, Hochsprache: „Wie das Kindchen da liegt! es ist unbegreiflich. Feine Leinwand! Spitzen sogar! Schmuck und frisch wie ein Püppchen. Es wendet sich einem das Herz um, zu denken, wie es so plötzlich zu einer von aller Welt verlassenen Waise geworden ist. " (Z. 36–39)
- Wiederholung, Ellipse, kurzer Ausruf: „Ihre Frau ... Ihre Frau ... Janze Straße steht voll ... Omnibus, Pferdebahnwagen is jar keen Durchkommen ... Arme ausjestreckt ... Ihre Frau liecht lang uff Jesichte unten. " (Z. 63 ff.)
- Anspielung, Hochsprache: „SPITTA. Finden Sie nicht, dass hier ein wahrhaft tragisches Verhängnis wirksam gewesen ist? DIREKTOR HASSENREUTER. Die Tragik ist nicht an Stände gebunden. Ich habe Ihnen das stets gesagt. " (Z. 53–56)

III. Angemessenheit des Untertitels „Berliner Tragikomödie"

1. Aspekte, die für die Angemessenheit sprechen

Verwendung des Berliner Dialekts von den Johns, von Schierke, Quaquaro der Piperkarcka, Frau Knobbe; Bruno mit Versatzstücken des Gaunerjargons

- Berliner Figuren wie der Schutzmann Schierke, die Anspielungen auf den Kaiserhof, Bürgertum (Hassenreuter), Arbeitermilieu (John)
- Elemente des Tragischen finden sich in der John-Handlung; im Unterschied zur antiken Tragödie (vgl. z. B. *König Ödipus* von Sophokles) aber keine „Fallhöhe", kein Ausgeliefertsein gegenüber dem Schicksal, „tragisch" im Sinne von „traurig" ist die Handlung vom Ende her betrachtet und auf den Tod Piperkarckas und Frau Johns sowie auf das weitere Schicksal des Kindes bezogen
- Elemente des Komischen finden sich in der Hassenreuter-Handlung mit ihrem glücklichen Ende; in der vorliegenden Schlussszene entsteht Komik aus der Diskrepanz zwischen der Diskussion über Tragik (die nicht an Stände gebunden sein soll!) und der mangelnden Fähigkeit Hassen-

reuters, das Tragische der momentanen Situation zu erkennen; Doppelleben Hassenreuters als Ehemann und Liebhaber als typisches Motiv der Komödie; Spittas wird duch seine Naivität zur komischen Figur. Das Komische dient dazu, den tragischen Elementen mehr Tiefe im Sinne eines ethisch-moralischen Anspruchs zu verleihen.

2. Aspekte, die gegen die Angemessenheit sprechen

- Großstadt Berlin nur indirekt dargestellt, Handlungsorte sind der Speicher und die Wohnung der Johns; Berlin ist kein unabdingbar notwendiger Rahmen für die Handlung.
- Das Komische bricht zwar die Tragik durch plötzliche Umschwünge (vgl. z. B in der Schlussszene), dadurch wird Frau John aber nicht zu einer tragischen Heldin im Sinne der griechischen Tragödie.

C. Schluss:

Der Naturalismus fordert die naturgetreue Abbildung der Wirklichkeit (vgl. ausführliche Regieanweisungen zu Beginn der Akte, Dialekt) ohne Stilisierung. Der Mensch und seine Moral erklären sich als Produkt aus Erbgut, Milieu, Erziehung, geschichtlicher Situation (vgl. die Moralvorstellungen der Mutter John). Die deterministische Realitätsauffassung spiegelt sich in der Sprachbeherrschung der Angehörigen verschiedener sozialer Schichten wider (vgl. Dialogführung). Die positivistische Realitätsauffassung zeigt sich im Materialismus der Mutter John. Naturalistische Literatur soll Kausalzusammenhänge aufdecken, Natürlichkeit ist die Hauptforderung der literarischen Richtung.

4.4 Carl Zuckmayer (1896–1977), *Der Hauptmann von Köpenick* (1931)*

Arbeitsaufgabe:

Verfassen Sie eine Inhaltsangabe des folgenden Dramenauszuges. Ordnen Sie ihn in den Kontext des gesamten Werkes ein. Charakterisieren Sie die Hauptfiguren.

Carl Zuckmayer,
* 27. 12. 1896 in Nackenheim/ Rheinhessen, † 18. 01. 1977 in Saas-Fee/Schweiz; Dramaturg, Schriftsteller; Werke, z. B. : *Kreuzweg* (1920), *Pankraz erwacht oder Die Hinterwäldler* (1925), *Der fröhliche Weinberg* (1925), *Der Hauptmann von Köpenick* (1931), *Des Teufels General* (1946), *Der Gesang im Feuerofen* (1950), *Das kalte Licht* (1955); epochengeschichtliche Einordnung: Weimarer Republik und Exilliteratur.

Lesetext

Carl Zuckmayer (1896–1977)
***Der Hauptmann von Köpenick* (1931)**
12. Szene

Kammer mit Bett, Fenster zum Hof, Tür zum Gang. Auf einem Stuhl neben dem Bett sitzt Voigt. Das Bett ist so gestellt, dass man die darin liegende Gestalt kaum sehen kann – nur ihre Hand, die Voigt in der seinen hält. Überm Bett an der Wand aus Zeitschriften ausgeschnittene Farbdrucke, mit Reißnägeln befestigt. Vom Hof herauf hört man eine Männer- und eine Frauenstimme zweistimmig ein larmoyantes Lied vortragen. Mandolinenbegleitung.

Das Mädchen Onkel Willem, ich hör doch was, was isn das?

Voigt Det sind de Hofsänger. Auch Hofraben jenannt. Die singen bei Hof, weißte, und denn wirft der Kaiser 'n Groschen runter, damit se wieder aufhören.

Das Mädchen Du, ick hab auch'n Groschen, er liecht auf mein Waschtisch unter der Zahnpulverschachtel. Wirf'n runter!

Voigt Wenn's dir Spaß macht –

Das Mädchen Wirf'n runter!

Voigt *holt den Groschen, geht zum Fenster, öffnet. Man hört die Stimmen der Hofsänger deutlicher*

„Drum sag ich's noch einmal:
Schön ist die Jugendzeit,
Schön ist die Juuuugend,
Sie kommt nicht mehr!"

Voigt Da is ne olle Zeitung, da wer ick's reinwickeln. So – *Er wirft.*

Das Mädchen *sich aufrichtend* Hamse's? Hamse's jefangen?!"

Voigt Bumms! Grade aufn Hartmann! Na, det gibt ja keen Loch in Kopp.

Das Mädchen *lacht, hustet.*

Voigt *fährt herum* Willste dir zudecken, willste dir niederlegen, du kleene Krotte, nachher wirste nich jesund. *Ist hingelaufen, deckt sie zu.*

Von unten hört man die Stimme des Hofsängers, der eine Ansprache hält.

Voigt *rasch zum Fenster, schließt es.*

Das Mädchen Warum machste denn zu, da kann man ja nichts hören.

Voigt Jetzt singt er ja gar nich, jetzt klönt er nur. Det kann ick hier oben auch sagen. *Stellt sich in Positur* „Hochvaehrte Damen und Herren – wir, die wir auf Jesanges Flügeln durch die Lande ziehen – wir sind den Vögeln des Himmels zu vajleichen, von denen schon in de Bibel steht: sie säen nich, sie ernten nich, aber ne trockne Schrippe ernähret sie doch. Darum, verehrtes Publikum, werft uns ne milde Gabe runter, und wenn's 'n Sechser is, det vazinst sich in Himmel, da habense denn mal ne Million droben ze liegen, wennse recht lang leben und bei uns hier drunten immer tüchtig einzahlen!"

Das Mädchen Scheen machste das. Als ob de mal bei jewesen wärst.

Voigt Na, vielleicht kennt icks noch werden.

Das Mädchen Sag mal, Onkel Willem, biste vielleicht rumjekommen in de Welt?

Voigt Ja doch, mächtig! De sesshafte Lebensweise, die hat mir nie recht zujesagt. Ick war in alle fünf Weltteile, weißte – und einmal, da bin ick übers böhmische Riesenjebirge jewandert. Det is groß.

Das Mädchen Herr Hoprecht war mal auf See, als Junge. Da hamse auch 'n Sturm jehabt, und 'n richtigen Neger. Aber da kann er gar nich erzählen von. Du erzählst viel besser.

Voigt Ick hab mir's eben scheen ausjemalt im Kopp, weißte. Du, aber ins Riesebjebirje, da musste auch mal rauf. Wenn de jetzt jesund wirst, da musste dir doch erholen, da zahlt dir vielleicht de Kasse wat zu, un denn jehste rauf, in de Berje.

Das Mädchen Ick war mal in de Müggelberje. Da war ick aber noch klein. Dat war son Ausflug mitm Waisenhaus. Ick kann mir gar nich besinnen.

Voigt De Müggelberje, det sin ja Maulwurfshaufen, da hippt ja n' Floh rieber, wenn er 'n bisschen aufjeregt is. Nee, Kind, wat sone wirklichen hohe Berje sind, det kannste dir gar nich ausdenken. So mächtig hoch is det, da biste janz nahbei de Wolken, höher als de Wolken, und manchmal, da biste wahrhaftig über de Wolken, höher als de Wolken, denk mal! Da haste droben 'n scheensten Sonnenschein – und drunten regnet's!

Das Mädchen Is über de Wolken, is da immer Sonne?

Voigt Freilich! Die Sonne, die is doch 'n janzen Tach da, nich!? Und de Wolken, die schwappen nur so um de Erdkugel rum. Wenn de mal drüber warst, denn weißte das. Die haben mitm Himmel jar nichts zu tun, die sind nur son Dunst von unten, aus'n Wasser.

Das Mädchen Is da nich kalt droben?

Voigt Kalt? So nah bei de Sonne? Nee, Kind, da kannste, wenn de Sonne richtich hoch is, mitten im Winter im Schnee in Hemdsärmeln rumlaufen, kannste da, da merkste jarnich, dass Frost is! Du, und was da allens wächst! Hier unten, wat is da schon – 'n paar krüppelije Kiefern, 'n bisschen Heidekraut und mal 'n Wachholderbusch. Det Einzige is noch unser Obst in Werder. Aber da droben, da schmeck schon de Luft, ick sage dir, wie in son Obstjeschäft. Und Blumen jibt et da, nich beim Gärtner, nee, uff jede jewöhnliche Kuhweide, so was kennste nur ausn Bilderbuch, so was haste noch nie jesehen.

Das Mädchen Wieso kommt'n det, Onkel Willem, dass es da droben so scheen is, und hier is es doch jarnich besonders?

Voigt Det will ick dir sagen, det hab ick mir so ausjedacht. De Erde, die is lebendig, det merkste daran, dass sie sich vaändert. Und wat lebendig is, dat will rauf, dat will in de Höhe, dat will nach oben, kick mal son Grashalm oder ne Setzkartoffel, oder 'n Kind, nich wahr? – Un deshalb is det so mit de Erdkruste: det Wasser, det is schwer, det lauft ab, det fällt in die Meere. Aber de richtije bessere Erde, die wächst in de Höhe, die türmt sich rauf, weißte? Hier unten, da sind wa näher bei's Meer, deshalb is hier mehr Sand oder Dreck, nich? Da droben, da is zum Beispiel „Rosenquarz" oder „Bergkristall". Sa is eben viel scheener.

Das Mädchen Onkel Willem – da jehn wa hin zusammen! –

Voigt Ja, Kind, det machen wa.

Das Mädchen Da nimmste mir mit, nich? Wenn de wieder raufmachst!

Voigt Jewiss doch, det mecht ick schon gerne.

Das Mädchen Hörste? Jetzt singense wieder – Det „Puppchen“ is et, det is scheen!

Man hört durch die geschlossenen Scheiben sehr fern die Hofsänger den Schlager „Puppchen, du bist mein Augenstern“ in raschem Tempo singen.

Voigt Ja, det is't „Puppchen“.

Das Mädchen Du, ich glaube, da komm ma nich mehr hin.

Voigt Wat meinste?

Das Mädchen Ins Riesenjebirje, da komm wir nich mehr hin, wir zweie.

Voigt Na, wart man ab, Kind. Det könn wir nich wissen. *Er streichelt sie.*

Das Mädchen Du jehst nich fort, bitte –

Voigt Nee, wo wer'ck denn. Ick muss doch auf de Wohnung passen. Vater Hoprecht is ja ins Manöver, und Marie is ins Jeschäft, da kennt ick ja jarnich wech, nich wahr?

Das Mädchen Willste mir nich wat vorlesen, bittschön?

Voigt Gern. Hast'n Buch oder 'n Kalender?

Das Mädchen *kramt zwischen Bettgestell und Matratze ein Buch hervor* Da bin ich eigentlich schon zu alt für. Aber det les ich so gerne, det kann ick immer wieder hören. Frau Hoprecht lacht mir aus, wenn se's findet. Du bist doch ken Kind mehr, sagtse. Da hab ickn Kritzer mitn Fingernagel jemacht, wo ick zuletzt jestanden habe. In de „Jeschichte von den Bremer Stadtmusikanten“.

Voigt Zeich mal – Grimms Märchen. *Setzt seine Brille auf.*

Das Mädchen Da bin ick eijentlich schon zu alt für.

Voigt Det macht nichts. Ick les auch sehr gerne, und ick bin ja nu ziemlich ausjewachsen, nich?

Es schellt.

Das Mädchen *fährt hoch* Nich wechjehn!! Bitte!!

Voigt Na, Kind, ick muss doch, wenn et schellt. Et könnt ja wat sein.

Das Mädchen Vielleicht hat sich einer in de Etage jeirrt. Es kommt doch jetzt keiner.

Voigt Ick bin ja gleich wieder da, Kind.

Das Mädchen *klammert sich an ihn* Et is ja gar nichts. Der is schon wieder wech! *Es schellt wieder.*

Voigt Siehste? Ick muss mal sehn, ick mach janz rasch mach ick.

Das Mädchen Aber du lässt de Türe offen, nich? Und machst det Licht an – bitte! Es wird ja schon duster draußen – un denn wird det Fenster so blank, so weiß – wie'n Auge –

Voigt *zündet rasch die Gaslampe an und zieht den Vorhang vors Fenster. Es schellt heftig* So. Is jut so? Nu muss ick ma kucken.

Das Mädchen Aber de Tür offen lassen, bitte!!

Voigt Jewiss doch. Da kannste mir hören, bis an de Flurtür. *Geht, lässt die Tür offen.*

Voigts Stimme Wer ist denn da?

Fremde Stimme *draußen* Wohnt hier der polizeibeaufsichtigte Schuster Wilhelm Voigt?

Voigt Ja. Wartense, ick mach uff. Ick bin et selber.

Fremde Stimme Unterschreibense mal. Ich hab ne Zustellung vom Revier. *Es bleibt einen Augenblick still. Die Hofmusik hört auf.*

Voigt *kommt zurück. Er hält ein großes Kuvert mit Amtssiegel noch uneröffnet in der Hand.*

Das Mädchen *ganz ruhig* Hast 'n Brief jekriegt, Onkel Willem?

Voigt Nee – det is nur ne Schreiberei. *Er steckt das Kuvert ein.*

Das Mädchen Willste nich lesen?

Voigt Det eilt nich. Det is langweilig. Ick les dir lieber vor. *Setzt sich, nimmt das Buch* Also da weiter, wo de jestanden bist. „Wie kann man da lustig sein, wenn's einem an den Kragen geht, antwortete die Katze. Weil ich nun zu Jahren komme, meine Zähne stumpf werden und ich lieber hinter dem Ofen sitze und spinne, als den ganzen Tag nach Mäusen herumzujagen, wollen sie mich ersäufen! Ich hab mich zwar noch fortgemacht, aber nun ist guter Rat teuer. Wo soll ich denn hin? – Komm mit uns, sagte der Hahn – etwas Besseres als den Tod werden wir überall finden –" *er stockt, schaut das Mädchen an* Na Kind? Wat is denn? – Schläfste? *Er beugt sich über sie, sie atmet tief.*

Voigt *legt das Buch auf seine Knie – holt mit rascher Bewegung das Kuvert aus seiner Tasche, zögert einen Moment, dann bricht er es auf, liest. Gleichmäßig mit halblauter Stimme* „Ausweisung aus den Bezirken Rixdorf, Reinickendorf, Neukölln, Groß-Lichterfelde – Sie haben sich – binnen achtundvierzig Stunden – *Liest stumm weiter, dann wieder halblaut* – im Nichteinhaltungsfall erfolgt Abfuhr per Schub, im Wiederbetretungsfalle Freiheitsstrafe bis zu – *Verstummt.*

Das Mädchen *nach einer Pause, plötzlich* Onkel Willem – du liest ja gar nich.

Voigt *nimmt das Buch auf* „Komm mit, sagte der Hahn – etwas Besseres als den Tod werden wir überall finden." *Dunkel.*

(Text aus: Zuckmayer, Carl: Der Hauptmann von Köpenick. *Frankfurt/Main: Fischer, ^{65}1998, S. 81–86)*

Lösungsvorschlag:

Gliederung des Aufsatzes

A. Einleitung:
Autor, literarische Gattung, Thema

B. Hauptteil:
I. Kontext
II. Inhalt
III. Charakterisierungen

C. Schluss:
Bedeutung der Textstelle

Stichwortartige Ausarbeitung des Aufsatzes

A. Einleitung:
Carl Zuckmayers Vorliebe für volkstümliche Helden, mit denen sich Gesellschaftskritik, humanes Engagement und soziales Verantwortungsgefühl vermitteln lassen, lässt sich an der Wahl des historischen Stoffs für sein Schauspiel *Der Hauptmann von Köpenick,* das er „ein deutsches Märchen" nennt, erkennen. Das Stück wurde am 05. 03. 1931 in Berlin mit großem Erfolg uraufgeführt.

B. Hauptteil:

I. Kontext

Der strafentlassene Schuster Voigt ist nach langjähriger Haft fest entschlossen, ein bürgerliches Leben zu führen. Doch trotz seiner Bemühungen, einen festen Arbeitsplatz zu finden, scheitert er entweder an seinem Aussehen – er wird mit einem Bettler verwechselt – oder daran, dass er sowohl keinen Pass als auch nie beim Militär gedient hat. Die Versuche, auf dem Polizeibüro in Potsdam einen Ausweis zu bekommen, scheitern ebenfalls, da er vorbestraft ist und noch keine Arbeit gefunden hat. Er befindet sich also in einem Teufelskreis: Ohne Arbeit bekommt er keinen Pass, und ohne Pass bekommt er keine Arbeit.

Doch Voigt benötigt unbedingt einen Pass, um dann über der Grenze Arbeit in einer Schuhfabrik zu finden. So fasst er den Beschluss, ins Polizeirevier in Potsdam einzubrechen, sein Vorleben aus den Akten zu tilgen und sich einen Pass zu holen. Zu diesem Überfall überredet er Kalle, der mit ihm im Zuchthaus gewesen ist und der im Gegensatz zu Voigt desillusioniert in Bezug auf seine Chancen auf dem legalen Arbeitsmarkt ist. Der Überfall misslingt, beide werden festgesetzt und müssen zehn weitere Jahre ins Zuchthaus.

Voigt verbringt die Strafzeit in Sonnenburg. Bei der abschließenden Feier des Sedantages beweist er, dass er sich in der Strafanstalt umfassende Kenntnisse auf dem Gebiet des preußischen Militärwesens erworben hat. Doch nach seiner Entlassung sieht er sich wieder mit dem Problematik von Pass und Arbeit konfrontiert. Auch ein Pass für die Auswanderung wird ihm verwehrt. Voigt sucht seine Schwester Marie und deren Mann Friedrich Hoprecht auf; beide sind einfache Menschen, die Wilhelm helfen möchten. Gegen die Übermacht der Behörden und der preußischen Gesetze kann und will der Schwager – er ist Beamter – nichts ausrichten. Bei den Hoprechts wohnt ein todkrankes Mädchen zur Untermiete. Voigt lernt sie in der vorliegenden 12. Szene kennen.

II. Inhalt

Voigt, der von ihr liebevoll „Onkel Willem" genannt wird, sitzt bei ihr am Krankenbett; sie unterhalten sich über die Hofsänger, die vor ihrem Fenster singen und auf Groschen hoffen, die ihnen heruntergeworfen werden. Das kranke Mädchen will ihnen ebenfalls einen Groschen, den es versteckt hat, hinunterwerfen und beauftragt Voigt damit, es zu tun. Anschließend erzählt Voigt von seinen Reisen auf alle Kontinente und von seiner Reise über das böhmische Riesengebirge. Das Mädchen hört interessiert zu und erzählt, dass es selbst mit dem Waisenhaus nur einen kurzen Ausflug gemacht habe. Sie planen, einmal gemeinsam das böhmische Riesengebirge zu besteigen. Allerdings hat das todkranke Mädchen nicht mehr viel Hoffnung auf die Realisierung des Plans. Voigt versucht es aufzumuntern und liest ihm aus *Grimms Märchen* vor. Da läutet es an der Tür. Das Mädchen fleht Voigt an, nicht an die Tür zu gehen und es nicht alleine zu lassen. Erst als er das Licht anmacht, die Vorhänge zuzieht und die Tür offen stehen lässt, darf er an die Tür. Voigt erhält einen offiziellen Brief vom Revier, in dem seine Ausweisung verfügt wird. Aus Rücksichtsnahme steckt er den Brief jedoch zuerst wieder weg, um weiter vorzulesen. Er liest ihn erst, als er denkt, dass das Mädchen schläft.

III. Charakterisierungen

Wilhelm Voigt wird beschrieben als eine „schmächtige Gestalt, mager und etwas gebückt, leicht angedeutete O- Beine, hohles Gesicht mit starken Backenknochen, grauer Schnurrbart, fahle Hautfarbe. Er trägt einen alten, aber nicht zerlumpten dunklen Anzug" (S. 11). Er ist gelernter Schuster und hat wegen Diebstahls schon 15 Jahre im Zuchthaus verbracht. Wegen seines Äußeren wird er bei der Arbeitssuche oft als Bettler oder Asozialer gesehen. In den ersten beiden Akten besteht sein Handeln darin, dass er versucht, Arbeit zu finden und einen Pass zu bekommen. Doch er bleibt ein entlassener Strafgefangener, der hilflos im Räderwerk der Behörden gefangen ist; dennoch bezeugt er seine selbstverständliche Liebe zu seinem Vaterland. Aber genau diese Heimatliebe treibt ihn zur Verzweiflung, da er erkennt, dass er in einer Zwickmühle steckt: „Wenn ick nich jemeldet bin, kreig ick keene Arbeet, und wenn ick keene Arbeet habe, da darf ick mir nich melden. Denn will ick wieder raus. Denn jebense mir n Pass mit n Grenzvisum, det ick rieber kann." (S. 17) Nachdem er aber diesen Pass auch nicht bekommt, schlägt er dem Beamten vor, ihn doch dann gleich wieder ins Zuchthaus zu bringen.
Nach der abgesessenen Strafe ist er von unüberlegten Versuchungen befreit. Er will sich nun einen wohl überlegten Plan zurechtlegen – den Streich mit der Hauptmannsuniform. Dafür muss er all seine inneren Kräfte und Fähigkeiten bündeln. Seine dafür notwendige Schlagfertigkeit fällt schon im ersten Akt auf, als er dem Kellner vom Café National eine passende Antwort gibt. In der Strafanstalt Sonnenberg hat er sich tiefe Kenntnisse des preußischen Militärwesens zu eigen gemacht – wofür er sogar das Lob des Rektors

bekommt. Bei Voigt findet man die Verbindung von Schlagfertigkeit, schlichter Schlauheit und Wachheit. Im Gespräch mit dem kranken Mädchen offenbart sich, dass er zu tiefem Verständnis und gutmütigem Mitleid fähig ist. Allerdings kann Voigts Verständnis auch in Bitterkeit und Ironie umschlagen, wie z. B. in Hoprechts Wohnstube. Hoprecht sagt zu ihm: „Tuchfühlung musste halten! Dann bist 'n Mensch, – und dann haste 'ne menschliche Ordnung!" Voigt: „Wennse man nur keen Loch hat! Wenn se man nur nich so stramm sitzt, dass die Nähte platzen! Wenn da man nur nichts passiert, Mensch!" (S. 99)
Voigt formuliert seine Erkenntnisse alle im Berliner Dialekt eines Handwerkgesellen, auch wenn seine Aussagen oft tiefgründiger sind. Dies zeigt, dass sein Wissen nicht angelernt ist, sondern dass er es im Kampf um seine Heimat und seinen Platz im Leben errungen hat. Auf diese Weise gelingt es dem unbedeutenden Schuster, den Machtapparat zu überlisten und mit dessen eigenen Waffen zu schlagen.
Das kranke Mädchen ist ein Waisenkind. Es wird beschrieben als ein ordentliches Kind von sechzehn Jahren, das in einer Weißzeugnäherei gearbeitet hat, bevor es lungenkrank geworden ist. Das Mädchen hat eine dünne Stimme wie die eines Kindes, es wurde von den Hoprechts zur Untermiete aufgenommen. Mittlerweile kommt es alleine nicht mehr zurecht und braucht die Hilfe von Frau Hoprecht. Mit Voigt versteht es sich sehr gut, er kann ihm in den letzten Tagen seines Lebenses emotionalen Beistand leisten.

C. Schluss:
Im Verhältnis zwischen Voigt und dem Mädchen werden Solidarität und Mitgefühl als wichtiges Bindeglied einer Gemeinschaft exemplarisch dargestellt; die inhumane Staatsbürokratie – symbolisch im Brief vom Revier anwesend – stört diese Gemeinschaft. Die eingangs erwähnte Gesellschaftskritik Zuckmayers komt somit auch in der vorliegenden Textstelle deutlich zum Ausdruck.

4.5 Ödön von Horváth (1901–1938), *Der jüngste Tag* (1938)

Arbeitsaufgabe:
Skizzieren Sie die dieser Textstelle vorausgegangene Handlung. Erklären Sie das Verhalten von Frau Hudetz und Anna in diesem Szenenausschnitt; zeigen Sie dabei, welchen Eindruck beide durch ihre Sprache und die Art ihres Auftretens vermitteln. Untersuchen Sie, von dieser Textstelle ausgehend, welche Bedeutung beide Frauen für Thomas Hudetz haben.

Info

Ödön von Horváth,
* 9. 12. 1901 in Fiume, † 1. 6. 1938 in Paris; Volksstückautor und Verfasser zeitkritischer Romane; Werke z. B. *Geschichten aus dem Wienerwald* (1931), *Italienische Nacht* (1931), *Kasimir und Karoline* (1931), *Jugend ohne Gott* (1938), *Der jüngste Tag* (1938), *Der ewige Spießer* (1930), *Ein Kind unserer Zeit* (1938); epochengeschichtliche Einordnung: Moderne.

Lesetext

Ödön von Horváth (1901–1938)
***Der jüngste Tag* (1938)** *(2. Bild, Auszug)*

STAATSANWALT Ruhe! *Zu Anna.* Fahren Sie fort, Fräulein!

ANNA Ich bin gleich am End. Ich hab es gehört, wie das Uhrwerk geläutet hat, dann hat der Herr Vorstand das Signal gericht, und dann erst ist der Eilzug vorbeigefahren – –

STAATSANWALT Dann erst?

ANNA Ja –

Jetzt erscheint rechts Frau Hudetz mit dem Kriminaler: Sie halten und hören zu, von niemand beachtet.

STAATSANWALT *eindringlich:* Also: zuerst das Läutwerk?

ANNA Dann das Signal.

STAATSANWALT Und dann erst der Zug?

ANNA Ja. Und dann – – *Sie stockt.*

STAATSANWALT Na?

ANNA Und dann hats in der Ferne ein Donnern gegeben, ein Krachen und Donnern und ein Geschrei – – so ein furchtbares Geschrei, oh, ich höre es noch immer – *Sie hält sich die Ohren zu.*

STAATSANWALT Herr Hudetz. Warum haben Sie uns eigentlich diese Ihre Entlastungszeugin verschwiegen?

HUDETZ *weiß keine Antwort.*

FRAU HUDETZ *betrachtet Hudetz schadenfroh.*

STAATSANWALT zu Hudetz: Na?

HUDETZ *zuckt die Schultern.*

STAATSANWALT Komisch.

ANNA Herr Staatsanwalt, er wußt es ja gar nicht, daß ich alles gesehen hab –

FRAU HUDETZ *scharf:* Alles gesehen?!

ALLE *zucken zusammen und starren Frau Hudetz an.*

KRIMINALER *zum Staatsanwalt:* Frau Hudetz.

STAATSANWALT Ach!

FRAU HUDETZ *fixiert gehässig Anna.*

KRIMINALER *leise zum Staatsanwalt:* Es ist nichts aus ihr herauszubekommen. Sie behauptet, nichts gesehen zu haben. Sie hätt bereits geschlafen – *Er spricht unhörbar weiter.*

FRAU HUDETZ *zu Anna:* Ärgern hast du mich wollen, ärgern.

WIRT *zu Frau Hudetz:* Was wollens denn von meiner Tochter?

FRAU HUDETZ *zu Hudetz, sie deutet auf Anna:* Ist das deine Entlastungszeugin? Man gratuliert, man gratuliert. *Sie grinst.*

WIRT Gebens Ruh, Frau Hudetz.

FRAU HUDETZ Ich hab nicht zu Ihnen gesprochen.

WIRT Also nur nicht so von oben herab.

FRAU HUDETZ Sie haben mir keine Lehren zu geben. Unterrichtens lieber Ihr Fräulein Tochter, daß sie nachts nicht mit fremden Männern streunt!

WIRT Was hör ich? Meine Tochter soll streunen? Frau Hudetz, spielen Sie nicht mit mir!

STAATSANWALT Frau Josefine Hudetz, treten Sie näher!

FRAU HUDETZ *tritt näher.*

STAATSANWALT Sie haben uns also nichts zu sagen?

FRAU HUDETZ *blickt spöttisch auf Hudetz und Anna, nach einer Pause:* Nein!

STAATSANWALT Nichts gehört, nichts gesehen, ich danke. Wir benötigen Sie nicht mehr. Gehen Sie – *Er blättert im Protokoll.*

FRAU HUDETZ *will ab.*

WIRT *zu Frau Hudetz:* Avanti-avanti!

FRAU HUDETZ *hält ruckartig und starrt den Wirt haßerfüllt und wütend an.*

WIRT *ironisch:* Wir benötigen Sie nicht mehr. Marsch-marsch!

FRAU HUDETZ *brüllt plötzlich los:* Ich geh nicht! Ich geh nicht! Ich laß mir das von euch nicht mehr bieten. Ihr meint, ihr könnt mit mir machen, was ihr wollt, mit mir und meinem armen Bruder. Nein, ich werd nicht mehr kuschen, ich red, was ich mag, ich red, was ich mag.

WIRT Halts Maul!

FRAU HUDETZ Ich laß mir von Ihnen nicht das Maul verbieten. Verbietens es lieber Ihrer sauberen Tochter, damit sie keinen Meineid schwört. Jawohl, jetzt sag ich aus, ich! Herr Staatsanwalt, ich stand gestern abend am Fenster im ersten Stock und hab alles gesehen und alles gehört. Alles, alles, alles! Ich habe deutlich gesehen, wie dieses Stück meinem Mann einen Kuß gegeben hat – ich habe gesehen!

WIRT Einen Kuß? Mich trifft der Schlag!

ANNA *bricht plötzlich los:* Lüge, Lüge, Lüge!

FRAU HUDETZ Ich sage die Wahrheit und werde alles beschwören! Sie hat ihm einen Kuß gegeben, nur um mich zu ärgern, aber es gibt einen Gott der Rache und drum hat er das Signal versäumt – ich kanns beschwören, beschwören, beschwören – –

ANNA *schreit sie außer sich an:* Schwörens nur Ihren Meineid, schwörens ihn nur! Sie sind ja ein ganz schlechter Mensch. Nur weil Sie zu alt für Ihren Mann sind, reißens ihn da hinein, Sie könnten ihn ja direkt umbringen, nur weil er sie nicht mehr anrührt. Sie sind ja berüchtigt, Sie, und ich hab ihm keinen Kuß gegeben, so wahr mir Gott helfe. Ich bin doch glücklich verlobt, aber mich wollens auch noch unglücklich machen – – *Sie weint plötzlich heftig und birgt den Kopf an ihres Vaters Brust.*

(Text aus: Horváth, Ödön von: Der jüngste Tag. *Frankfurt/Main: Suhrkamp, 1988, S. 32–35. Text muss in alter Rechtschreibung zitiert werden.)*

Lösungsvorschlag:

Gliederung des Aufsatzes

A. Einleitung:
Dichter, Titel, Thema

B. Hauptteil:

I. Kontexteinordnung und Inhalt
   1. Kontexteinordnung
   2. Inhalt

II. Charakterisierungen
   1. Frau Hudetz
   2. Anna

III. Bedeutung der Frauen für Thomas Hudetz
   1. Frau Hudetz
   2. Anna

C. Schluss:
Ausblick auf den Schluss des Dramas

Stichwortartige Ausarbeitung des Aufsatzes

A. Einleitung:

In dem Drama *Der jüngste Tag*, dem Ödön von Horvath ursprünglich den Titel *Freigesprochen* geben wollte, wird anlässlich eines Zugunglücks, das durch eine Unaufmerksamkeit des Bahnvorstandes verursacht worden ist, ein Bild der sozialen Struktur eines Dorfes gezeichnet.

B. Hauptteil:

I. Kontexteinordnung und Inhalt

1. Kontexteinordnung

Die vorliegende Szene, die dem 2. Bild entnommen ist, spielt fünfeinhalb Stunden nach dem Zugunglück. Im vorangegangenen Bild treten mit Thomas Hudetz und Anna Lechner die Hauptpersonen des Dramas auf. Thomas Hudetz ist ein allseits beliebter junger Mann und ist beruflich als Bahnvorsteher tätig; nach Rationalisierungsmaßnahmen ist er für alle Belange der Reisenden, für die Bahnhofsverwaltung und die Einhaltung der Sicherheitsbestimmungen verantwortlich. Verheiratet ist er mit der 13 Jahre älteren Josefine Hudetz, die vom ersten Stock des Bahnhofs aus voller Eifersucht vor allem seine Kontakte zu anderen Frauen überwacht. Anna Lechner, die Tochter des Dorfwirtes, bringt ihren Verlobten, den Metzgergesellen Ferdinand, zum Zug; am Bahnhof begegnet sie Thomas Hudetz, für den sie eine große Zuneigung empfindet. Da sie weiß, dass Frau Hudetz vom ersten Stock aus zusieht, gibt sie ihm, gerade als er das Signal stellen will, einen Kuss, um Frau Hudetz zu ärgern. Thomas Hudetz kann das Signal nicht mehr rechtzeitig setzen, der Eilzug stößt daraufhin mit einem Güterzug zusammen, es sterben 18 Menschen.
Im vorliegenden 2. Bild hat ein Staatsanwalt die Ermittlungen aufgenommen und befragt die Dorfbewohner. Kohut, der Heizer, hat das Unglück überlebt und behauptet, Hudetz habe das Signal nicht rechtzeitig gesetzt. Da auch der Zugführer umgekommen ist, hat Kohut keine Zeugen für diese Beschuldigung. Thomas Hudetz rechtfertigt sich mit der Begründung, dass er noch nie ein Signal versäumt habe und immer ein pflichttreuer Beamter gewesen sei. Das Verhör kommt nicht voran, da Aussage gegen Aussage steht. In diesem Moment erscheint der Wirt, der berichtet, dass seine Tochter Anna etwas Wichtiges auszusagen habe. Anna erscheint und sagt wider besseres Wissen aus, dass der Bahnvorstand das Signal rechtzeitig gesetzt habe. Ihre Aussage berührt auch Frau Hudetz, von der sie behauptet, sie würde ihren Mann daran hindern, am Dorfleben teilzunehmen. Als auch der Wirt das allgemeine Urteil über den kranken Geisteszustand der Frau Hudetz zum Ausdruck bringt, verschafft sich der Staatsanwalt wieder die nötige Ruhe, um mit der Vernehmung von Anna fortzufahren. An dieser Stelle blendet sich der vorliegende Auszug ein.

2. Inhalt

Anna wiederholt ihre Aussage, dass Hudetz das Signal rechtzeitig gesetzt habe. Als Frau Hudetz auf der Bühne erscheint, bestätigt Anna die Aussage erneut. Auf die Frage, warum er die Existenz einer Entlastungszeugin verschwiegen habe, weiß Hudetz keine Antwort. Anna nimmt ihn in

Schutz, indem sie meint, dass er gar nicht gewusst habe, dass sie alles gesehen habe. An dieser Stelle ergreift Frau Hudetz das Wort, während ein Kriminalbeamter den Staatsanwalt darüber informiert, dass Frau Hudetz nach eigenen Angaben nichts gesehen habe, da sie bereits zu Bett gegangen sei. In Anspielung auf den öffentlichen Kuss auf dem Bahnsteig wirft Frau Hudetz Anna vor, dass sie sie habe ärgern wollen. Mit Ironie gratuliert sie ihrem Ehemann zu einer derartigen Entlastungszeugin. Auf die mehrmalige Aufforderung des Wirtes, sie möge doch ruhig sein, entgegnet Frau Hudetz, dass der Wirt sich eher um die rechte Erziehung der Tochter kümmern solle. Der Staatsanwalt fragt, ob sie eine Aussage machen wolle; Frau Hudetz verneint das und will den Ort verlassen. Als der Wirt sie provoziert, reagiert sie voller Wut und kündigt an, nun nicht mehr gehen zu wollen, sondern die Wahrheit auszusagen. Sie wirft Anna vor, einen Meineid geleistet zu haben, da sie es genau gesehen habe, wie Anna ihrem Ehemann einen Kuss gegeben habe und wie dieser das rechtzeitige Setzen des Signals versäumt habe. Anna bestreitet diese Behauptung heftig und wiederholt ihre eigene Aussage. Außerdem sei sie glücklich verlobt, während die Ehe von Frau Hudetz aufgrund des Altersunterschieds nicht mehr funktioniere. Anna wirft Frau Hudetz vor, sie unglücklich machen zu wollen; am Ende des Auszugs sucht sie Trost bei ihrem Vater.
Am Ende des zweiten Bildes wird Thomas Hudetz aufgrund der belastenden Aussage seiner Frau in Haft genommen.

II. Charakterisierungen

Aufgrund des Auftretens im vorliegenden Auszug lassen sich Frau Hudetz und Anna auch durch ihre Sprache und andere dramaturgische Gestaltungsmittel charakterisieren:

1. Frau Hudetz

Frau Josefine Hudetz wird durch die Regieanweisung in eindeutiger Weise beschrieben: Nach dem Eintreten betrachtet sie ihren Ehemann „schadenfroh" (Z. 20), das ist angesichts des Ausmaßes des Unglücks und der Schuld des Ehemanns ein klarer Hinweis auf den Hass, mit dem sie Thomas Hudetz begegnet. Auch die Regieanweisung „Sie grinst" (Z. 36), die ihren Kommentar zur Zeugenaussage Annas begleitet, lässt einen Rückschluss auf den geringen Wert zu, den sie dem jungen Mädchen und ihrer Aussage beimisst. Die ironische Wendung „man gratuliert" (Z. 36), die sie wiederholt, wirkt sarkastisch. Weiter wird sie als „gehässig" (Z. 29) beschrieben, sie wiederholt Annas Worte „scharf" (Z. 25). Für Anna und ihren Mann hat sie nur einen spöttischen Blick übrig (vgl. Z. 47).

Bis zu diesem Moment des Gesprächs belastet Frau Hudetz ihren Mann nicht; sie gibt nur zu Protokoll, dass sie zum fraglichen Zeitpunkt geschlafen habe. Dadurch kann sie ihren Mann vor den juristischen Konsequenzen

retten und ihn erpressbar machen. Allerdings muss es ihr bewusst werden, dass Anna durch ihre Falschaussage die gleiche Strategie verfolgt. Vor der Provokation durch den Wirt macht sie auch keinen Versuch, ihre Aussage zu revidieren. Ein Grund dafür mag auch sein, dass sie damit dem Gerücht entsprechen würde, ihren Mann vom Fenster aus zu überwachen.
Erst als der Wirt die Sätze des Staatsanwaltes; „Wir benötigen Sie nicht mehr" (Z. 53) ironisch wiederholt und sie zu einem schnelleren Verlassen des Ortes auffordert, ist sie nicht mehr bereit, die Wahrheit zu verheimlichen.
Sie gibt zu, vom Fenster aus alles gesehen zu haben. Die Trias: „Alles, alles, alles!" (Z. 62) und die Wiederholung von „alles" im vorhergehenden Satz verstärken ihren Anspruch, die Wahrheit zu sagen. Die metaphorische Bezeichnung Annas als „Stück" oder die ironische Titulierung als „saubere( ) Tochter" (Z. 60) dienen der Abwertung der Gegnerin. Die mehrmalige Verwendung des Personalpronomens „Ich" (vgl. Z. 55 ff.) zeigt ihre Entschlossenheit und wie sehr sie auf ihre eigenen Bedürfnisse konzentriert ist. Dreimal wiederholt sie, dass sie ihre Aussage „beschwören" (Z. 67) werde, und untermauert damit ihren Wahrheitsanspruch. Schließlich beruft sie sich auf einen „Gott der Rache" (Z. 68), der den Betrug Annas durch das Unglück sanktioniert habe.
Das Verhalten von Frau Hudetz verändert sich somit im Laufe der Szene: Kurz nach ihrem Auftritt zeigt sie sich zurückhaltend und ironisch distanziert. Der emotionale Ausbruch nach der Provokation durch den Wirt lässt sich wohl dadurch erklären, dass ihr die eigene Außenseiterrolle vor Augen geführt wird; die Dorfgemeinschaft grenzt sich von ihr ab, auch ihrem Mann begegnet sie nur noch mit Hassgefühlen und Misstrauen. Ihre Rache dafür besteht darin, dass sie dem Staatsanwalt die Wahrheit sagt und ihren Mann damit schwer belastet. Außerdem muss sie erkennen, dass auch Anna ihren Mann in der Hand hat – ihr Schweigen zu den wahren Vorgängen ist damit wertlos geworden; um ihrem Mann und letztlich auch Anna zu schaden, kann sie nur noch die Wahrheit sagen und auf ihre Glaubwürdigkeit vor Gericht hoffen. Dies versteht sie als eine „Rache" (vgl. Z. 68); das ist ein deutlicher Hinweis auf ihr Gefühl, vom Ehemann und der Dorfgemeinschaft isoliert zu werden. Dass sie ihre Gegner in der Mehrzahl sieht, beweist die Wahl des Personalpronomens „euch" (Z. 55) und „ihr" (Z. 55) bei ihrem Vorwurf, die Menschen würden sie daran hindern, die Wahrheit zu sagen.

2. Anna

Anna sagt mehrfach nicht die Wahrheit. Sie lügt, als sie behauptet, dass Hudetz das Signal vor dem Eintreffen des Zuges gesetzt habe (vgl. Z. 2 f.). An ihrer Sprache lässt sich ihre Aufregung erkennen: Sie bemüht sich, Hochdeutsch zu sprechen, fällt aber immer wieder in dialektale Ausdrucksweisen zurück, z. B. in dem Satz: „Ich bin gleich am End" (Z. 2). Ihre Sätze

sind einfach und zumeist parataktisch konstruiert. Sie klingen wie auswendig gelernt, so als ob sie sich ihre Aussage vorher genau zurechtgelegt hätte, damit sie keinen Fehler bei ihrer Lüge macht. Mit „erst" betont sie in Z. 3 ganz besonders die Chronologie des Ablaufs. Die durch die Gedankenstriche markierte Sprechpause in derselben Zeile und in Z. 5 zeigen, dass sie nicht unbelastet sprechen kann. Der Staatsanwalt wiederholt die Aussage Annas Punkt für Punkt, sie ergänzt jeweils nur die Satzglieder (vgl. Z. 9 und 11). In Z. 12 finden sich wieder Gedankenstriche; die Regieanweisung „Sie stockt" macht ihre innere Bewegung deutlich.
In anaphorischer Reihung beginnt sie die Beschreibung ihrer Erinnerung mit „Und dann" (Z. 14). Paraktische Fügungen und Gedankenstriche vermitteln einen Eindruck von schlichter Ergriffenheit. Die Regieanweisung „Sie hält sich die Ohren zu" (Z. 16) lässt den Schluss zu, dass sie verbal noch nicht in der Lage ist, das Geschehene zu verarbeiten.
Nachdem Frau Hudetz aufgetreten ist, wird Anna immer mehr zu einem Objekt, über das gesprochen wird: Zunächst formuliert sie mit dem Bekenntnis, alles gesehen zu haben, eine erneute Lüge, die den Widerspruch von Frau Hudetz hervorruft. Frau Hudetz greift Anna an, diese wird von ihrem Vater in Schutz genommen. Frau Hudetz spricht nicht direkt zu ihr, sondern beauftragt ihren Vater, ihr auszurichten, dass sie sich nicht nachts mit fremden Männern zeigen sollte (vgl. Z. 40 f.). Anna kann sich somit hinter ihrem Vater verstecken, der sie verteidigt; dies offenbart den unselbstständigen Charakter des jungen Mädchens.
Als Frau Hudetz behauptet, sie habe den Kuss Annas gesehen, reagiert Anna sehr emotional. Die Regieanweisung, Anna *„bricht plötzlich los"*(Z. 66), und die Trias: „Lüge, Lüge, Lüge!" (Z. 66) vermitteln auch ein Eindruck ihrer Angst, dass die Wahrheit ans Licht kommen könnte. Ihre letzten Worte der Szene schreit sie. Mehrmals spricht sie Frau Hudetz direkt mit „Sie" an (vgl. z. B. Z. 72 u. ö.), in ihrem Satzbau überwiegen nach wie vor parataktische Fügungen, die dialektalen Anteile nehmen zu: „schwörens" (Z. 71), „reißens" (Z. 73), „wollens" (Z. 75). Die Regieanweisung: „Sie weint plötzlich heftig und birgt den Kopf an ihres Vaters Brust." (Z. 76 f.) ist wieder ein deutlicher Hinweis auf ihre ausgeprägte Schutzbedürftigkeit. Inhaltlich formuliert sie erneut eine Lüge, indem sie behauptet, Herrn Hudetz keinen Kuss gegeben zu haben und glücklich verlobt zu sein.
Die Gründe für ihre zahlreichen Lügen in dem vorliegenden Auszug können folgendermaßen festgehalten werden: Zunächst will sie von ihrer eigenen Schuld ablenken. Dadurch, dass sie den Bahnvorstand geküsst hat, hat sie die verspätete Signalsetzung zu verantworten. Ein anderer Grund dürfte darin bestehen, dass sie eine Gelegenheit sieht, sich mit Thomas Hudetz, den sie liebt, durch ein gemeinsames Geheimnis zu verbinden. Durch ihren Meineid macht sie ihn erpressbar, da sie ihm die Freiheit und die Anstellung sichert. Säße Thomas Hudetz im Gefängnis und würde er seine

Anstellung verlieren, so wäre eine mögliche Verbindung mit Anna auf Jahre hinaus unmöglich gemacht. Nicht ganz auszuschließen ist auch, dass sie aufgrund ihrer Verachtung für Frau Hudetz lügt; sie möchte die Eheleute auseinander bringen – die Abhängigkeit des Ehemannes von der Falschaussage Annas verbindet beide miteinander, die Eifersucht von Frau Hudetz wäre damit weiter angestachelt, da Anna weiß, dass Frau Hudetz die Wahrheit kennt.

III. Bedeutung der Frauen für Thomas Hudetz

Die folgenden Aspekte beschreiben stichwortartig die Bedeutung, die die beiden Frauen für den Bahnhofsvorstand haben:

1. Frau Hudetz

- Verkörperung einer gescheiterten („Zwischen euch zwei hats noch nie gestimmt", S. 16) und unglücklichen Ehe (Eifersucht, menschliche Kälte); hat Hudetz angeblich vor Eheschließung mit 13 Jahre älteren Frau gewarnt (vgl. S. 15).
- Ziel der öffentlichen Kritik: „Immer schneidens so stolze, gekränkte Gesichter (...)"; Frau Hudetz hat „(...) den Herrn Vorstand in eine unselige Ehe gepresst (...)" (S. 18).
- mangelnde Bereitschaft zur Scheidung, dadurch Verzicht auf öffentliches Eingeständnis des Scheiterns und Freigabe ihres Mannes: „Aber ich laß mich nicht scheiden (...)" (S. 16); „(...) der Thomas will nichts mehr von mir, aber dann soll er auch keine andere anschauen, keine" (S. 63).
- Thomas Hudetz bekennt öffentlich seine Mitschuld an der zerrütteten Ehe: „Ich benehm mich ja auch nicht richtig zu ihr – –" (S. 32).
- Aussage gegen ihren eigenen Mann nicht aus Wahrheitsliebe, sondern um ihrem Mann und Anna zu schaden; sie provoziert damit eine Gerichtsverhandlung gegen Thomas Hudetz.
- Ermordung Annas durch Thomas Hudetz bewirkt Wandlung von der Zielscheibe der Kritik zur öffentlich geachteten Person („(...) alles spricht voller Ehrerbietung von Ihnen und Ihrer unglücklichen Schwester", S. 60).
- Frau Hudetz spricht zwar die Wahrheit, wird aber dennoch mitschuldig an den Ereignissen durch den Hass auf ihren Ehemann und die mangelnde Bereitschaft, die Konsequenzen aus der gescheiterten Ehe zu ziehen. Ihr Bruder Alfons erkennt das in dem Vorwurf: „Dazu hast du kein Recht gehabt, das war ein Verbrechen (...). Du warst um dreizehn Jahre älter, du musstest es wissen und fühlen – aber du hast seine Liebe erpressen wollen, jawohl, erpressen!" (S. 63).

2. Anna

- Sie verführt Thomas Hudetz durch ihren Kuss zur Unaufmerksamkeit und bewirkt dadurch indirekt das Eisenbahnunglück.

- Sie provoziert Thomas Hudetz: „Alle Leute lachen über Sie, Herr Vorstand. (...) Ja, sie sagen, der Vorstand ist überhaupt kein Mann" (S. 22).
- Sie befreit ihn mit einem Meineid aus der juristischen Verfolgung und bestätigt damit die Auffassung von Hudetz, er sei schuldlos.
- Anspielung auf metaphysischer Ebene bereits nach der Freilassung von Hudetz: „Mein rettender Engel!" (S. 43).
- Sie empfindet Reue angesichts des geleisteten Meineids und bringt Hudetz durch das Opfer des eigenen Lebens zur Erkenntnis, dass auch er sich nicht weiter belügen und seine Verantwortung ablehnen kann. Die Umstände ihres Todes werden nicht vollständig aufgeklärt; Hudetz hat ein Mordmotiv (Angst davor, dass sie ihren Meineid widerrufen könnte; auch eine Affekthandlung infolge übergroßen sexuellen Begehrens kommt in Frage), Anna könnte auch einem Herzversagen erlegen sein (Indiz dafür ist die Blässe Annas, vgl. S. 52).
- Die Erkenntnis umfasst auch sein Eingeständnis, dass er sich schon lange Zeit von ihr angezogen fühlte, es öffentlich aber nicht zugegeben hat („Oh, wie oft hast du mich schon erschlagen, und wie oft wirst du mich noch erschlagen – es tut mir schon gar nicht mehr weh – – ", S. 75).
- Die gemeinsame Schuld an dem Eisenbahnunglück verbindet sie miteinander: „ (...) – aber jetzt kenn ich Sie genau. Gehts Ihnen auch so mit mir?" (S. 53).
- Sie verhindert den Selbstmord von Hudetz durch ihr Eingreifen aus dem Jenseits (vgl. S. 76).
- Ihr Opfertod und ihr Eingeständnis: „Ich kann nicht mehr lügen" (S. 74) führen dazu, dass Hudetz sich der weltlichen bzw. der göttlichen Gerichtsbarkeit („Posaunen", S. 77) ausliefert.

C. Schluss:

Thomas Hudetz und Anna machen im Verlaufe des Stücks eine Wandlung durch, wobei Anna immer einen Schritt voraus ist: Annas Selbstvorwürfe und das Eingeständnis ihrer Schuld münden in den Opfertod; Hudetz kann danach erstmals seit vier Monaten wieder richtig schlafen (vgl. S. 66). Ihr Erscheinen, was den Selbstmord von Hudetz vereitelt, führt ihn auf den Weg des Schuldbekenntnisses. Der Titel *Der jüngste Tag* deutet auf die Hoffnung auf Erlösung im Jenseits hin; nach christlicher Vorstellung ist Reue die Voraussetzung dafür.

4.6 Bertolt Brecht (1898–1956), *Mutter Courage und ihre Kinder* (1939)

Arbeitsaufgabe:

Erschließen Sie unter Berücksichtigung der dramaturgischen und sprachlichen Gestaltungsmittel die Gesprächsführung des folgenden Szenenausschnitts! Untersuchen Sie ausgehend von Ihren bisherigen Ergebnissen die Einstellungen der Personen zum Krieg und zeigen Sie, wie Brecht seine Konzeption des epischen Theaters umsetzt!

Bert(olt) Brecht,
* 10. 2. 1898 in Augsburg, † 14. 8. 1956 in Berlin/DDR; Dramatiker. Lyriker; Werke z. B.: *Trommeln in der Nacht* (1919), *Dreigroschenoper* (1928), *Die heilige Johanna der Schlachthöfe* (1929–31), *Aufstieg und Fall der Stadt Mahagonny* (1929/30), *Leben des Galilei* (1. Fassung 1938/39), *Mutter Courage und ihre Kinder* (1939), *Der gute Mensch von Sezuan* (1939–41), *Herr Puntila und sein Knecht Matti* (1940), *Die Antigone des Sophokles* (1948), *Der Hofmeister nach Lenz* (1949), *Coriolan nach Shakespeare* (1950/51), *Don Juan nach Molière* (1952–54); epochengeschichtliche Einordnung: Weimarer Republik und Exilliteratur, Moderne.

Bertolt Brecht (1898–1956)
Mutter Courage und ihre Kinder (1939)
Eine Chronik aus dem Dreißigjährigen Krieg

Vor der Stadt Ingolstadt in Bayern wohnt die Courage dem Begräbnis des gefallenen Feldhauptmanns Tilly bei. Es finden Gespräche über Kriegshelden und die Dauer des Krieges statt. Der Feldprediger beklagt, daß seine Talente brachliegen und die stumme Kattrin bekommt die roten Schuhe. Man schreibt das Jahr 1632.

Im Innern eines Marketenderzeltes

Mit einem Ausschank nach hinten zu. Regen. In der Ferne Trommeln und Trauermusik. Der Feldprediger und der Regimentsschreiber spielen ein Brettspiel. Mutter Courage und ihre Tochter machen Inventur.

DER FELDPREDIGER Jetzt setzt sich der Trauerzug in Bewegung.

MUTTER COURAGE Schad um den Feldhauptmann – zweiundzwanzig Paar von die Socken –, daß er gefalln ist, heißt es, war ein Unglücksfall. Es war Nebel auf der Wiesen, der war schuld. Der Feldhauptmann hat noch einem Regiment zugerufen, sie solln todesmutig kämpfen, und ist zurückgeritten, in dem Nebel hat er sich aber in der Richtung geirrt, so daß es nach vorn war und er mitten in der

Schlacht eine Kugel erwischt hat – nur noch vier Windlichter zurück. *Von hinten ein Pfiff. Sie geht zum Ausschank.* Eine Schand, daß ihr euch vom Begräbnis von eurem toten Feldhauptmann drückt! *Sie schenkt aus.*

DER SCHREIBER Man hätts Geld nicht vorm Begräbnis auszahln solln. Jetzt besaufen sie sich, anstatt daß sie zum Begräbnis gehen.

DER FELDPREDIGER *zum Schreiber:* Müssen Sie nicht zum Begräbnis?

DER SCHREIBER Ich hab mich gedrückt, wegn Regen.

MUTTER COURAGE Bei Ihnen ists was andres, Ihnen möchts die Uniform verregnen. Es heißt, sie haben ihm natürlich die Glocken läuten wollen zum Begräbnis, aber es hat sich herausgestellt, daß die Kirchen weggeschossen waren auf seinen Befehl, so daß der arme Feldhauptmann keine Glocken hören wird, wenn sie ihn hinabsenken. Anstatt dem wollen sie drei Kanonenschüsse abfeuern, daß es nicht gar zu nüchtern wird – siebzehn Leibriemen.

RUFE *vom Ausschank:* Wirtschaft! Ein Branntwein!

MUTTER COURAGE Ersts Geld! Nein, herein kommt ihr mir nicht mit eure Dreckstiefeln in mein Zelt! Ihr könnt draußen trinken, Regen hin, Regen her. *Zum Schreiber*: Ich laß nur die Chargen herein. Der Feldhauptmann hat die letzte Zeit Sorgen gehabt, hör ich. Im Zweiten Regiment solls Unruhen gegeben haben, weil er keinen Sold ausgezahlt, sondern gesagt hat, es ist ein Glaubenskrieg, sie müssens ihm umsonst tun. *Trauermarsch. Alle sehen nach hinten.*

DER FELDPREDIGER Jetzt defilierens vor der hohen Leich.

MUTTER COURAGE Mir tut so ein Feldhauptmann oder Kaiser leid, er hat sich vielleicht gedacht, er tut was übriges und was, wovon die Leute reden, noch in künftigen Zeiten, und kriegt ein Standbild, zum Beispiel er erobert die Welt, das ist ein großes Ziel für einen Feldhauptmann, er weiß es nicht besser. Kurz, er rackert sich ab, und dann scheiterts am gemeinen Volk, was vielleicht ein Krug Bier will und ein bissel Gesellschaft, nix Höheres. Die schönsten Plän sind schon zuschanden geworden durch die Kleinlichkeit von denen, wo sie ausführen sollten, denn die Kaiser selber können ja nix machen, sie sind angewiesen auf die Unterstützung von ihre Soldaten und dem Volk, wo sie grad sind, hab ich recht?

DER FELDPREDIGER *lacht:* Courage, ich geb Ihnen recht, bis auf die Soldaten. Die tun, was sie können. Mit denen da draußen zum Beispiel, die ihren Branntwein im Regen saufen, getrau ich mich hundert Jahr einen Krieg nach dem andern zu machen und zwei auf einmal, wenns sein muß, und ich bin kein gelernter Feldhauptmann.

MUTTER COURAGE Dann meinen Sie nicht, daß der Krieg ausgehn könnt?

DER FELDPREDIGER Weil der Feldhauptmann hin ist? Sein Sie nicht kindisch. Solche finden sich ein Dutzend, Helden gibts immer.

MUTTER COURAGE Sie, ich frag Sie das nicht nur aus Hetz, sondern weil ich mir überleg, ob ich Vorrät einkaufen soll, was grad billig zu haben sind, aber wenn der Krieg ausgeht, kann ich sie dann wegschmeißen.

DER FELDPREDIGER Ich versteh, daß Sies ernst meinen. Es hat immer welche gegeben, die gehn herum und sagen: „Einmal hört der Krieg auf." Ich sag: daß der Krieg einmal aufhört, ist nicht gesagt. Es kann natürlich zu einer kleinen Paus kommen. Der Krieg kann sich verschnaufen müssen, ja, er kann sogar sozusagen verunglücken. Davor ist er nicht gesichert, es gibt ja nix Vollkommenes allhier auf Erden. Einen vollkommenen Krieg, wo man sagen könnt: an dem ist nix mehr auszusetzen, wirds vielleicht nie geben. Plötzlich kann er ins Stocken kommen, an was Unvorhergesehenem, an alles kann kein Mensch denken. Vielleicht ein Übersehn, und das Schlamassel ist da. Und dann kann man den Krieg wieder aus dem Dreck ziehn! Aber die Kaiser und Könige und der Papst wird ihm zu Hilf kommen in seiner Not. So hat er im ganzen nix Ernstliches zu fürchten, und ein langes Leben liegt vor ihm.

EIN SOLDAT *singt vor der Schenke:*

Ein Schnaps, Wirt, schnell, sei g'scheit!
Ein Reiter hat kein Zeit.
Muß für sein Kaiser streiten.
Einen doppelten, heut ist ein Festtag!

MUTTER COURAGE Wenn ich ihnen trauen könnt ...

DER FELDPREDIGER Denken Sie selber! Was sollt gegen den Krieg sein?

DER SOLDAT *singt hinten:*

Dein Brust, Weib, schnell, sei g'scheit,
Ein Reiter hat kein Zeit.
Er muss gen Mähren reiten.

DER SCHREIBER *plötzlich:* Und der Frieden, was wird aus ihm? Ich bin aus Böhmen und möcht gelegentlich heim,

DER FELDPREDIGER So, möchten Sie? Ja, der Frieden! Was wird aus dem Loch, wenn der Käs gefressen ist?

DER SOLDAT *singt hinten:*

Trumpf aus, Kamerad, sei g'scheit!
Ein Reiter hat kein Zeit.
Muß kommen, solang sie werben.
Dein Spruch, Pfaff, schnell, sei g'scheit!
Ein Reiter hat kein Zeit,
Er muß fürn Kaiser sterben.

DER SCHREIBER Auf die Dauer kann man nicht ohne Frieden leben.

DER FELDPREDIGER Ich möcht sagen, den Frieden gibts im Krieg auch, er hat seine friedlichen Stelln. Der Krieg befriedigt nämlich alle Bedürfniss, auch die friedlichen darunter, dafür ist gesorgt, sonst möcht er sich nicht halten können. Im Krieg kannst du auch kacken wie im tiefsten Frieden, und zwischen dem einen Gefecht und dem andern gibts ein Bier, und sogar auf dem Vormarsch kannst du ein Nicker machen, aufn Ellbogen, das ist immer möglich, im Straßengraben. Beim Stürmen kannst du nicht Karten spieln, das kannst du beim Ackerpflügen im tiefsten Frieden auch nicht, aber nach dem Sieg gibts Möglichkeiten. Dir mag ein Bein abgeschossen werden, da erhebst du zuerst ein großes Geschrei, als wärs was, aber dann beruhigst du dich oder kriegst Schnaps, und am End hüpfst du wieder herum, und der Krieg ist nicht schlechter dran als vorher. Und was hindert dich, daß du dich vermehrst inmitten all dem Gemetzel, hinter einer Scheun oder woanders, davon bist du nie auf die Dauer abzuhalten, und dann hat der Krieg deine Sprößlinge und kann mit ihnen weiterkommen. Nein, der Krieg findet immer einen Ausweg, was nicht gar. Warum soll er aufhörn müssen?

Kattrin hat aufgehört zu arbeiten und starrt auf den Feldprediger.

MUTTER COURAGE Da kauf ich also die Waren. Ich verlaß mich auf Sie.

(...)

(Text aus: Brecht, Bertolt: Mutter Courage und ihre Kinder. *In:* Gesammelte Werke. *Bd. 2: Stücke 2. Frankfurt/Main: Suhrkamp, 1967, S. 1399–1403. Text muss in alter Rechtschreibung zitiert werden.)*

Lösungsvorschlag:

Gliederung des Aufsatzes

A. Einleitung:
Autor, Werk, Thema des Auszugs

B. Hauptteil:
- I. Inhalt und Gesprächsanalyse
- II. Sprachlich-stilistische und dramaturgische Gestaltung
  1. Sprachlich-stilistische Gestaltung
  2. Dramaturgische Gestaltung
- III. Interpretation
  1. Einstellung der Personen zum Krieg
  2. Brechts Konzeption des epischen Theaters

C. Schluss:
Aktualität

Stichwortartige Ausarbeitung des Aufsatzes

A. Einleitung:
Bert Brecht, der Schöpfer des epischen Theaters, greift in seinen Werken immer wieder zum Instrument der Kritik an gesellschaftlichen Verhältnissen, die er nach marxistischer Manier als einen Ausdruck des am Kapitalismus orientierten Wirtschaftssytems versteht. Im vorliegenden Textauszug aus dem 1939 entstandenen Drama *Mutter Coura-*

ge und ihre Kinder thematisiert er am Beispiel des Dreißigjährigen Krieges die ökonomischen Vorteile, die ein Krieg für bestimmte Wirtschaftszweige mit sich bringt. Bei der Lektüre des Auszuges wird vorausgesetzt, dass der Krieg bereits 15 Jahre dauert.

B. Hauptteil:

I. Inhalt und Gesprächsanalyse

Gesprächseinstieg: Beerdigung Tillys

- Mutter Courage macht mit ihrer Tochter Inventur; gemeinsam mit dem Feldprediger beobachtet sie den Trauerzug; Mutter Courage erzählt, wie Tilly gefallen ist (vgl. Z. 10–15).
- Einige Soldaten gehen nicht zum Begräbnis, stattdessen bestellen sie Alkohol (vgl. Z. 15–19). Courage verurteilt das Verhalten.
- Mutter Courage hält es für sinnvoll, dass der Feldprediger nicht zum Begräbnis geht, da der Regen seiner Uniform schaden könnte (vgl. Z. 20–27).
- Die Annahme weiterer Bestellungen macht sie vom unverzüglichen Bezahlen abhängig; außerdem verwehrt sie Soldaten mit schmutzigen Schuhen den Eintritt ins Zelt (vgl. Z. 28–30).
- Mutter Courage äußert Mitleid mit dem gefallenen Tilly, weil seine Ambitionen keinen Widerhall beim gemeinen Volk finden, das er für die Durchführung seiner Pläne aber braucht (vgl. Z. 36–44).
- Der Feldprediger stimmt ihr zu, schließt allerdings die Soldaten aus, die ihr Bestes geben (vgl. Z. 45–49).

Gesprächszentrum: Gedanken über den Krieg

- Ausgangsfrage: Mutter Courage will aus geschäftlichen Interessen heraus wissen, ob der Krieg wegen des Todes des Feldhauptmanns aufhören wird (vgl. Z. 49–54).
- Der Feldprediger gibt zur Antwort, dass der Krieg niemals aufhören werde, da die Machthaber ein Interesse daran haben, ihn am Leben zu erhalten (vgl. Z. 55–66).
- Der Schreiber wünscht sich ein Ende des Krieges, da er nach Hause zurückkehren möchte (vgl. Z. 78 f.); diesen Wunsch erklärt der Feldprediger für unrealistisch (vgl. Z. 80 f.).
- Auf den Einwand des Schreibers, dass nur der Frieden Dauerhaftigkeit besitze (vgl. Z. 89), entgegnet der Feldprediger, dass der Krieg der Normalzustand des menschlichen Lebens sei, in dem auch Phasen des Friedens vorkämen (vgl. Z. 90–104).

Gesprächsergebnis:

Mutter Courage vertraut der Meinung des Feldpredigers und stockt ihre Vorräte auf (vgl. Z. 106).

II. Sprachlich-stilistische und dramaturgische Gestaltung

1. Sprachlich-stilistische Gestaltung

- Parataxe (z. B. Z. 36 ff.), Wiederholung, z. B. „nix" (Z. 59 f.), vollkommen (vgl. Z. 59 f.), Apokope, z. B. „Schad" (Z. 10), Synkope, z. B. „grad" (Z. 53): Kennzeichen dialektaler Sprache, Hinweis auf die gesellschaftliche Stellung der Figuren
- rhetorische Frage: „Was wird aus dem Loch, wenn der Käs gefressen ist?" (Z. 80 f.) – Metapher für die Abhängigkeit des Friedens vom Krieg
- Polyptoton (z. B. von „sagen" in Z. 56 f.), Parallelismus (vgl. Z. 57 f.) als Mittel zur Verstärkung der Überzeugungskraft
- Personfizierung des Krieges (vgl. Z. 58–63) als spöttische Distanzierung durch die Anspielung auf eine bekannte Redensart: „Und dann kann man den Krieg wieder aus dem Dreck ziehn!" (Z. 63 f.)
- Aposiopese: „Wenn ich ihnen trauen könnt ..." (Z. 72) – hier geht es nicht um Vertrauen im moralischen, sondern im wirtschaftlichen Sinne
- Ausruf (vgl. Z. 28): Verstärkung des Kontrastes zwischen Trauerzug und Wirtshausatmosphäre.

2. Dramaturgische Gestaltung

Die dramaturgische Gestaltung steht im Dienste der Konzeption des epischen Theaters. Die folgenden Mittel werden insbesondere verwendet:

- Vorspann/Regieanweisung: reduzieren die Spannung durch Bekanntgabe des Inhalts der folgenden Szene und verhindern damit eine mögliche Identifikation des Zuschauers mit den Figuren
- Teichoskopie (vgl. Z. 12 ff.): erzählende Wiedergabe von Handlung, die nicht auf der Bühne dargestellt wird und Anlass zu Reflexionen gibt
- Song der Soldaten: Verfremdungs- und Charakterisierungsmittel.

III. Interpretation

1. Einstellung der Personen zum Krieg

- Mutter Courage: Sie steht dem Krieg positiv gegenüber, da er ihre ökonomische Existenz sichert. Sie betrachtet die Welt und ihre Erscheinungen unter dem Blickwinkel der Nützlichkeit, ethische Überlegungen, die diesen Nützlichkeitsaspekt in Frage stellen würden – z. B. eine Verurteilung des Kriegs aus humanitären Gründen – sind ihr vollkommen fremd.
- Feldprediger: Seiner Meinung nach wird der Krieg nicht aufhören, nur weil Tilly gefallen ist. Der Krieg ist ein Zustand, an dessen Weiterführung die Mächtigen interessiert sind. Er mag zuweilen eine Pause einlegen, ohne deswegen aufzuhören.
- Schreiber: Er möchte, dass der Krieg aufhört, weil er in seine Heimat zurückkehren will.

- Soldat: Das Phänomen „Krieg“ problematisiert er nicht; er sieht sich als Werkzeug des Machthabers und ordnet sein eigenes Leben dem Krieg unter, der den Lebensablauf diktiert.

2. Brechts Konzeption des epischen Theaters

Merkmale des epischen Theaters und ihre Realsierungen im Dramenauszug:

- erzählend, macht Zuschauer zum Betrachter, der studierende Zuschauer: Vorspann (vgl. Z. 1–4), der den Inhalt zusammenfasst und dadurch die Spannung nimmt
- Verfremdung wird erzielt durch Songs (vgl. z. B. Z. 68–71), extreme Haltungen der Figuren zum Krieg
- Verfremdung durch Desillusionierung des Zuschauers: Der Feldprediger erfüllt nicht seine Aufgabe, beim Begräbnis des Feldherrn anwesend zu sein. Seine Aussagen sind nicht von christlichem Gedankengut durchdrungen, sondern enthalten eine illusionslose Einschätzung der Lage. Als Geistlicher spendet er somit keinen Trost und entspricht nicht der Erwartungshaltung des Zuschauers. Das Vertrauen der Mutter Courage (vgl. Z. 106) bezieht sich nicht auf einen metaphysischen Trost, sondern auf eine ökonomische Prognose. Während Mutter Courage Inventur macht, unterhält sie sich über den Tod Tillys; die Verfremdung entsteht hier dadurch, dass Redeinhalt und Handlung nicht zueinander passen.
- Verfremdung durch Bühnenbild und Sprache: Dialekt, Fäkaliensprache, unvollständige Syntagmen
- der studierende Zuschauer als Ziel des Theaters weckt Aktivität des Zuschauers: materialistische Haltung der Courage zum Krieg soll den Zuschauer zum Nachdenken darüber bringen, wessen ökonomische Interessen ein Krieg befriedigt (z. B. Rüstungsindustrie).

C. Schluss:

Das 1939, also am Beginn des Zweiten Weltkriegs entstandene Stück hat auch im 21. Jahrhundert nichts von seiner Aktualität verloren. Aspekte können sein: ökonomischer Aspekt (Sicherung von Arbeitsplätzen in der Rüstungsindustrie bzw. durch den Wiederaufbau von ehemaligen Kriegsländern, vgl. z. B. Kosovo) versus ethischen Aspekt (Protest gegen Krieg als Mittel der politischen Auseinandersetzung).

4.7 Bertolt Brecht (1898–1956), *Leben des Galilei* (1938/39)

Aufgabe

Arbeitsaufgabe:

Stellen Sie kurz dar, in welcher Situation sich Galilei und Sagredo befinden. Klären Sie, welche Positionen die Dialogpartner einnehmen, und analysieren Sie, wie sie diese vertreten. Prüfen Sie, inwieweit sich das Bild, das Sie hier von Galilei gewinnen, im weiteren Verlauf des Stückes verändert.

Info

Bert(olt) Brecht,
* 10. 2. 1898 in Augsburg, † 14. 8. 1956 in Berlin/DDR; Dramatiker. Lyriker; Werke z. B. : *Trommeln in der Nacht* (1919), *Dreigroschenoper* (1928), *Die heilige Johanna der Schlachthöfe* (1929–31), *Aufstieg und Fall der Stadt Mahagonny* (1929/30), *Leben des Galilei* (1. Fassung 1938/39), *Mutter Courage und ihre Kinder* (1939), *Der gute Mensch von Sezuan* (1939–41), *Herr Puntila und sein Knecht Matti* (1940), *Die Antigone des Sophokles* (1948), *Der Hofmeister nach Lenz* (1949), *Coriolan nach Shakespeare* (1950/51), *Don Juan nach Molière* (1952–54); epochengeschichtliche Einordnung: Weimarer Republik und Exilliteratur, Moderne.

Lesetext

Bertolt Brecht (1898–1956)
***Leben des Galilei* (1938/39),** *Auszug aus dem 3. Bild*

Sie setzen sich erregt zur Arbeit. Es wird dunkel auf der Bühne, jedoch sieht man weiter am Rundhorizont den Jupiter und seine Begleitsterne. Wenn es wieder hell wird, sitzen sie immer noch, mit Wintermänteln an.

GALILEI Es ist bewiesen. Der vierte kann nur hinter den Jupiter gegangen sein, wo man ihn nicht sieht. Da hast du ein Gestirn, um das ein anderes sich dreht.

SAGREDO Aber die Kristallschale, an die der Jupiter angeheftet ist?

GALILEI Ja, wo ist sie jetzt? Wie kann der Jupiter angeheftet sein, wenn andere Sterne um ihn kreisen? Da ist keine Stütze im Himmel, da ist kein Halt im Weltall! Da ist eine andere Sonne!

SAGREDO Beruhige dich! Du denkst zu schnell.

GALILEI Was, schnell! Mensch, reg dich auf! Was du siehst, hat noch keiner gesehen. Sie hatten recht!

SAGREDO Wer? Die Kopernikaner?

GALILEI Und der andere! Die ganze Welt war gegen sie, und sie hatten recht. Das ist was für Andrea! *Er läuft außer sich zur Tür und ruft hinaus:* Frau Sarti! Frau Sarti!

SAGREDO Galilei, du sollst dich beruhigen!

GALILEI Sagredo, du sollst dich aufregen! Frau Sarti!

SAGREDO *dreht das Fernrohr weg:* Willst du aufhören, wie ein Narr herumzubrüllen?

GALILEI Willst du aufhören, wie ein Stockfisch dazustehen, wenn die Wahrheit entdeckt ist?

SAGREDO Ich stehe nicht wie ein Stockfisch, sondern ich zittere, es könnte die Wahrheit sein.

GALILEI Was?

SAGREDO Hast du allen Verstand verloren? Weißt du wirklich nicht mehr, in was für eine Sache du kommst, wenn das wahr ist, was du da siehst? Und du es auf allen Märkten herumschreist: daß die Erde ein Stern ist und nicht der Mittelpunkt des Universums.

GALILEI Ja, und daß nicht das ganze riesige Weltall mit allen Gestirnen sich um unsere winzige Erde dreht, wie jeder sich denken konnte!

SAGREDO Daß da also nur Gestirne sind! Und wo ist dann Gott?

GALILEI Was meinst du damit?

SAGDREDO Gott! Wo ist Gott?

GALILEI *zornig:* Dort nicht! So wenig wie er hier auf der Erde zu finden ist, wenn dort Wesen sind und ihn hier suchen sollten!

SAGREDO Und wo ist also Gott?

GALILEI Bin ich Theologe? Ich bin Mathematiker

SAGREDO Vor allem bist du ein Mensch. Und ich frage dich, wo ist Gott in deinem Weltsystem?

GALILEI In uns oder nirgends!

SAGREDO *schreiend:* Wie der Verbrannte gesagt hat?

GALILEI Wie der Verbrannte gesagt hat!

SAGREDO Darum ist er verbrannt worden! Vor noch nicht zehn Jahren!

GALILEI Weil er nichts beweisen konnte! Weil er es nur behauptet hat! Frau Sarti!

SAGREDO Galilei, ich habe dich immer als einen schlauen Mann gekannt. Siebzehn Jahre in Padua und drei Jahre in Pisa hast du Hunderte von Schülern geduldig das Ptolemäische System gelehrt, das die Kirche verkündet und die Schrift bestätigt, auf der die Kirche beruht. Du hast es für falsch gehalten mit dem Kopernikus, aber du hast es gelehrt.

GALILEI Weil ich nichts beweisen konnte.

SAGREDO *ungläubig:* Und du glaubst, das macht einen Unterschied?

GALILEI Allen Unterschied! Sieh her, Sagredo! Ich glaube an den Menschen, und das heißt, ich glaube an seine Vernunft! Ohne diesen Glauben würde ich nicht die Kraft haben, am Morgen aus meinem Bett aufzustehen.

SAGREDO Dann will ich dir etwas sagen: ich glaube nicht an sie. Vierzig Jahre unter den Menschen haben mich ständig gelehrt, daß sie der Vernunft nicht zugänglich sind. Zeige ihnen einen roten Kometenschweif, jage ihnen eine dumpfe Angst ein, und sie werden aus ihren Häusern laufen und sich die Beine brechen. Aber sage ihnen einen vernünftigen Satz und beweise ihn mit sieben Gründen, und sie werden dich einfach auslachen.

GALILEI Das ist ganz falsch und eine Verleumdung. Ich begreife nicht, wie du, so etwas glaubend, die Wissenschaft lieben kannst. Nur die Toten lassen sich nicht mehr von Gründen bewegen!

SAGREDO Wie kannst du ihre erbärmliche Schlauheit mit Vernunft verwechseln!

GALILEI Ich rede nicht von ihrer Schlauheit. Ich weiß, sie nennen den Esel ein Pferd, wenn sie ihn verkaufen, und das Pferd einen Esel, wenn sie es einkaufen wollen. Das ist ihre Schlauheit. Die Alte, die am Abend vor der Reise dem Maulesel mit der harten Hand ein Extrabüschel Heu vorlegt, der Schiffer, der beim Einkaufen der Vorräte des Sturmes und der Windstille gedenkt, das Kind, das die Mütze aufstülpt, wenn ihm bewiesen wurde, daß es regnen kann, sie alle sind meine Hoffnung, sie alle lassen Gründe gelten. Ja, ich glaube an die sanfte Gewalt der Vernunft über die Menschen. Sie können ihr auf die Dauer nicht widerstehen. Kein Mensch kann lange zusehen, wie ich *er läßt aus der Hand einen Stein auf den Boden fallen* einen Stein fallen lasse und dazu sage: er fällt nicht. Dazu ist kein Mensch imstande. Die Verführung, die von einem Beweis ausgeht, ist zu groß. Ihr erliegen die meisten, auf die Dauer alle. Das Denken gehört zu den größten Vergnügungen der menschlichen Rasse.

(Text aus: Brecht, Bertolt: Leben des Galilei. *Berlin: Suhrkamp, 1980, S. 32–35.*
Text muss in alter Rechtschreibung zitiert werden.)

Lösung

Lösungsvorschlag:

Gliederung des Aufsatzes

A. Einleitung:
Autor, Werk, Thema des Auszuges

B. Hauptteil:

I. Inhalt und Kontext

II. Gesprächsanalyse
   1. Positionen der Gesprächspartner
   2. Sprachliche und dramaturgische Mittel

III. Charakterisierung Galileis

C. Schluss:
Biografische Bezüge

Stichwortartige Ausarbeitung des Aufsatzes

A. Einleitung:

Das Drama *Leben des Galilei*, geschrieben 1938/39 von Bertolt Brecht, handelt von der Frage nach der Verantwortung des Wissenschaftlers für seine Erkenntnisse und seinem Verhältnis zur Macht. Galileo Galilei (1564–1642) wird von der römischen Inquisition gezwungen, seine naturwissenschaftlichen Erkenntnisse zu widerrufen, da die Vorstellung, dass die Erde nicht der Mittelpunkt des Universums sei (heliozentrisches Weltbild) der biblischen Lehre (ptolemäisches Weltbild) widerspreche. Nach dem Widerruf wenden sich seine Schüler von ihm ab. Galileo Galilei forscht im Geheimen jedoch weiter – unbemerkt von der römischen Inquisition –, mit Hilfe seines Schülers Andrea gelingt es ihm schließlich, seine Erkenntnisse im Ausland in Sicherheit zu bringen.

In der vorliegenden Textstelle aus dem 3. Bild geht es um ein Gespräch zwischen Galilei und Sagredo, in dem beide über die gerade gewonnenen umwälzenden astronomischen Entdeckungen diskutieren.

B. Hauptteil:

I. Inhalt und Kontext

Im ersten und zweiten Bild wird dargestellt, dass Galilei als Lehrer für Mathematik in Padua und Venedig in beengten wirtschaftlichen Verhältnissen lebt, die ihn dazu zwingen, Schulden zu machen. Er bedauert es, Privatschüler annehmen zu müssen, da sie die für Forschungszwecke zur Verfügung stehende Zeit weiter reduzieren. Ludovico, der sich bei Galilei als Schüler vorstellt, bekennt, kein Interesse an der Wissenschaft zu haben und sich ihr nur der Mutter zuliebe zuzuwenden. Mit großer Aufmerksamkeit verfolgt Galileo den Bericht Ludovicos über das gerade in Holland erfundene Fernrohr. Die aufgrund der Beschreibung Ludovicos entworfene Skizze gibt er später dem Kurator, der den Antrag auf Verdoppelung des Gehalts bislang abgelehnt hat. Die Ratsherren Venedigs zeigen sich hoch erfreut über die vermeintliche Erfindung und gewähren Galilei eine Prämie. Galilei selbst, der mit dem Fernrohr seinen dringendsten Schulden bezahlen kann, will das neue Gerät auch für astronomische Forschungen einsetzen. Er will beweisen, dass das Universum nicht aus festen Schalen besteht und dass die Erde nicht Mittelpunkt des Universums ist.

Im 3. Bild, das im Jahre 1610 spielt, trifft sich Galilei nachts mit seinem Freund Sagredo. Sie betrachten den Mond durch das Fernrohr und stellen fest, dass die Mondoberfläche Ähnlichkeiten mit der der Erde aufweist. Das Licht, das vom Mond reflektiert wird, sei das Licht der Sonne; Sagredo mahnt Galilei, dass diese Behauptung lebensgefährlich sein könnte, als der Kurator kommt und mitteilt, dass er Galileis Betrug mit dem Fernrohr durchschaut habe. Nach dem Weggang des Kurators rechtfertigt sich Galilei vor Sagredo für den Be-

trug, indem er auf seine finanziellen Verpflichtungen hinweist. Außerdem habe er das Fernrohr entscheidend verbessert. Sie beschließen, sich den Jupitermonden zuzuwenden und die Bewegungen zu berechnen, die die Monde während des Beobachtungszeitraumes gemacht haben.
Die vorliegende Stelle blendet sich gerade dann ein, als Galilei mit seinen Berechnungen zu einem Ende gekommen ist. Er kann nun beweisen, dass sich die Jupitermonde um den Jupiter drehen, und er widerlegt damit das alte Schalenmodell des Universums. Sagredo warnt davor, dass diese neue Erkenntnis den Einsturz der bisherigen von der Kirche vertretenen Weltanschauung, des Ptolemäischen Systems, zur Folge haben könnte. Beide unterhalten sich über die Bedeutung der Vernunft, und Galilei ist im Gegensatz zu Sagredo fest davon überzeugt, dass sich alle Menschen von vernunftsgemäßen Argumenten überzeugen lassen. Damit endet der vorliegende Ausschnitt.
Im weiteren Verlauf des 3. Bildes teilt Galilei den Anwesenden, mittlerweile ist auch seine Tochter Virginia dazu gekommen, mit, dass er sich um eine Stelle als Hofmathematiker in Florenz beworben habe. Als Grund dafür gibt er an, dass er sowohl mehr Geld als auch mehr Zeit für die Forschung brauche. Sagredo warnt ihn davor, nach Florenz zu gehen, da dort die Kirche sehr mächtig sei. Am Ende des Bildes liest Galilei einen in devotem Ton gehaltenen Brief an den Großherzog von Florenz vor.
Die vorliegende Szene enthält im Zusammenhang mit der Gestalt Galileis Motive, die für das gesamte Drama von Bedeutung sind: Es werden seine Forschungsbegeisterung und sein Vernunftglaube genauso thematisiert wie sein Glaube an wissenschaftliche Beweise, die jeden Menschen überzeugen würden. Seine Vorliebe für gutes Essen und Trinken, seine materielle Notlage finden sich nicht in der zu untersuchenden Stelle; sie sind Gegenstand ihres Kontextes.

II. Gesprächsanalyse

1. Positionen der Gesprächspartner

- **Galilei:**
  Mit Hilfe von Beobachtungen und Berechnungen gelangt er zu wissenschaftlichen Hypothesen, die im Gegensatz zu überlieferten Gesetzmäßigkeiten stehen. Wissenschaftliche Beweise überzeugen alle Menschen von der Richtigkeit einer Theorie und müssen deshalb publik gemacht werden. Die Vernunft steuere die Erkenntnis des Menschen und führe ihn auf den richtigen Weg: „Das Denken gehört zu den größten Vergnügungen der menschlichen Rasse" (Z. 73 f.). Um eine Theorie möglichst anschaulich werden zu lassen, bedient er sich einfacher Beispiele (vgl. Z. 70 f.). Gott sei nach seiner Meinung nicht wissenschaftlich nachzuweisen; seine astronomischen Berechnungen würden belegen, dass er nicht im Universum sei. Daher geht Galilei davon aus, dass Gott entweder im

Menschen selbst oder nirgends sei (vgl. Z. 37). Der Lebensgefahr, die sich aus dieser atheistischen Anschauung ergibt, meint Galilei mit Hilfe von Beweisen entgegentreten zu können (vgl. Z. 69 ff.).

- **Sagredo:**
  Sagredo unterstützt Galileis wissenschaftliches Arbeiten. Die Begeisterung über die neuen Erkenntnisse kann er nicht teilen, da er ihre Gefährlichkeit entdeckt. Die neuen Erkenntisse würden das bisherige Weltbild bedrohen und damit letztlich das Leben des Wissenschaftlers, weil sich die Machthaber mit Hilfe der Inquisistion wehren werden. Zentraler Bestandteil seiner Kritik ist, dass Galilei die Ungültigkeit der kirchlichen Weltanschauung nachweisen wolle und damit Gott von seinem gewohnten Platz in seiner Schöpfung vertreibe. Damit zeigt Sagredo, dass er an der tradtionellen Verbindung von Wissenschaft und kirchlicher Lehre festhält. Der Ansicht Galileis, dass sich Menschen von Beweisen überzeugen lassen, setzt er ein nüchtern-realistisches Menschenbild entgegen: Die Menschen seien nicht fähig, ihren Verstand zu gebrauchen und folgten stattdessen ihrem Aberglauben oder ihren Emotionen, auch wenn sie sie in Angst versetzten.

2. **Sprachliche und dramaturgische Mittel**
   Die Begeisterung Galileis wird durch emphatische Ausdrücke und kurze imperativische Sätze untermalt. So fordert er Sagredo voller Enthusiamus auf, die neue Erkenntnis mit Freude zu beantworten: „Was, schnell! Mensch, reg dich auf!" (Z. 8). Mit rhetorische Fragen (vgl. z. B. Z. 4 f.) und Wiederholungen (vgl. Z. 8 und Z. 19) versucht er Sagredos Begeisterung zu wecken. Auch die Regieanweisung: „Er läuft außer sich zur Tür (...)" (Z. 12) und der drastische Vergleich des seiner Meinung nach zu ruhigen Sagredos mit einem „Stockfisch" (Z. 17) sind sprachliche Mittel, die der umwälzenden Entdeckung in Galileis Person Gestalt verleihen.
   Sagredos Argumentationsverhalten ist zunächst durch zahlreiche Nachfragen bestimmt. Er möchte Gewissheit darüber haben, ob er die Ergebnisse Galileis richtig verstanden hat. Dann versucht er, Galilei zu beschwichtigen (vgl. Z. 13). Seine Bedenken werden mit der Gedankenfigur der Antithese untermalt: „SAGREDO Beruhige dich! Du denkst zu schnell. / GALILEI Was, schnell! Mensch, reg dich auf!" (Z. 7 f.). Ein anderes Beispiel dafür findet sich in den unterschiedlichen Vergleichen „wie ein Narr" (Z. 15) und „wie ein Stockfisch" (Z. 17). Mit rhetorischen Fragen beschwört Sagredo Galilei sich zu besinnen: „Hast du allen Verstand verloren? Weißt du wirklich nicht mehr, in was für eine Sache du kommst, wenn das wahr ist, was du da siehst?" (Z. 21 f.). Die Konsequenz, dass die wissenschaftlichen Erkenntnisse die bisherige kirchliche Weltanschauung in Frage stellen, versucht Sagredo durch Wiederholungen zu pointieren: Viermal fragt er Gali-

lei: „Wo ist Gott" (vgl. Z. 28, 30, 33, 35). Auf die erste Frage reagiert Galilei mit einer Gegenfrage (vgl. Z. 29), die zweite Antwort deutet mit der Regieanweisung „zornig" (Z. 31) auf seinen Ärger hin, wenn er eingestehen muss, dass er Gott mit seinem Fernrohr nicht gesehen hat. In seiner dritten Reaktion auf die Frage bezweifelt er die eigene theologische Kompetenz mit dem Hinweis darauf, dass er Mathematiker ist. Schließlich antwortet er in einem kurzen, unvollständigen Satz: „In uns oder nirgends!" (Z. 37), und stellt damit die kirchliche Lehre in ihren Grundfesten in Frage. In der Struktur des Antwortverhaltens von der Nachfrage bis hin zum Bekenntnis seiner Ansicht lässt sich eine Klimax erkennen.

Die Reaktion Sagredos ist mit der Regieanweisung „schreiend" (Z. 38) versehen, das ist ein Hinweis auf die lebensdrohliche Brisanz der Äußerungen Galileis. Die strafrechtliche Konsequenz wird in dem Halbsatz: „Wie der Verbrannte gesagt hat" (Z. 39) zunächst als Frage, dann als bestätigende Aussage wiederholt.

Galilei hebt seinen Glauben an die Überzeugungskraft von Beweisen durch kurze, unvollständige Kausalsätze, die darüber hinaus als Ausrufe gekennzeichnet sind, hervor (vgl. Z. 41).

Der Dialog ist durch den schnellen Wechsel von Thesen und Argumenten gekennzeichnet: Galilei glaubt an die Wirkkraft der menschlichen Vernunft, weil ihm dieser Glaube die Kraft gibt, den Alltag zu bewältigen (vgl. Z. 49–51). Sagredo stellt antithetisch dagegen, dass Menschen vernünftigen Argumenten nicht zugänglich seien. Als Beweis führt er eigene Erfahrungen an (vgl. Z. 52–57).

Der Streit um die korrekte Definition von „Vernunft" (vgl. Z. 61 ff.) gibt dem Dialog philosophische Tiefe. Kontraste bestimmen den abschließenden Monolog Galileis: Er formuliert nicht nur Gegenbeispiele zu Sagredos Ausführungen, auch seine Sprache ist von Gegensätzen bestimmt. Mit dem Ausdruck „sanfte Gewalt" (Z. 68) benutzt er ein Oxymoron; der Kontrast zwischen dem Fallenlassen des Steins im Zusammenhang mit der Aussage: „er fällt nicht" (Z. 71) unterstreicht nachdrücklich Galileis Optimismus.

III. Charakterisierung Galileis

Die vorliegende Textstelle offenbart wesentliche Charaktermerkmale Galileis: Galilei ist begeistert, weil er die antike Vorstellung, dass die Sterne am Himmel an Kristallschalen angeheftet seien, durch seine Beobachtung der Jupiter-Monde widerlegt. Mit der Begeisterung über diese Entdeckung will er auch seine Umgebung anstecken. Dabei missachtet er die Gefahr, die von der Inquisition ausgeht. In idealistischer Weise vertraut er darauf, dass naturwissenschaftliche Beweise von allen Menschen kraft ihrer Vernunft, der „sanfte(n) Gewalt" (Z. 68), nachvollzogen werden können. Für ihn wird der Mensch durch seine ihm eigene Denkfähigkeit ausgezeichnet: „Das Denken gehört zu den größten Vergnügungen der menschlichen Rasse" (Z. 73 f.).

Auch in anderen Textstellen erfahren wir positive Charaktermerkmale: Im Gespräch mit dem kleinen Mönch wird deutlich, dass Galilei ein begabter kreativer und belesener Wissenschaftler ist, der an die Überzeugungskraft der Vernunft, die die Wahrheit entdecke, an die soziale Verantwortung des Wissenschaftlers glaubt (vgl. S. 76 f.). Er stellt selbst solche Dinge in Frage, die bereits entdeckt worden sind, und will sie einer nochmaligen Prüfung unterziehen (vgl. S. 93).
Wenn es um wissenschaftliche Erkenntnisse geht, dann scheut er kein Risiko und bleibt trotz der Pestgefahr in Florenz (vgl. 5. Bild); insbesondere in diesem Bild wird der Mut Galileis hervorgehoben.
Galilei hat auch pragmatische Charakterzüge: Er setzt das Mittel der Unterwürfigkeit ein, wenn es aus materiellen Gründen notwendig erscheint (vgl. Brief an den Großherzog von Florenz, S. 38), und er überlebt die Bedrohung durch die Inquisition. Sein Widerruf erlaubt es ihm, weiterzuforschen und seine Erkenntnisse zum Wohl der Menschen festzuhalten.
Galilei ist zur Selbstkritik fähig. Er klagt sich im 14. Bild gegenüber Andrea selbst an: „Ich lehrte dich Wissenschaft, und ich verneinte die Wahrheit. (...) Ich habe meinen Beruf verraten. Ein Mensch, der das tut, was ich getan habe, kann in den Reihen der Wissenschaftler nicht geduldet werden" (S. 122 und S. 126).
Brecht selbst hat opportunistisches Verhalten bereits in einer frühen Parabel als Mittel gegen Gewalt erwogen: In der Keuner-Geschichte *Maßnahmen gegen die Gewalt* wird die Aussage formuliert, dass heldenhafter offener Widerstand kein geeignetes Mittel sei. Herr Keuner meint: „ Ich habe kein Rückgrat zum Zerschlagen. Gerade ich muss länger leben als die Gewalt. " Der Verzicht auf den offenen Widerstand und ein realistisches Einschätzen der eigenen Überlebenschancen führen langfristig zum Erfolg. Dafür steht Galilei als Beispiel.
Insgesamt wird die Figur Galileis mit dem Fortgang des Stücks immer negativer gezeichnet. Er liebt das Leben in materiellem Wohlstand so sehr, dass er bereit ist, einen hohen Preis dafür zu zahlen: Er verkauft nicht nur das in Holland entwickelte Fernrohr als eigene Erfindung, sondern er geht auch nach Florenz, da er dort eine höhere Bezahlung zu erwarten hat: „Ich will die Fleischtöpfe" (S. 37), so rechtfertigt er gegenüber Sagredo die Bewerbung am Florentiner Hof, der als wissenschaftsfeindlich gilt. Sagredo hält ihm vor: „Wie kannst du aus der Republik gehen wollen, die Wahrheit in der Tasche, in die Fallen der Fürste und Mönche mit deinem Rohr in der Hand?" (S. 38). Die Unterwürfigkeit, mit er den Brief an den Großherzog schreibt, steht in einem Widerspruch zu seiner Überzeugung, dass die Vernunft allen Menschen zugänglich sei. Auf der anderen Seite verachtet Galilei Menschen, „(...) deren Gehirn nicht fähig ist, ihren Magen zu füllen" (S. 38). Der Widerruf wandelt seine Figur schließlich vollends vom Hoffnungsträger zum Verräter. Die Angst vor der Folter und dem eigenen Tod veranlassen ihn dazu, der erkannnten Wahrheit abzuschwören. Dadurch verrät er seine eigenen Grundsätze, dass die Aufgabe der Wissenschaft darin bestehe, „(...) die Mühseligkeit der mensch-

lichen Existenz zu erleichtern" (S. 125). Die vorhin noch als positiv erkannte Selbstkritik im 14. Bild wird zur bitteren Anklage und zum Eingeständnis der Niederlage: „Ich habe meinen Beruf verraten" (S. 126).

Betrachtet man darüber hinaus die Wandlung der Galilei-Interpretation in den drei verschiedenen Fassungen des Dramas, so lässt sich eine Tendenz zur zunehmend negativen Bewertung der Figur erkennen: Insbesondere der Atombombenabwurf auf Hiroshima und Nagasaki im Jahre 1945 bewegte Brecht dazu, die Figur des Galilei von einem Förderer der Wissenschaft zu einem sozialen Verbrecher umzudeuten. Die Änderungen der zweiten Fassung bestehen hauptsächlich in der Streichung der Pest-Szene und der Schlussszene, in der die *Discorsi* über die Grenze geschmuggelt werden. In der 1953/55 in Berlin entstandenen dritten Fassung werden alle wesentlichen Änderungen der amerikanischen in die deutsche Fassung übernommen. Brecht fügt die Pest-Szene und die Schlussszene der ersten Fassung wieder ein; daneben werden auch die kurze Befragung der Frau Sarti in der III. Szene und der Dialog mit den aristotelischen Gelehrten erneut aufgenommen. Durch Ergänzungen in Galileis Schreiben an den Erzbischof (fehlt in der ersten Fassung) wird die Unterwürfigkeit des Forschers betont. In der dritten Fassung zeigt sich die dialektische Anlage im Charakter Galileis am deutlichsten: einerseits als sozialer Verräter, andererseits als Förderer der Wissenschaft
Brecht selbst hat seinem negativen Gesamurteil im Jahre 1955 Ausdruck verliehen: „In der kalifornischen Fassung (...) bricht Galilei die Lobeshymnen seines Schülers ab und beweist ihm, dass der Widerruf ein Verbrechen war und durch das Werk, so wichtig es sein moche, nicht aufgewogen wird. Wenn es jemanden interessieren sollte: Dies ist auch das Urteil des Stückschreibers. "

C. Schluss:
Das epische Theater will seine Zuschauer zum Nachdenken anregen, es bietet keine vorgefertigten Lösungen wie das von Brecht kritisierte traditionelle Illusions-Theater. Der V-Effekt macht scheinbar Alltägliches in besonderer Weise auffällig und soll zu einer kritischen Auseinandersetzung mit der Lehre des Stücks anregen. Auch die widerspruchsvolle Figur des Galilei ist ein Mittel des V-Effektes; die Deutung der Figur in der Inszenierung hat Einfluss auf die Gesamtinterpretation des Dramas. Brecht selbst bemerkt in den *Anmerkungen zu Leben des Galilei* (1939): „Es wird sich so für die Theater die Frage erheben, ob sie *Leben des Galilei* als eine Tragödie oder als ein optimistisches Stück aufführen sollen. " Auch 1947 warnt er noch vor einer einseitigen Beurteilung des Forschers, indem er meint, man könne „(...) kaum darauf erpicht sein, Galilei entweder nur zu loben oder nur zu verdammen. " Die Erfahrung der beiden Atombombenabwürfe steht hinter der schließlichen Verurteilung Galileis, der nach Brecht aus Angst um sein eigenes Leben sozial versagt hat: „Galileis Verbrechen kann als ‚Erbsünde' der modernen Naturwissenschaften betrachtet werden. (...) Die Atombombe ist sowohl als technisches als auch soziales

Phänomen das klassische Endprodukt seiner wissenschaftlichen Leistung und seines sozialen Versagens. "

Hinweis: Alle Zitate Brechts sind dem Band entommen: Hecht, W. (Hrsg.): *Materialien zu Brechts „Leben des Galilei".* Frankfurt/Main: Suhrkamp, 1982)

4.8 Friedrich Dürrenmatt (1921–1990), *Der Besuch der alten Dame* (1955)

Aufgabe

Arbeitsaufgabe:
Analysieren Sie die Dialogführung, die sprachlich-stilistische und die dramaturgische Gestaltung des folgenden Szenenausschnitts. Interpretieren Sie vor dem Hintergrund des Mordes an Ill am Ende der Komödie Charakter und Rollenverhalten der Figuren in diesem Textabschnitt und untersuchen Sie, inwieweit die Szene Merkmale des modernen Dramas aufweist.

Info

Friedrich Dürrenmatt,
* 15. 1. 1921 Konolfingen/Schweiz, † 14. 12. 1990 Neuchâtel/Schweiz; Dramatiker, Erzähler, Essayist, Maler; Werke z. B. : *Der Richter und sein Henker* (1952), *Der Verdacht* (1953), *Herkules und der Stall des Augias* (1954), *Die Panne* (1956), *Die Ehe des Herrn Mississippi* (1952), *Ein Engel kommt nach Babylon* (1954), *Der Besuch der alten Dame. Eine tragische Komödie* (1955), *Die Physiker* (1962), *Der Meteor* (1966), *Justiz* (1985); epochengeschichtliche Einordnung: Moderne.

Lesetext

Friedrich Dürrenmatt (1921–1990)
Der Besuch der alten Dame (1955)

(Schluss des ersten Aktes)

CLAIRE ZACHANASSIAN Bürgermeister, Güllener. Eure selbstlose Freude über meinen Besuch rührt mich. Ich war zwar ein etwas anderes Kind, als ich nun in der Rede des Bürgermeisters verkomme, in der Schule wurde ich geprügelt, und die Kartoffeln für die Witwe Boll habe ich gestohlen, gemeinsam mit Ill, nicht um die alte Kupplerin vor dem Hungertode zu bewahren, sondern um mit Ill einmal in einem Bett zu liegen, wo es bequemer war als im Konradsweilerwald oder in der Peterschen Scheune. Um jedoch meinen Beitrag an eure Freude zu leisten, will ich gleich erklären, daß ich bereit bin, Güllen eine Milliarde zu schenken. Fünfhundert Millionen der Stadt und fünfhundert Millionen verteilt auf alle Familien.

Totenstille

DER BÜRGERMEISTER *stotternd* Eine Milliarde.

Alle immer noch in Erstarrung.

CLAIRE ZACHANASSIAN Unter einer Bedingung.

Alle brechen in einen unbeschreiblichen Jubel aus. Tanzen herum, stehen auf die Stühle, der Turner turnt usw. Ill trommelt sich begeistert auf die Brust.

ILL Die Klara! Goldig! Wunderbar! Zum Kugeln! Voll und ganz mein Zauberhexchen! *Er küßt sie.*

DER BÜRGERMEISTER Unter einer Bedingung, haben gnädige Frau gesagt. Darf ich diese Bedingung wissen?

CLAIRE ZACHANASSIAN Ich will die Bedingung nennen. Ich gebe euch eine Milliarde und kaufe mir dafür die Gerechtigkeit.

Totenstille.

DER BÜRGERMEISTER Wie ist dies zu verstehen, gnädige Frau?

CLAIRE ZACHANASSIAN Wie ich es sagte.

DER BÜRGERMEISTER Die Gerechtigkeit kann man doch nicht kaufen!

CLAIRE ZACHANASSIAN Man kann alles kaufen.

DER BÜRGERMEISTER Ich verstehe immer noch nicht.

CLAIRE ZACHANASSIAN Tritt vor, Boby.

Der Butler tritt von rechts in die Mitte zwischen die drei Tische, zieht die dunkle Brille ab.

DER BUTLER Ich weiß nicht, ob mich noch jemand von euch erkennt.

DER LEHRER Der Oberrichter Hofer.

DER BUTLER Richtig. Der Oberrichter Hofer. Ich war vor fünfundvierzig Jahren Oberrichter in Güllen und kam dann ins Kaffinger Appellationsgericht, bis mir vor nun fünfundzwanzig Jahren Frau Zachanassian das Angebot machte, als Butler in ihre Dienste zu treten. Ich habe angenommen. Eine für einen Akademiker vielleicht etwas seltsame Karriere, doch die angebotene Besoldung war derart phantastisch –

CLAIRE ZACHANASSIAN Komm zum Fall, Boby.

DER BUTLER Wie ihr vernommen habt, bietet Frau Claire Zachanassian eine Milliarde und will dafür Gerechtigkeit. Mit anderen Worten: Frau Claire Zachanassian bietet eine Milliarde, wenn ihr das Unrecht wiedergutmacht, das Frau Zachanassian in Güllen angetan wurde. Herr Ill, darf ich bitten.

Ill steht auf bleich, gleichzeitig erschrocken und verwundert.

ILL Was wollen Sie von mir?

DER BUTLER Treten Sie vor, Herr Ill.

ILL Bitte. *Er tritt vor den Tisch rechts. Lacht verlegen. Zuckt die Achseln.*

DER BUTLER Es war im Jahre 1910. Ich war Oberrichter in Güllen und hatte eine Vaterschaftsklage zu behandeln. Claire Zachanassian, damals Klara Wäscher, klagte Sie, Herr Ill, an, der Vater ihres Kindes zu sein.

Ill schweigt.

DER BUTLER Sie bestritten damals die Vaterschaft, Herr Ill. Sie hatten zwei Zeugen mitgebracht.

ILL Alte Geschichten. Ich war jung und unbesonnen.

CLAIRE ZACHANASSIAN Führt Koby und Loby vor, Toby und Roby.

Die beiden kaugummikauenden Monstren führen die beiden blinden Eunuchen, die sich fröhlich an der Hand halten, in die Mitte der Bühne.

DIE BEIDEN Wir sind zur Stelle, wir sind zur Stelle!

DER BUTLER Erkennen Sie die beiden, Herr Ill.

Ill schweigt.

DIE BEIDEN Wir sind Koby und Loby, wir sind Koby und Loby.

ILL Ich kenne sie nicht.

DIE BEIDEN Wir haben uns verändert, wir haben uns verändert.

DER BUTLER Nennt eure Namen.

DER ERSTE Jakob Hühnlein, Jakob Hühnlein.

DER ZWEITE Ludwig Sparr, Ludwig Sparr.

DER BUTLER Nun, Herr Ill.

ILL Ich weiß nichts von ihnen.

DER BUTLER Jakob Hühnlein und Ludwig Sparr, kennt ihr Herrn Ill?

DIE BEIDEN Wir sind blind, wir sind blind.

DER BUTLER Kennt ihr ihn an seiner Stimme?

DIE BEIDEN An seiner Stimme, an seiner Stimme.

DER BUTLER 1910 war ich der Richter und ihr die Zeugen. Was habt ihr geschworen, Ludwig Sparr und Jakob Hühnlein, vor dem Gericht zu Güllen?

DIE BEIDEN Wir hätten mit Klara geschlafen, wir hätten mit Klara geschlafen.

DER BUTLER So habt ihr vor mir geschworen. Vor dem Gericht, vor Gott. War dies die Wahrheit?

DIE BEIDEN Wir haben falsch geschworen, wir haben falsch geschworen.

DER BUTLER Warum, Ludwig Sparr und Jakob Hühnlein?

DIE BEIDEN Ill hat uns bestochen, Ill hat uns bestochen.

DER BUTLER Womit?

DIE BEIDEN Mit einem Liter Schnaps, mit einem Liter Schnaps.

CLAIRE ZACHANASSIAN Erzählt nun, was ich mit euch getan habe, Koby und Loby.

DER BUTLER Erzählt es.

DIE BEIDEN Die Dame ließ uns suchen, die Dame ließ uns suchen.

DER BUTLER So ist es. Claire Zachanassian ließ euch suchen. In der ganzen Welt. Jakob Hühnlein war nach Kanada ausgewandert und Ludwig Sparr nach Australien. Aber sie fand euch. Was hat sie dann mit euch getan?

DIE BEIDEN Sie gab uns Toby und Roby. Sie gab uns Toby und Roby.

DER BUTLER Und was haben Toby und Roby mit euch gemacht?

DIE BEIDEN Kastriert und geblendet, kastriert und geblendet.

DER BUTLER Dies ist die Geschichte: Ein Richter, ein Angeklagter, zwei falsche Zeugen, ein Fehlurteil im Jahre 1910. Ist es nicht so, Klägerin?

Claire Zachanassian steht auf.

ILL *stampft auf den Boden* Verjährt, alles verjährt! Eine alte, verrückte Geschichte.

DER BUTLER Was geschah mit dem Kind, Klägerin?

CLAIRE ZACHANASSIAN *leise* Es lebte ein Jahr.

DER BUTLER Was geschah mit Ihnen?

CLAIRE ZACHANASSIAN Ich wurde eine Dirne.

DER BUTLER Weshalb?

CLAIRE ZACHANASSIAN Das Urteil des Gerichts machte mich dazu.

DER BUTLER Und nun wollen Sie Gerechtigkeit, Claire Zachanassian?

CLAIRE ZACHANASSIAN Ich kann sie mir leisten. Eine Milliarde für Güllen, wenn jemand Alfred Ill tötet.

Totenstille.

FRAU ILL *stürzt auf Ill zu, umklammert ihn* Fredi!

ILL Zauberhexchen! Das kannst du doch nicht fordern! Das Leben ging doch längst weiter!

CLAIRE ZACHANASSIAN Das Leben ging weiter, aber ich habe nichts vergessen, Ill. Weder den Konradsweilerwald noch die Petersche Scheune, weder die Schlafkammer der Witwe Boll noch deinen Verrat. Nun sind wir alt geworden, beide, du verkommen und ich von den Messern der Chirurgen zerfleischt, und jetzt will ich, daß wir abrechnen, beide: du hast dein Leben gewählt und mich in das meine gezwungen. Du wolltest, daß die Zeit aufgehoben würde, eben, im Wald unserer Jugend, voll von Vergänglichkeit. Nun habe ich sie aufgehoben, und nun will ich Gerechtigkeit, Gerechtigkeit für eine Milliarde.

Der Bürgermeister steht auf bleich, würdig.

DER BÜRGERMEISTER Frau Zachanassian: Noch sind wir in Europa, noch sind wir keine Heiden. Ich lehne im Namen der Stadt Güllen das Angebot ab. Im Namen der Menschlichkeit. Lieber bleiben wir arm denn blutbefleckt.

Riesiger Beifall.

CLAIRE ZACHANASSIAN Ich warte.

(Text aus: Dürrenmatt, Friedrich: Der Besuch der alten Dame. *Tragische Komödie. Zürich: Diogenes, 1980, S. 44–50. Text muss in der alten Rechtschreibung zitiert werden.)*

Lösung

Lösungsvorschlag:

Gliederung des Aufsatzes

A. Einleitung:
Autor, Werk, Thema des Auszugs

B. Hauptteil:

I. Inhalt und Gesprächsanalyse

II. Sprachlich-stilistische und dramaturgische Gestaltung

III. Interpretation
   1. Charakterisierung
   2. Merkmale des modernen Dramas

C. Schluss:
Die Groteske im Werk Dürrenmatts

Stichwortartige Ausarbeitung des Aufsatzes

A. Einleitung:
In der tragischen Komödie *Der Besuch der alten Dame*, die 1955 entstand und 1956 erstmals aufgeführt wurde, gestaltet Friedrich Dürrenmatt das Thema „Gerechtigkeit". Claire Zachanassian, die „alte Dame", kehrt nach 45 Jahren nach Güllen zurück, um Genugtuung für ein Fehlurteil zu erfahren, das ihr Leben entscheidend verändert hat. Ihre Rache trifft vor allem ihren ehemaligen Geliebten Alfred Ill. In der vorliegenden Szene offenbart sie in einer Art Tribunal seine Schuld und bietet eine Milliarde für seinen Tod.

B. Hauptteil:

I. Inhalt und Gesprächsanalyse

Reaktion auf die Rede des Bürgermeisters und Formulierung des Angebots (vgl. Z. 1–28)
- In einer kurzen Ansprache korrigiert Claire Zachananassian zunächst Teile der Rede des Bürgermeisters, die nicht der Realität entsprochen haben (vgl. Z. 1–7).
- Dann erklärt sie ihre Bereitschaft, der Stadt Güllen eine Milliarde zu schenken, wenn ihr dafür Gerechtigkeit widerfahre (vgl. Z. 7–21).
- Die Bürger von Güllen sind zunächst von dem Angebot begeistert, bei Bekanntgabe der Bedingung verstummt ihr Enthusiasmus (vgl. Z. 14 f. und Z. 22).
- Auf den Einwand des Bürgermeisters, Gerechtigkeit sei nicht käuflich, präsentiert die alte Dame ehemalige Einwohner Güllens, die jetzt in ihren Diensten stehen (vgl. Z. 25–28).

Tribunal – Anklage, Zeugenvernehmung, Wahrheitsfindung und Urteilsforderung (vgl. Z. 29–115)
- Der ehemalige Oberrichter Hofer konfrontiert Alfred Ill mit seiner Falschaussage in dem Vaterschaftsprozess seiner ehemaligen Geliebten Claire (vgl. Z. 30–53).

- Außerdem wird offenbar, dass Ill damals zwei Männer dafür bestochen hat, vor Gericht den Geschlechtsverkehr mit Claire zu beeiden (vgl. Z. 54–81).
- Beide Männer hat Claire Zachanassian später ausfindig gemacht und durch Kastration und Blendung bestraft (vgl. Z. 82–90).
- Claire Zachanassian führt aus, dass ihr uneheliches Kind im Alter von einem Jahr gestorben sei; sie selbst sei zur Prostitution gezwungen worden (vgl. Z. 91–100).
- Daher fordere sie nun den Tod von Alfred Ill, für den sie eine Milliarde zu zahlen bereit ist (vgl. Z. 101–103).
- Ill gegenüber wiederholt sie als Begründung ihrer Forderung ihr Verständnis von Gerechtigkeit: So wie er sie zu einem Leben, das sie nicht gewollt habe, gezwungen habe, so zwinge sie ihn jetzt dazu, seine Selbstbestimmung aufzugeben (vgl. Z. 104–115).

Reaktion der Bürger auf die Forderung (vgl. Z. 116–121)
- Der Bürgermeister lehnt das Angebot mit dem Hinweis auf die Unmenschlichkeit der Forderung ab.
- Claire Zachanassian ist sich ihrer Sache sicher, sie wartet darauf, dass Ill getötet wird.

II. Sprachlich-stilistische und dramaturgische Gestaltung

- Die alte Dame wird insbesondere durch ihre Sprechweise charakterisiert. Klar strukturierte Parataxen und Hypotaxen und zahlreiche Imperative (vgl. z. B. Z. 28, 38, 54) drücken ihre Überlegenheit und ihre Entschlossenheit aus. Sie beginnt ihre Ansprache mit dem ironisch zu verstehenden Ausdruck „selbstlose Freude" (Z. 1), der zu verstehen gibt, dass sie sich über den finanziellen Hintergrund des freundlichen Empfanges im Klaren ist. Die verstärkte Verwendung des Personalpronomens „ich" in Z. 20 f. unterstreicht ihr Selbstbewusstsein. In Z. 108–115, dem Höhepunkt ihrer Argumentation, verstärken der parallele Satzbau, die „weder"- (Z. 109 f.) und die „Nun"-Anapher (Z. 110, Z. 114) die Schwere der Beschuldigung und unterstreichen ihre Forderung nach Gerechtigkeit, für die die Schlüsselwörter „Milliarde" (Z. 8, 11, 20 f., 39 f., 102, 115) und „Gerechtigkeit (Z. 21, 25, 101, 114 f.) stehen.
- Betrachtet man dagegen die Reaktion Ills auf das Angebot der Milliardärin: „Die Klara! Goldig! Wunderbar! Zum Kugeln! Voll und ganz mein Zauberhexchen!" (Z. 16), so erkennt man, wie Einwortsätze, Ellipsen und die Verwendung von Floskeln seine Sprache dominieren. Im vorliegenden Auszug unterstüzen sie den Ausdruck seiner Überraschung; in dem Satz: „Alte Geschichten. Ich war jung und unbesonnen. " (Z. 53) wirkt der elliptische Satzbau unbeholfen und unterstreicht seine Passivität. Ausrufe und die Floskeln „Zauberhexchen" und „Das Leben ging doch längst weiter" (Z. 106 f.) zeigen, dass Ill keine argumentative Basis hat, auf der er gegen die alte

Dame aufbauen könnte. Die Spracharmut Ills verdeutlichen auch Regieanweisungen: „Ill schweigt" (Z. 50, 59).
- Eine komische Wirkung erzielt der Auftritt der beiden Eunuchen: Durch die reimende Namengebung „Koby und Loby", die sprechenden Namen „Jakob Hühnlein und Ludwig Sparr" (Z. 68) und die zweifache, chorusartige Wiederholung (Geminatio) aller ihrer Aussagen, z. B. in: „Wir haben uns verändert, wir haben uns verändert" (Z. 62) wird ein Kontrast hergestellt zu dem – für Ill am Ende tödlichen – Ernst ihrer Aussagen.
- Sprechende Namen lassen wertende Assoziationen zu: „Güllen" steht für „Jauche", „Klara Wäscher" lässt auf „reinwaschen" im Sinne von „von Schuld befreien" schließen.
- Groteske: als „grotesk" bezeichnet man die Verbindung von Unvereinbarem, z. B. von Tragödie und Komödie oder von Banalem und Ungewöhnlichem; die Erscheinungsform der Verfremdung findet sich in der Darstellung der beiden Eunuchen und der Monster, die die Verhaltensweisen der Güllener satirisch spiegeln. Die Groteske verweist auf die doppelte Moral der Bürger und legt ihre vom Materialismus bestimmten Prinzipien offen. Auch der Kontrast zwischen Anspruch (humane Einstellung der Güllener) und Realität, der sich in der Vergangenheit (Verurteilung der jungen Klara) und in der Zukunft (kollektive Ermordung Ills) zeigt, dient hier als Mittel der Wahrheitsfindung und der Kritik.

III. Interpretation

1. Charakterisierung

Im Folgenden werden wesentliche Charakterisierungsaspekte stichwortartig zusammengefasst:

- **Claire Zachanassian:**
  Ziel ist die Entlarvung der Scheinheiligkeit des moralischen Anspruchs; konsequent, autoritär, rachsüchtig; Abhängigkeit von Prothesen als Hinweis auf Künstlichkeit ihrer Existenz, Fehlen jeglicher Individualität bzw. jeder humanen Gefühlsregung (auch wenn sie in der Konfrontation mit der Vergangenheit zuweilen sentimental erscheint);

- **Alfred Ill:**
  zunächst selbstsicher in der Rolle als desjenigen, dem Güllen die finanzielle Zuwendung zu verdanken hat; im Prozessverlauf zunehmend unsicher (vgl. Analyse seiner sprachlichen Äußerungen und die Regieanweisungen), materialistisch und egoistisch (Verhalten im Prozess gegen Klara, Wahl einer wohlhabenden Ehefrau);

- **Bürgermeister:**
  vertritt die Ansicht der Bürger Güllens, heuchlerisch im Lob der Klara, materialistisch und egoistisch, Hinweis auf Humanität (vgl. Z. 118 f.) wird durch das Pathos als scheinheilig entlarvt.

- **Diener:**
  vollständige Abhängigkeit von der alten Dame, der ehemalige Richter Hofer wird zum Butler degradiert, seinen Namen wie seine Identität muss er aufgeben („Boby") und stellt diese Entscheidung nicht nur als eigene heraus, sondern demaskiert seinen eigenen Materialismus in seiner Begründung (vgl. Z. 35–37); Koby und Loby sind für ihre falsche Zeugenaussage mit Kastration und Blendung bestraft worden – dies wirkt als Beweis für die Konsequenz der Rache der alten Dame und dient gleichzeitig als Vorausdeutung auf den Tod Ills; Toby und Roby sind die Leibwächter – sie demonstrieren die Verbindung von Geld und Gewalt.

2. Merkmale des modernen Dramas

- Groteske: In diesem Kontext Gattungsbezeichung für „tragische Komödie", Überzeichnung und Stilisierung der Figuren (Claire, Güllener, Diener), Inszenierung eines Tribunals – diese Mittel dienen dazu, den Zuschauer, ähnlich wie im epischen Theater, von jeder Einfühlung fern zu halten und seine kritische Reflexion zu fördern.
- Das moderne Drama verwendet alle Sprachebenen, einschließlich Dialekt und Fäkaliensprache; im *Besuch der alten Dame* wird dieses Charakterisierungsmittel zwar nicht mit der Aufnahme von Dialekt, Soziolekt oder Ideologiesprache eingesetzt, dennoch ergeben sich deutliche Unterschiede zwischen den Personen in Bezug auf die Sprachbeherrschung, die Sprache wird als Charakterisierungsmittel eingesetzt (vgl. Ausführungen zur sprachlichen Gestaltung).
- Ein weiteres Merkmal des modernen Dramas ist der Verzicht auf die aristotelische Ständeklausel, das bedeutet das Auftreten von Figuren aus allen sozialen Schichten.

C. Schluss:

Die Groteske gehört zusammen mit der Absurdität zu wesentlichen Erscheinungsformen, die sich im Werk Dürrenmatts auffinden lassen, so z. B. auch in seinem 1952 enstandenen Kriminalroman *Der Richter und sein Henker*. Groteske und Absurdität dienen Dürrenmatt dazu, die als geheimnisvoll erfahrene moderne Welt, die sich der eindeutigen und vor allem der schlüssigen Erklärung entzieht, vorzuführen; dabei soll der Zuschauer nicht nur über diese Rätselhaftigkeit lachen oder angesichts des Fehlens einer allgemeinen Deutung resignieren, sondern durch die Konfrontation aufgefordert werden, durch kritische Reflexion einen eigenen Bewertungsstandort zu finden.

4.9 Tankred Dorst (*1925), *Merlin oder Das wüste Land* (1981)

Arbeitsaufgabe:

Erschließen Sie den folgenden Dramenausschnitt aus *Merlin oder Das wüste Land* von Tankred Dorst und gehen Sie dabei auch auf Rollenverhalten und Sprache der Figuren ein. Interpretieren Sie die Szene im Hinblick auf das Verhältnis von Individuum und Geschichte. Berücksichtigen Sie in diesem Zusammenhang auch politisch-philosophische Bezugsmöglichkeiten.

Tankred Dorst,
* 19. 12. 1925 in Oberlind bei Sonneberg/Thüringen; Dramatiker, Drehbuchautor, Regisseur, Erzähler, Librettist u. Übersetzer; Werke z. B. : *Die Mohrin* (1964), *Toller* (1968), *Eiszeit* (1973), *Der verbotene Garten* (1983), *Goncourt oder die Abschaffung des Todes* (1977), *Heinrich oder Die Schmerzen der Phantasie* (1985), *Korbes* (1988); epochengeschichtliche Einordnung: Moderne.

Tankred Dorst (*1925)
***Merlin oder Das wüste Land* (1981)**

In der Nacht vor der letzten Schlacht liegt KÖNIG ARTUS schlafend in seinem Zelt.

KÖNIG ARTUS *schreit im Schlaf:* Merlin! Merlin!

Aus undeutlichen Linien und verschwommenen Farben gerinnt allmählich und mit zunehmender Deutlichkeit eine Gestalt: Merlin steht da.

MERLIN Ja, König Artus.

KÖNIG ARTUS *macht die Augen auf:* Merlin! Da bist du ja! Ich dachte, ich hätte geträumt.

MERLIN Das hast du auch, König Artus.

KÖNIG ARTUS Dann bilde ich mir nur ein, dass du da bist?

MERLIN Natürlich. Aber es ist dasselbe, als ob ich da wäre. Du machst immer noch diesen dummen Unterschied.

KÖNIG ARTUS Du warst so lang verschwunden. Und oft hätte ich dich nötig gebraucht, weil ich nicht weiterwusste.

MERLIN Es ist aber immer weitergegangen, wie du siehst.

KÖNIG ARTUS Es wäre sicher besser weitergegangen, wenn du da gewesen wärst. So habe ich immer nur für mich allein gegrübelt, und ich bin doch ein schlechter Denker, Merlin! Ich denke doch nur so aus Pflichtgefühl. Immer nur das nächste und dann wieder das nächste ... ich habe keine Fantasie.

MERLIN Du hast doch die Tafelrunde gegründet und die Zivilisation angefangen, das war doch ein fantasievoller Einfall.

KÖNIG ARTUS Den hast d u mir eingegeben.

MERLIN Deine Biografen werden sagen: Du hattest eine Inspiration.

KÖNIG ARTUS Aber sag mir, Merlin: War es denn richtig, was wir da gemacht haben?

MERLIN Warum nicht?

KÖNIG ARTUS Weil ich vor Augen sehe, wie jetzt alles zu Grunde geht. Unsere Ideen scheinen keine Faszination mehr zu haben. Manchmal, wenn ich mit jüngeren Leuten darüber spreche, sehe ich, dass sie lächeln, fast unmerklich, aber ich merke es doch. Und ich denke: wenn ich mich abwende, sehen mir grinsende Gesichter nach. – Wie haben wir auf den Gral gehofft, du auch!

MERLIN Jaja.

KÖNIG ARTUS Was hast du alles angestellt in dieser Zeit, als alle den Gral suchten!

MERLIN Naja ...

KÖNIG ARTUS Es war wirklich eine Zeit der Erneuerung. Aber jetzt, Merlin – Streit, Rache, Mord! Gawain ist tot, ich habe Lancelot verloren und morgen habe ich eine Schlacht vor, die schwerste meines Lebens, gegen meinen Sohn Mordred. – Sogar Mordred schien sich damals zu verändern, jedenfalls muss er eine Sehnsucht danach gehabt haben, sonst hätte er doch nicht ...

MERLIN *abwehrend:* Ich weiß, ich weiß.

KÖNIG ARTUS Entschuldige! Mordred hat so lange mein Gewissen belastet, deshalb rede ich immerzu über ihn, um mich zu rechtfertigen, und vielleicht sogar auch ihn. Eigentlich, Merlin, bist du ja mitschuldig.

MERLIN Ich?

KÖNIG ARTUS Na, deine Prophezeiung! Sonst hätte ich das Kind doch nicht ersäufen wollen damals.

MERLIN Die Prophezeiung scheint ja einzutreffen, er will dich vom Thron stürzen!

KÖNIG ARTUS Ja, weil er mich hasst. Und er hasst mich, weil ich ihn damals töten wollte. Und daran bist du schuld.

MERLIN Dumme Sache!

KÖNIG ARTUS Siege ich morgen, Merlin?

MERLIN Worum kämpfst du denn, Artus?

KÖNIG ARTUS Gerade als ich eben im Traum war, hatte ich es vergessen, ich schrie nach dir, um dich danach zu fragen.

MERLIN Jetzt aber weißt du es?

KÖNIG ARTUS Weil ich muss! ... Ich bin der König ... ich habe die Verpflichtung, mein Reich zurückzuerobern ... das mein Sohn mir streitig macht ...

MERLIN Und wenn du nicht kämpfen würdest ... ?

KÖNIG ARTUS *aufgeregt:* Ich muss doch! Ich muss doch!

MERLIN Die Frage war nur ein Versuch, dich auf neue Gedanken zu bringen.

KÖNIG ARTUS Du siehst, ich habe keine eigenen Gedanken. Sie folgen bloß der Geschichte, die mir aufgezwungen wird. – Von wem eigentlich wird sie mir aufgezwungen? Und kann es nicht sein, dass der historische Ablauf ganz dumm ist –, vielleicht sogar dümmer, als ich es bin?

MERLIN Was sollen denn da die andern sagen?

KÖNIG ARTUS Welche andern?

MERLIN Die hunderttausend, die mit dir in die Schlacht ziehn und darin umkommen werden.

KÖNIG ARTUS Ach so. Warum fragst du?

MERLIN Die Frage ist nur ein Versuch, dich auf neue Gedanken zu bringen.

KÖNIG ARTUS Ja, ich muss denken! Aber es ist so verflucht schwer, und es macht mich unsicher.

MERLIN Ist das so schlimm?

KÖNIG ARTUS Ja! Natürlich ist es schlimm, wegen der andern. Wenn ich unsicher bin, darf ich sie nicht in den Krieg schicken, wo sie sterben müssen. Das wäre ja ein Verbrechen.

MERLIN Fang doch mal von vorn an: was war deine Idee?

KÖNIG ARTUS D e i n e Idee, Merlin!

MERLIN *streng:* Die Tafelrunde.

KÖNIG ARTUS Ja, die Tafelrunde. Ich wollte eine bessere Welt als die barbarische, in der wir lebten. Der Geist sollte über das Chaos herrschen.

MERLIN Der Geist von ein paar Privilegierten.

KÖNIG ARTUS Ja, natürlich. Welcher denn sonst? Warum fragst du?

MERLIN Es war nur eine Frage, um dich auf neue Gedanken zu bringen.

KÖNIG ARTUS Und wir haben eine Ordnung gegründet und verteidigt, damit sind wir weltberühmt geworden. Es hat zwar noch Kriege gegeben, aber wenigstens sinnvolle. Und einmal sollte Frieden sein für immer. – Unsere ganze schöne Utopie von der Tafelrunde wird vielleicht morgen in der Schlacht zu Grunde gehen.

MERLIN Du meinst, die Geschichte widerlegt die Utopie?

KÖNIG ARTUS Ich habe zu lange gelebt! *Schreit:* Aber Mordred ist ein Verbrecher!

MERLIN Was meinst du damit?

KÖNIG ARTUS Er ist kein Ritter.

MERLIN Was meinst du damit?

KÖNIG ARTUS Er hat keine höheren Prinzipien. Wenn er siegt, bricht die alte Barbarei wieder aus, wo jeder nach seiner Laune und nach seinem Vorteil den andern totschlagen darf.

MERLIN Deshalb also kämpfst du gegen ihn, Artus?

KÖNIG ARTUS Ja! Aber es kommt mir trotzdem dumm vor. Durch irgendeine Dummheit bin ich in dieses Dilemma hineingeraten, aus dem ich nicht mehr herauskomme. (...) Jetzt bin ich ganz in der Finsternis, ohne dich!

MERLIN Bitte kein Selbstmitleid!

KÖNIG ARTUS Warum sind überhaupt Kriege in der Welt? Liegt es an mir? Verführe ich, der König, zehntausend vernünftige Menschen dazu, sich gegenseitig umzubringen? Oder Mordred? Oder ist es etwas anderes? Ist es vielleicht die Eigentumsfrage? Das behaupten ja auch einige. Oder ist vielleicht in den Menschen eine dunkle, unergründbare Fantasiebewegung, die sie mit unaufhaltsamer Gewalt in den Tod treibt?

– Wenn ich noch einmal zur Welt käme ... sagte König Artus kleinlaut:
– Rede nur!
– Das ist mir gerade so eingefallen, nicht weiter bemerkenswert.
– Was denn?
– Das verstehst du doch nicht.
– Wird sich herausstellen.
– Ich dachte, sagte König Artus, wenn ich noch einmal geboren würde, dann möchte ich ein Einsiedler sein: nur Gott und ich, ein Mensch ohne Geschichte.

Merlin:
Aha.

KÖNIG ARTUS Werden wir siegen? Siege ich?

MERLIN Ja, du wirst siegen, Artus! Verhandle mit Mordred so lange wie möglich, mache Zugeständnisse. Schenke ihm Cornwall, schenke ihm Wales ... Zögere die Verhandlung hinaus, bis Lancelot kommt. Mache Versprechungen ...

KÖNIG ARTUS *aufgeregt:* Kommt Lancelot?

MERLIN Ja, er kommt. Er ist schon unterwegs.

KÖNIG ARTUS *jubelnd:* Lancelot! Wir werden siegen! Wir werden siegen! Und wir werden stark sein wie früher!

MERLIN Wofür willst du so stark sein, Artus?

KÖNIG ARTUS *aufgeregt, freudig:* Was für eine dumme Frage, Merlin! Wir siegen! Wir siegen! Wir siegen!

MERLIN Aber du musst dich vor dem Schlänglein hüten.

KÖNIG ARTUS Welches Schlänglein?

MERLIN *verschwindet.*

KÖNIG ARTUS *sieht sich suchend nach Merlin um:* Welches Schlänglein denn? Welches Schlänglein?

(Text aus: Dorst, Tankred: Merlin oder Das wüste Land, *Frankfurt/Main: Suhrkamp, 1981, S. 356–362)*

Lösungsvorschlag:

Gliederung des Aufsatzes

A. Einleitung:
Autor, Werk, Thema des Auszugs

B. Hauptteil:
I. Inhalt und Gesprächsanalyse
II. Sprachlich-stilistische und dramaturgische Gestaltung
III. Interpretation in Bezug auf das Verhältnis von Individuum und Geschichte

C. Schluss:
Utopien in der Literatur

Stichwortartige Ausarbeitung des Aufsatzes

A. Einleitung:
In dem 1981 aufgeführten Drama *Merlin oder Das wüste Land* gestaltet Tankred Dorst den mittelalterlichen Sagenstoff um König Artus und seine Tafelrunde. In der vorliegenden Szene geht es um einen Dialog zwischen Artus und seinem ehemaligen Berater, dem Zauberer Merlin, der ihm am Abend vor der entscheidenden Schlacht gegen seinen Sohn Mordred erscheint.

B. Hauptteil:

I. Inhalt und Gesprächsanalyse

- **Artus' Traum und Gesprächsbeginn (vgl. Z. 1–11)**
  König Artus wünscht sich im Schlaf das Erscheinen von Merlin, der kurz darauf vor ihm steht. Merlin erklärt ihm, dass sein Erscheinen nur in der Einbildung des Königs existiere. Damit wird der ganzen Gesprächssituation die Unwirklichkeit eines Traums zuteil.

- **Vorwürfe Artus' – Vergangenheit (vgl. Z. 12–22)**
  Artus wirft Merlin vor, dass er nicht dagewesen sei, als er ihn gebraucht hätte. Er habe vor allem die Visionen des Zauberers gebraucht; Artus selbst sei – seiner eigenen Einschätzung nach – ein fantasieloser Pragmatiker, der nur nach den Erfordernissen des Tages handele. Auch die Gründung der Tafelrunde sei Merlins Idee gewesen. Merlin beruhigt Artus, indem er ihm versichert, dass die Geschichtsschreibung dem König allein diese Idee zuschreiben werde.

- **Zweifel Artus' und seine Klage – Vergangenheit (vgl. Z. 23–49)**
  Angesichts seiner Beobachtung, dass die alten Ideen ihre Faszination auf die Menschen verlieren, ist sich Artus unsicher darüber, ob es richtig gewesen sei, was sie gemacht haben. Die Hoffnung auf den Gral habe ihnen allen die Kraft der Erneuerung gegeben. Nun sei alles anders geworden, die Hoffnungen seien zerstört, und nach dem Verlust von Lancelot und Gawain habe Artus nun sogar gegen seinen eigenen Sohn zu kämpfen.
  Auf die Klagen des Königs antwortet Merlin jeweils nur kurz mit knappen bestätigenden oder seine Zweifel ausdrückenden Interjektionen oder Kurzsätzen.

Artus gibt Merlin die Mitschuld am Konflikt mit Mordred: Die Prophezeiung des Zauberers, dass Mordred eines Tages den Sturz des Vaters veranlassen werde, habe Artus dazu gebracht, Mordred töten zu wollen. Dieses Vorhaben habe den unversöhnlichen Hass Mordreds auf seinen Vater begründet. Merlin reagiert auf die Schuldzuweisung nur mit einer kurzen ausweichenden Bemerkung, die zeigt, dass er mit dieser Schuldzuweisung nicht einverstanden ist und den Versuch Artus' erkennt, sich selbst zu entlasten.

- **Artus' Frage nach dem Sieg – Zukunft (vgl. Z. 50–75)**
  Auf die Frage, ob er in der Schlacht gewinnen werde, antwortet Merlin mit der Gegenfrage, um was der König denn kämpfe. Artus begründet den Kampf mit der Verantwortung eines Königs für sein Reich.
  Auf den Einwand Merlins, ob er denn auf den Kampf verzichten könne, reagiert Artus mit dem wiederholten Hinweis auf seine Pflicht.
  Artus stellt die Frage nach dem Ursprung der Pflicht, die er seinem Handeln aufgezwungen sieht. Er zweifelt an der Sinnhaftigkeit des historischen Ablaufs.
  In Anknüpfung an den Zweifel an der Sinnhaftigkeit der Geschichte weist Merlin in Form einer Frage auf die Soldaten hin, deren Sterben damit sinnlos sei; er will Artus damit seine Verantwortung gegenüber den Soldaten erkennen zu lassen. Die Reaktion Artus', der den Grund für die Frage wissen will, zeigt, dass er die Intention Merlins zunächst nicht erkannt hat. Dann bestätigt er aber, dass er die Soldaten nicht in den Krieg ziehen lassen dürfe, wenn er selbst nicht vom Sinn des Unternehmens überzeugt sei. Artus muss sich über die Sinnhaftigkeit der Schlacht somit noch einmal Gedanken machen.

- **Artus' Gründe für die Schlacht (vgl. Z. 76–100)**
  Merlin fordert Artus auf, das Nachdenken über die Schlacht neu zu beginnen, indem er sich darüber klar wird, was er eigentlich will. Artus formuliert zunächst die Idee von der Tafelrunde als Idee praktizierter Humanität. Diese Idee legitimiere Kriege, die die Durchsetzung der Ideale zum Ziel haben. Die nächste Schlacht aber gefährde die Existenz der Tafelrunde und damit ihre Ideen.
  Merlin wendet ein, dass es sich bei der Tafelrunde um einen elitären Kreis mit diktatorischer Machtbefugnis handele. Er will Artus damit klar machen, dass seine Begründung unrealistisch ist, da sie nur auf die Meinung weniger Menschen zutrifft.
  Der zweite Grund für die Schlacht ist die Einschätzung, dass Mordred nicht die Prinzipien der Tafelrunde vertrete; sein Sieg, so folgert Artus, würde ins Chaos führen: Humanität würde zu Gunsten des Rechts des Stärkeren aufgegeben. Obgleich der Kampf gegen das Zerstörungspotential Mordreds

somit der zentrale Grund für die Schlacht ist, ist Artus von der Sinnhaftigkeit nicht ganz überzeugt; er fühlt sich verlassen. Merlin weist ihn darauf hin, dass Selbstmitleid keine angemessene Verhaltensweise sei.

- **Artus' Frage nach dem Sinn von Kriegen (vgl. Z. 101–106)**
  Artus beendet seine Suche nach einem sinnvollen Grund für die Schlacht mit der allgemeinen Frage nach dem Sinn von Kriegen. Verführung durch einzelne Führergestalten, materielle Gründe oder Ideologien werden von ihm genannt. Artus' Verhalten zeigt, dass er nach wie vor keine überzeugende Antwort auf die Frage nach der Sinnhaftigkeit der bevorstehenden Schlacht gefunden hat.

- **Artus' Reaktion auf das Fehlen einer überzeugenden Antwort (vgl. Z. 107–116)**
  Artus malt sich aus, dass er, wenn er nochmals zur Welt käme, als Eremit leben wolle. Er drückt damit den Wunsch aus, aus den Erfordernissen, die aus seiner Verantwortung als König resultieren, zu fliehen.

- **Artus' Frage nach dem Sieg – Zukunft (vgl. Z. 117–132)**
  Artus wiederholt seine Frage, ob er siegen werde. Merlin prophezeit ihm den Sieg, wenn er sich vor einer Schlange in Acht nehme. Allerdings stellt Merlin nochmal die Frage, warum Artus siegen wolle, welchem Ziel sein Kampf gelte. Dass Artus darauf noch immer keine Antwort gefunden hat, beweist seine Reaktion, mit der er die Frage als „dumm" verwirft. Das Adjektiv „dumm" wird auffallend oft in dem Textauszug verwendet. Es drückt an allen Stellen einen Verzicht auf inhaltliche Füllung aus und den Widerwillen, auf eine Frage näher einzugehen.

II. Sprachlich-stilistische und dramaturgische Gestaltung

Der Traumcharakter der Szene macht deutlich, dass es sich um eine Auseinandersetzung im Unterbewusstsein des Königs handelt. Artus sieht sich mit Problemen konfrontiert, die ihn sehr beschäftigen, da sie sein eigenes Selbstverständnis als König berühren. Die Frage nach der Sinnhaftigkeit des Handelns steht im Hintergrund seiner argumentativen Bemühungen. Aufgrund der existenziellen Bedeutung der Antwort ist seine Aufregung verständlich. Die aufgeregte Verfassung von König Artus spiegelt sich in seinen sprachlichen Äußerungen wider. Sprachliche und dramaturgische Gestaltungsmittel sind z. B. :

- Regieanweisungen: *„schreit im Schlaf"* (Z. 2), *„ aufgeregt"* (Z. 58, 121, 126), *„Schreit"* (Z. 89)
- Pause: „Weil ich muss! ... Ich bin der König ... ich habe die Verpflichtung, mein Reich zurückzuerobern ... das mein Sohn mir streitig macht ..." (Z. 55 f.)
- Wiederholung: „Ich muss doch! Ich muss doch!" (Z. 58)

- Ausruf: „Aber Mordred ist ein Verbrecher!" (Z. 89)
- Akkumulation von Fragesätzen: „Warum sind überhaupt Kriege in der Welt? Liegt es an mir? Verführe ich, der König, zehntausend vernünftige Menschen dazu, sich gegenseitig umzubringen? Oder Mordred? Oder ist es etwas anderes? Ist es vielleicht die Eigentumsfrage? Das behaupten ja auch einige. Oder ist vielleicht in den Menschen eine dunkle, unergründbare Fantasiebewegung, die sie mit unaufhaltsamer Gewalt in den Tod treibt?" (Z. 101–106)
- Akkumulation von Ausrufungssätzen: „Lancelot! Wir werden siegen! Wir werden siegen! Und wir werden stark sein wie früher!" (Z. 123 f.)

Die ruhige Rationalität Merlins spiegelt sich in seinen sprachlichen Äußerungen wider. Sprachliche und dramaturgische Gestaltungsmittel sind z. B. :

- Kurze Fragen, kurze Aussagen: „Warum nicht?"(Z. 25); „Das hast du auch, König Artus" (Z. 8)
- Fragen sollen Erkenntnisprozess in Artus auslösen (Mäeutik): „Die Frage war nur ein Versuch, dich auf neue Gedanken zu bringen. " (Z. 59, vgl. Z. 69 und Z. 82)
- Wiederholung von Fragen: „Was meinst du damit?" (Z. 90 und 92)
- Distanz durch Prophezeiung: „Aber du musst dich vor dem Schlänglein hüten. " (Z. 128). Vorausdeutung auf das Ende der Friedensverhandlungen, da Lancelot durch das Töten einer Schlange versehentlich die Schlacht auslöst (das erste Blitzen eines Schwertes ist das vereinbarte Zeichen, dass die Verhandlungen gescheitert sind).

III. Interpretation in Bezug auf das Verhältnis von Individuum und Geschichte

Man kann zahlreiche politisch-philosophische Bezugsmöglichkeiten in dem Textauszug erkennen. Diesen politisch-philosophischen Bezügen lassen sich literarische Beispiele zuordnen, in denen das Thema gestaltet wird.

- „Ich denke doch nur so aus Pflichtgefühl" (Z. 17) / „Verpflichtung" (Z. 55): Bedeutung des Pflichtgefühls in autoritären politischen Systemen: Pflicht versus Gefühl bzw. Einsicht (vgl. z. B. Siegfried Lenz, *Deutschstunde*)
- „Die Prophezeiung scheint ja einzutreffen, er will dich vom Thron stürzen!" (Z. 46): antike Vorstellung von der Vorherbestimmung des Individuums durch höhere Mächte (vgl. Sophokles, *König Ödipus*); Vorstellung eine höheren Gerechtigkeit (vgl. Sophokles, *Antigone*)
- „Und kann es nicht sein, dass der historische Ablauf ganz dumm ist –, vielleicht sogar dümmer als ich es bin?" (Z. 62 f.): Problem des philosophischen Begreifens von historischen Abläufen (vgl. mittelalterliche Vorstellung von Geschichte als Heilsgeschichte oder Hegels „Weltgeist")
- „Der Geist von ein paar Privilegierten. " (Z. 81): Frage nach der Legitimation politischer Entwürfe und oligarchischer Herrschaft, z. B. in der Französischen oder Russischen Revolution

- „Es hat zwar noch Kriege gegeben, aber wenigstens sinnvolle. " (Z. 85 f.): Ideologie als Kriegsgrund, z. B. Erster und Zweiter Weltkrieg (vgl. z. B. Heinrich Mann, *Der Untertan*)
- „Warum sind überhaupt Kriege in der Welt?" (Z. 101): Ausgangsfrage des Antimilitarismus (vgl. Nachkriegsliteratur von Wolfgang Borchert, *Draußen vor der Tür*; Heinrich Böll, *Wanderer, kommst du nach Spa...*)
- „ein Mensch ohne Geschichte" (Z. 114): Bedeutung der Geschichte für das Selbstverständnis des Menschen (vgl. z. B. Johann Wolfgang von Goethe, *Iphigenie auf Tauris*)
- „Ich wollte eine bessere Welt als die barbarische, in der wir lebten. Der Geist sollte über das Chaos herrschen. " (Z. 79 f.) / „Utopie von der Tafelrunde" (Z. 86 f.): Egoismus, individuelle politische Vorstellungen mit messianischem Charakter, z. B. in der Französischen oder Russischen Revolution (vgl. z. B. Georg Büchner, *Dantons Tod*; Hermann Hesse, *Demian*); evtl. auch Anspielung auf Hegels „Weltgeist"

C. Schluss:

König Artus begründet sein Handeln mit dem Wunsch, eine humane Welt zu schaffen. Diese Vorstellung einer besseren Welt, eines idealen menschlichen Zusammenlebens, ist der Gehalt der „Utopie" (gr. „Nirgendsland"). Nach Ernst Bloch, der sich ausführlich mit dem Begriff der Utopie auseinander gesetzt hat, ist die Welt ist noch nicht fertig, sie ist erst noch ein Experiment, das durch den tätigen Menschen zu seinem Ziel gebracht werden muss. Für Bloch ist das Anstreben dieses Ziels ein Merkmal des Menschseins: „Menschsein heißt wirklich Utopie haben. "

Ideen und Formen idealen menschlichen Zusammenlebens lassen sich aus vielen literarischen und philosophischen Werken entnehmen, z. B. : George Orwell (1903–1950), *1984* (1949); Alfred Andersch (1914–1980), *Sansibar oder der letzte Grund* (1957); Ernst Bloch (1885–1975), *Das Prinzip Hoffnung* (1954–59); Hugo Dittberner (*1944), *Kurzurlaub* (1976); Gerhart Hauptmann (1862–1946), *Die Insel der Großen Mutter* (1925); Gotthold Ephraim Lessing (1729–1781), *Nathan der Weise* (1779); Alexander Moritz Frey (1881–1957), *Robinsonade zu Zwölft* (1925); Hartmann von Aue (etwa 1165–1210), *Der arme Heinrich* (um 1195); Aldous Huxley (1887–1975), *Schöne neue Welt* (1932).

4.10 Thomas Bernhard (1931–1989), *Der Theatermacher* (1984)

Aufgabe

Arbeitsaufgabe:
Verfassen Sie eine Inhaltsangabe des folgenden Dramenauszuges. Ordnen Sie ihn in den Kontext des gesamten Werkes ein. Erarbeiten Sie typische poetische Gestaltungsmittel und charakterisieren Sie die Hauptfiguren.

Info

Thomas Bernhard,
* 1931 in Heerlen bei Maastricht, † 1989 in Gmunden; Dramatiker, Musiker, Schauspieler, Schriftsteller; Werke z. B. : *Ein Fest für Boris* (1970), *Der Ignorant und der Wahnsinnige* (1972), *Die Jagdgesellschaft* (1974), *Die Macht der Gewohnheit* (1975), *Minetti* (1977), *Vor dem Ruhestand* (1979), *Über allen Gipfeln ist Ruh* (1981), *Der Theatermacher* (1984, Uraufführung 1985), *Heldenplatz* (1988), *In hora mortis* (1958), *Frost* (1963), *Amras* (1964), *Verstörung* (1967), *Das Kalkwerk* (1970), *Beton* (1982), *Alte Meister* (1985), *Auslöschung* (1986); epochengeschichtliche Einordnung: Moderne.

Lesetext

Thomas Bernhard (1931–1989)
Der Theatermacher **(1984)**
1. Szene (Auszug)

Sarah und Ferruccio mit rechter Gipshand kommen mit der großen Maskenkiste herein
BRUSCON
Da kommt die Maskenkiste hin
dahin
sie tragen die Maskenkiste dahin, wo Bruscon sie
hingestellt haben will
BRUSCON
Dahin habe ich gesagt
zeigt es mit dem Stock
Dahin
Doch nicht dahin
die Maskenkiste wird aufgehoben und wieder hingestellt
BRUSCON
Dahin
dahin die Kiste
die Maskenkiste dahin
dahin
dahin wo ich gesagt habe

Wirt kommt auf das Podium und hilft die
Maskenkiste tragen
BRUSCON
  Ich sagte doch
  dahin
sie stellen die Kiste ab
(...)
Ferruccio will den Kistendeckel aufsperren, aber es
gelingt ihm nicht mit seiner Gipshand
BRUSCON
  Ach Herr Wirt
  sperren Sie doch die Kiste auf
  mein Sohn ist ein Krüppel
  er ist unfähig
  die Kiste aufzusperren
  Jetzt ist der Dummkopf
  auch noch ein Krüppel
Wirt sperrt die Maskenkiste auf
BRUSCON *zu Sarah*
  Siehst du denn nicht
  daß ich schweißgebadet bin
  siehst du es denn nicht mein Kind
Sarah wischt ihrem Vater mit einem großen Tuch den Schweiß
von der Stirn
Wirt öffnet die Maskenkiste ganz
BRUSCON
  Warum habt ihr mich denn so lange
  hier sitzen lassen
  Allein sitzenlassen hier
  in diesem fürchterlichen Saal
  in dem ich mir eine Todeskrankheit hole
  alleingelassen von allen
  sitze ich hier
  auf diesem harten Sessel
  nur in Gesellschaft des Wirts
zum Wirt
  Sehen Sie
  das haben Sie von den Kindern
  die Sie erzeugt
  und jahrzehntelang aufgepäppelt haben
  daß Sie alleingelassen werden

zu Ferruccio
Dieser lächerliche Armbruch
das ist ja kein Grund
für totale Unfähigkeit
zum Wirt
In mir selbst
ist wenigstens noch italienisches Blut
Leidenschaft für die Kunst
schaut in die offene Maskenkiste hinein
ein Genialisches mein Herr
aber in diesen Kindern
ist nichts Italienisches mehr
(...)
zu Sarah
Zieh sie mir aus
streckt die Beine aus
Du sollst mir die Schuhe ausziehen
Alles tut mir weh
alles
ein einziger Schmerzensmensch bin ich
Sarah zieht ihm die Schuhe aus, er streckt die Beine so weit wie möglich, bewegt die Zehen
BRUSCON
Mach es wie in Gaspoltshofen
schaut tief in die Maskenkiste hinein
Wie in Gaspoltshofen mein Kind
von oben nach unten
von unten nach oben
wie in Gaspoltshofen mein Kind
Sarah massiert ihren Vater an den Fußsohlen
So ist es gut
Ferruccio nimmt plötzlich die Caesarmaske aus der Kiste und hält sie dem Wirt vors Gesicht
BRUSCON *aufgebracht*
Was machst du denn da
Die Maske sofort in die Kiste zurück
sofort in die Kiste zurück
schlägt Sarah die Füße ins Gesicht
Sofort zurück die Maske in die Kiste
Was fällt dir ein
das ist ja ungeheuerlich
solchen Leuten die Caesarmaske vorzuhalten

einem Nichtswürdigen
einem Wirt
einem Kunstfeind
einem Theaterhasser
(...)
läßt sich auf den Sessel fallen
Sarah mein Kind
du mußt zu mir halten
gerade dann
wenn es die Hölle ist
komm her
zieht sie an sich, küßt sie auf die Stirn
Du bist dumm geblieben
aber ich liebe dich
wie kein zweites
plötzlich neugierig
Und Mutter
hat sie ihre Passage memoriert
Sarah nickt
BRUSCON
Deine Mutter ist ein Antitalent
aber gerade deshalb
habe ich sie genommen
(...)
Memoriert sagst du
die Mutter hat ihre Passage memoriert
und du hast sie abgehört
Sarah nickt
BRUSCON
Wahrscheinlich
war es wieder nicht gut
Sie ist nie gut gewesen
sie hat nie begriffen
(...)
zu Ferruccio
Unser Bürgerlicher
Im Grunde bist du nicht für das Theater
Ich verstehe die Welt nicht
sage ich mir sehr oft
das ist unser Sohn
der das Poetische nicht begreift
der keine Ahnung hat

von Phantasie
keine Ahnung von Geist
keine Ahnung vom Schöpferischen

(Text aus: Bernhard, Thomas: Der Theatermacher. *In:* Stücke 4. *Frankfurt am Main: Suhrkamp, 1988, S. 50–56. Text muss in alter Rechtschreibung zitiert werden.)*

Lösungsvorschlag:

Gliederung des Aufsatzes

A. Einleitung:
Autor, literarische Gattung, Thema, Textstelle

B. Hauptteil:
- I. Inhalt und Kontext
- II. Poetische Gestaltungsmittel
- III. Charakterisierung

C. Schluss:
Hinweis auf verwandte Werke

Stichwortartige Ausarbeitung des Aufsatzes

A. Einleitung:
Die Texte Thomas Bernhards thematisieren seelische und körperliche Krankheit, gesellschaftliche Missstände in Österreich, Kunst und Künstlertum, die Absurdität menschlicher Existenz, Isolation und Selbstzerstörung. Im Mittelpunkt seiner Werke stehen verbitterte Künstler, Einzelgänger, Selbstmörder und Kranke; das 1984 entstandene Drama *Der Theatermacher* handelt von einem enttäuschten Künstler.

B. Hauptteil:

I. Inhalt und Kontext
- Im heruntergekommenen Tanzsaal des Gasthofes „Zum Schwarzen Hirschen" in Utzbach, einem oberösterreichischen Provinznest mit 280 Einwohnern, will Bruscon, der „Theatermacher" und nach eigener Auskunft „größte Schauspieler aller Zeiten" (S. 87), mit seiner Familie sein Jahrhundertwerk „Das Rad der Geschichte – eine Menschheitskomödie" aufführen. Als dramaturgische Besonderheit hat es sich dafür die absolute Dunkelheit erdacht, für die er die Löschung sämtlicher Lichter verlangen muss.

- Neben Bruscon arbeiten in der Schauspielertruppe seine lungenkranke, ständig hustende Frau Agathe, sein Sohn Ferruccio und die wie der Sohn nicht den theatralischen Ansprüchen des Vaters genügende Tochter Sarah.
- In den ersten drei Szenen sind alle damit beschäftigt, den Saal für die Vorstellung herzurichten, Requisiten herbeizuschaffen und die Kostüme von Nero, Caesar, Churchill, Hitler, Einstein und Madame de Staël auf Kleiderständer zu hängen. Bruscon beklagt sich die ganze Zeit über Utzbach und den Saal, über seine Familie, sein Publikum und die Feuerwehr, die nicht imstande ist, für vollständige Dunkelheit zu sorgen.
- Im vorliegenden Textausschnitt wird der dominante Charakter Bruscons deutlich: Er kommandiert Sarah und Ferruccio herum, die die große Maskenkiste hereintragen (vgl. Z. 14–18), er nennt Ferruccio einen „Dummkopf" und einen „Krüppel" (Z. 34 f.), weil dieser mit seinem Gipsarm die Kiste nicht öffnen kann. Von Sarah verlangt er, ihm die Füße zu massieren, und er schlägt ihr vor Entrüstung ins Gesicht, als Ferruccio dem Wirt die Caesarmaske vors Gesicht hält (vgl. Z. 81–97). Weiterhin beklagt er sich über jedes einzelne Familienmitglied: Sarah liebe er zwar, obwohl sie nicht intelligent sei (vgl. Z. 124 f.), Agathe habe keinerlei schauspielerisches Talent (vgl. Z. 132) und auch Ferruccio entbehre jeglicher Ahnung davon, was man „poetisch" nenne (vgl. Z. 151–153). In der vorliegenden Szene wie auch im ganzen Stück erhält er keine kritische Antwort auf seine Vorwürfe.
- Im Anschluss an die vorliegende Szene nimmt die Familie eine karge Mahlzeit zu sich; Bruscon bemüht sich vergeblich um letzte Regieanweisungen. Die Aufführung endet im Chaos: Die Genehmigung für das Löschen sämtlicher Lichter bleibt aus; während der Veranstaltung bricht ein Gewitter aus, ein Blitz schlägt im Pfarrhof ein und zieht das Interesse der Besucher auf sich. Von Brsucons Stück wird keine Kenntnis mehr genommen.

II. Poetische Gestaltungsmittel

Auffällig ist der monologische Charakter der Szenen. Bruscons Monologe tragen Attribute von Schimpfreden. Sie lassen sich durch die folgenden Merkmale beschreiben:

- Verallgemeinerungen: In Bruscons Text kommen immer wieder die Wörter „alle", „immer", „nie", „überall", „kein", „jeder" vor, z. B: „Sie ist nie gut gewesen / sie hat nie begriffen" (Z. 143 f.), „Überall dieser Schweinegestank" (S. 17).
- Befehlsform: Die häufige Verwendung von Aufforderungssätzen lässt auf das herrschsüchtige Wesen des Staatsschauspielers schließen: „Zieh sie mir aus (...) du sollst mir die Schuhe ausziehen" (Z. 74–76).
- Wiederholungen: Bruscon wiederholt seine Befehle; damit wird seine Ungeduld deutlich: „Die Maske sofort in die Kiste zurück /sofort in die Kiste zurück" (Z. 95 f.), „Die Maskenkiste dahin / dahin /dahin wo ich gesagt habe" (Z. 16–18).

- Superlative: Bruscon neigt zur Übertreibung, wie der zahlreich verwendete Superlativ unterstreicht: „Ried im Innenkreis (...) einer der dümmsten Orte" (S. 16); „Das Lächerlichste bringt / das Großartigste zu Fall" (S. 51), „(...) naturgemäß ist das Volk / immer das dümmste" (S. 111).
- Antithesen kontrastieren auf stark vereinfachende Weise: „Überall war es das Einfachste / hier ist es das Komplizierteste" (S. 88), „Wo wir die größten Schwierigkeiten haben / verdienen wir am wenigsten" (S. 120).
- Neologismen: Die Bildung von Komposita verstärkt die Vermittlung von Bruscons Unzufriedenheit: „Wändescheußlichkeit / diese Deckenfürchterlichkeit / diese Türen- und Fensterwiderwärtigkeit" (S. 44).

III. Charakterisierung

Bruscon:

- Bruscon hat eindeutig die beherrschende Rolle in der Familie inne. Darauf verweist schon sein großer Redeanteil. Er bestimmt jedes Detail, selbst wo die Maskenkiste abgestellt werden soll (vgl. Z. 1–23). Dabei lässt er die anderen für sich arbeiten und kommandiert sie herum. Er scheut sich nicht, seine Familienmitglieder anzuherrschen, wogegen sich seine Frau Agathe ebenso wenig wehrt wie die beiden Kinder. Den Kindern gegenüber spricht er abwertend von Agathe. Er liebe sie trotz ihrer zahlreichen Schwächen (vgl. Z. 125–134). Die Herabsetzung seiner Frau überträgt er auf die generelle Abwertung der Frau: Frauen hätten „keinen Kunstbegriff" (S. 113) und seien „tödlich für das Theater" (S. 34).
- Bruscon ist von der Kunst besessen. Er sagt selbst, dass sie sein einziger Lebenssinn sei: „Nur weil wir an uns glauben / halten wir es aus (...) weil wir an unsere Kunst glauben (...) Es interessiert uns nichts / als unsere Kunst / nichts mehr" (S. 149). Immer wieder werden an ihm Züge des Größenwahns erkennbar. Seine Kinder müssen ihm täglich sagen, dass es der „größte Schauspieler aller Zeiten" (S. 7) sei und er sieht sich selbst in einer Reihe mit Shakespeare, Voltaire und Goethe (vgl. S. 26 u. S. 160). Seine Selbsteinschätzung und sein herrschaftliches Auftreten stehen im Gegensatz zu seiner geringen eigenen künstlerischen Bedeutung. Für seine Erfolglosigkeit macht er die Dummheit des Publikums und die künstlerische Unfähigkeit seiner Darsteller verantwortlich. Nur selten zweifelt er an sich selbst (vgl. S. 140).
- Bruscons Desillusionierung in Bezug auf die Bedeutung des Theaters und die Sinnhaftigkeit seiner eigenen Tätigkeit durchzieht das Stück wie ein roter Faden: „Wir gehen auf Tournee und gehen doch nur in eine Falle / sozusagen in eine Theaterfalle" (S. 15). An anderer Stelle bezeichnet er das Theater als das „Absurdeste und Verlogenste" (S. 37): „Wenn wir ehrlich sind ist das Theater an sich eine Absurdität / aber wenn wir ehrlich sind / können wir kein Theater machen / weder können wir wenn wir ehrlich

sind / ein Stück schreiben / noch ein Theaterstück spielen / wenn wir ehrlich sind können wir überhaupt nichts mehr tun / außer uns umbringen" (S. 37).

C. Schluss:
Diese Desillusionierung in Bezug auf die Wirkmächtigkeit von Kunst hat Thomas Bernhard auch in anderen Künstlerdramen gestaltet, in denen es um die Auflehnung des radikalen Künstlers gegen eine als kunstfeindlich betrachtete Gesellschaft geht; Beispiele dafür sind: *Der Ignorant und der Wahnsinnige* (1972), *Die Macht der Gewohnheit* (1974) und *Minetti* (1977).

5. Die Grundbegriffe des Dramas

Absurdes Theater

(zu lat. „misstönend")
gestaltet die existenzialistische Grunderfahrung der Sinnwidrigkeit menschlicher Existenz in einer sinnentleerten Welt; Autoren: Samuel Beckett, Eugène Ionesco, Jean Genet, Jean Paul Sartre.

Akt

(lat. „Handlung, Vorgang")
In sich einheitlicher und geschlossener Abschnitt (➔ Aufzug) eines ➔ Dramas. Vgl. auch ➔ Freytag-Pyramide.

Akkumulation

(lat. „Anhäufung")
Anhäufung von Worten, dadurch größerer Nachdruck auf der Aussage
Beispiel: „Wer zählt die Völker, nennt die Namen
Die gastlich hier zusammenkamen?
Von Theseus' Stadt, von Aulis Strand,
Von Phokis, vom Spartanerland,
Von Asiens entlegner Küste,
Von allen Inseln kamen sie"
(Schiller, *Die Kraniche des Ibykus*)

Allegorie

(griech. „etwas anderes sagen")
Bildhaft-konkrete Darstellung von etwas Abstraktem, Allegorie ist das, was sie meint (Unterschied zum ➔ Symbol).
Beispiel: Greis, der Alter darstellt.

Alliteration

(aus lat. „hinzu" + „Buchstabe")
Gleicher Anlaut der Konsonanten der Stammsilbe (Stabreim), vgl. auch ➔ Assonanz.
Beispiel: **w**iegende **W**elle

Anadiplose

(griech. „Verdoppelung")
Verstärkende Wiederholung des letzten Wortes oder von Teilen des letzten Satzes zu Beginn eines folgenden Satzes oder Verses.
Beispiel: „Ein Mann wohnt im Haus der spielt mit den Schlangen **der schreibt der schreibt** wenn es dunkelt nach Deutschland
dein goldenes Haar Margarete"
(Paul Celan, *Todesfuge*)

Anachronismus

(griech. „in eine andere Zeit verlegen“)
Verbindung von zeitlich nicht zusammengehörigen Vorstellungen, Dingen oder Personen. Oft soll damit entweder eine komische Wirkung erzielt werden oder aber zur Hervorhebung überzeitlicher Aktualität.
Beispiel: Das Vorkommen schlagender Uhren (Erfindung des 14. Jahrhunderts) in Shakespeares *Julius Cäsar*

Analytisches Drama

➔ Drama, das Geschehnisse aus der Vergangenheit im Verlaufe der Handlung aufdeckt. Gegensatz: ➔ Zieldrama.
Beispiele: Heinrich von Kleist, *Der zerbrochene Krug*; Sophokles, *König Ödipus*

Anapäst

(aus griech. „Zurückschlagen“)
Dreisilbiger Versfuß (➔ Metrum), der aus zwei kurzen (unbetonten) Silben und einer langen (betonten) Silbe besteht.
Beispiel: „Anapäst“
∪ ∪ –
(∪ = ➔ Senkung, – = ➔ Hebung)

Anapher

(griech. „Rückbeziehung“)
Wiederholung desselben Wortes oder derselben Wortgruppe am Anfang von aufeinander folgenden Sätzen oder Satzgliedern.
Beispiel: „**Ist sie** dann gleichwol was / wem ist jhr Thun bewust? /
Ist sie auch gut vnd recht/wie bringt sie böse Lust?“
(Martin Opitz, *Francisci Petrarchae*)

Anrede

Formulierung, die sich direkt oder indirekt an Leser wendet.

Anspielung

Halb versteckte Andeutung.

Antagonist

➔ Figur

Antiheld

Im Gegensatz zum Helden zeigt der Antiheld keinerlei heroische Züge, er ist passiv, schwach, Opfer der Umwelt (z. B. *Woyzeck* in Büchners gleichnamigem Drama).

Antithetik

(aus lat. „gegen"+ „Behauptung")
Gegenüberstellung von Begriffen oder Inhalten.
Beispiel: „Der Wahn ist kurz, die Reu ist lang"
(Friedrich Friedrich Schiller, *Lied von der Glocke*)

Antizipation

→ Vorausdeutung

Apodiktische Aussagen

(griech. „Nachweis", „Beweis")
Keinen Widerspruch duldende Aussagen.

Archaismus

(griech. „altertümlich")
Benutzung altertümlicher Wörter.
Beispiel: „sintemal" (für „da")

Aristotelisches Drama

Im Gegensatz zum → epischen Theater Bezeichnung für streng gebaute, klassische Form des → Dramas; Geschlossenheit wird durch Beachtung der → drei Einheiten erreicht; Ziel: → Katharsis. Vgl. auch → Freytag-Pyramide, → Fünfaktschema, → Dreiaktschema.

Assonanz

(frz. „Anklang")
Halbreim durch Gleichklang der Vokale, vgl. auch → Alliteration.
Beispiel: „Ich weis nicht was ich wil/ich wil nicht was ich weis"
(Martin Opitz, *Francisci Petrarchae*)

Asyndeton

(griech. „unverbunden")
Reihung von Sätzen, Satzgliedern oder Wörtern ohne Konjunktion.
Gegenteil: → Polysyndeton
Beispiel: „Jtzt Blumen / morgen Koth / wir sind ein Wind / ein Schaum/
Ein Nebel und ein Bach / ein Reiff / ein Thau' / ein Schatten. "
(Andreas Gryphius, *Thränen in schwerer Krankheit. Anno 1640*)

Auftritt

1. Deutsche Bezeichnung für → Szene.
2. Erscheinen der Schauspieler auf der Bühne.

Aufzug

Der → Akt im Drama wird im Deutschen auch Aufzug genannt.

Aufzählungen

Häufung von Begriffen oder Ausdrücken.
Beispiel: → Asyndeton

Ausruf

Ausrufungssatz
Beispiel: „Der edle Mensch
sei hilfreich und gut!"
(Johann Wolfgang von Goethe, *Das Göttliche*)

Ballade

(ital. „Tanzlied")
Ursprünglich ein zum Tanzen gesungenes Lied, heute versteht man darunter eine knapp skizzierende Erzählung in Strophenform, die ein geheimnisvolles, außergewöhnliches Ereignis mit meist tragischem Ende aus der Geschichte, der Sage, der Legende oder aus dem zeitgenössischen Geschehen thematisiert. Die Spannung wird am Schluss, in der Pointe, aufgelöst. Man unterscheidet Volksballaden, die als einfache Erzählungen mündlich tradiert wurden, und Kunstballaden, die von einem Dichter gestaltet werden und meist einen kunstvollen Aufbau besitzen.
Beispiele: Friedrich Schiller, *Der Ring des Polykrates*, Johann Wolfgang von Goethe, *Der Zauberlehrling*, Heinrich Heine, *Belsazar*

Bänkelsang

Im 17. Jh. von umherziehenden Schaustellern zu Drehorgelmusik vorgetragene Geschichten, mit spannendschauerlichem und lehrhaftem Inhalt (→ Moritat). Die Bezeichnung kommt von der Holzbank, von der aus diese Geschichten vorgetragen wurden.

Bericht

Im epischen Werk: kurzer Abriss des Geschehens.
→ Botenbericht, → Teichoskopie dienen der Zeitraffung v. a. im dramatischen Werk.

Bild

Sprachliche Form des anschaulichen, aber uneigentlichen Sprechens, d. h., der sprachliche Ausdruck meint nicht das Bild, sondern etwas anderes.
Beispiel: „Hektor ist stark wie ein Löwe."

Das sprachliche Bild kann verschiedene Formen haben, z. B. → Allegorie, → Metapher, → Personifikation, → Symbol, → Synekdoche, → Vergleich.

Blankvers

(engl. „rein")
Reimloser, fünfhebiger → Jambus.
Beispiel: ∪–∪–∪–∪–∪–(∪)
(∪ = → Senkung, – = → Hebung)
„Es eifre jeder seiner unbestochnen,
Von Vorurteilen freien Liebe nach!"
(Gotthold Ephraim Lessing, *Nathan der Weise*)

Botenbericht

Dramaturgisches Hilfsmittel, um vergangene Ereignisse, deren Darstellung den Zusammenhang der Handlung gefährden oder die bühnentechnischen Voraussetzungen übersteigen würde (z. B. Seeschlachten), in Form eines erzählenden Berichts auf die Bühne zu bringen. Vgl. auch → Teichoskopie (Unterschied: Botenbericht handelt von Vergangenem, Teichoskopie von Gegenwärtigem).

Bürgerliches Trauerspiel

Darstellung des Schicksals von Menschen bürgerlichen Standes bzw. von Konflikten zwischen Adeligen und Bürgerlichen. In der Aufklärung entstanden. Vgl. → Ständeklausel.
Beispiel: Friedrich Schiller, *Kabale und Liebe*

Charakter

(griech. „das Eingegrabene, das Eingeprägte")
Bezeichnung für in der Dichtung vorkommende, der Wirklichkeit nachgebildete oder fingierte → Figuren, die nicht bloß typisiert, sondern in ihrer Individualität dargestellt werden. → Typus.

Charakterisierung

Beschreibung einer Person.
Direkte Charakterisierung: durch den Erzähler oder andere Figuren des Werkes.
Indirekte Charakterisierung: durch den Leser/Zuschauer (Grundlage: Verhaltensweisen, Kleidung, Aussehen, Gespräche).

Chiasmus

(Name von Gestalt des griech. Buchstaben X)
Überkreuzung von Satzgliedern oder Wortgruppen, die sich inhaltlich oder formal entsprechen.
Beispiel: „Die Kunst ist lang und kurz ist unser Leben"
(Johann Wolfgang von Goethe, *Faust I*).

Chor

(griech. „Reigentanz, Tanzplatz, versammelte Schar von Tänzern")
Gruppe von Personen, die durch Zusammenklang ihrer Stimmen eine Einheit bilden und die Handlung wertend, betrachtend oder (voraus-)deutend begleiten.

Commedia dell' Arte

(ital. „Schauspiel" und „Kunst")
Stegreifkomödie, in Italien Mitte des 16. Jhds entstanden. Nur der Handlungsverlauf und die Szenenfolge steht fest, alles andere wird improvisiert. Es werden ➔ Typen dargestellt. Diese Gattung beinflusste auch die deutsche Literatur, vgl. z. B. E. T. A. Hoffmanns *Prinzessin Brambilla*.

Daktylus

(griech. „Finger")
Dreisilbiger Versfuß (➔ Metrum), der aus einer langen (betonten) Silbe und zwei kurzen (unbetonten) Silben besteht.
Beispiel: *Daktylus*
– ∪ ∪
(∪ = ➔ Senkung, – = ➔ Hebung)

Deus ex machina

(lat. „Gott aus der Maschine")
Bezeichnung für Figur (manchmal auch Ereignis), die überraschende Wendung in einem bis dahin unlösbar erschienenen Konflikt herbeiführt.
Beispiel: Apotheose Jupiters im dritten Akt von Heinrich von Kleists *Amphitryon*

Dialog

(griech. „Gespräch")
Wechselrede zwischen zwei Personen (➔ Monolog).

Dichtung

Allgemein wird damit die Dichtkunst bezeichnet, im Einzelnen aber auch das singuläre Sprachkunstwerk aus den Bereichen Epik, Lyrik und Drama. Im Gegensatz dazu stehen so genannte Gebrauchstexte wie Gebrauchsanweisungen oder Gesetzestexte.

Diminutiv

(lat. „Verkleinerung")
Verkleinerungsform eines Nomens durch Anhängung von *–chen* oder *–lein*.
Beispiel: „Kindchen"

Dingsymbol

(griech. „Kennzeichen, Merkmal")
Gegenstand mit übertragener Bedeutung und Leitmotivcharakter (➔ Symbol).
Beispiel: Die Glocke in Schillers *Das Lied von der Glocke*

Dokumentarisches Theater

Form des politischen ➔ Dramas der 60er Jahre, das in einer Art Reportage Material zu brisanten politischen Themen in mehr oder weniger unveränderter Form auf die Bühne bringt; Ziel: Diskussion über politische Themen anregen.
Beispiele: Rolf Hochhuth, *Der Stellvertreter*, Heinar Kipphardt, *In der Sache J. Robert Oppenheimer*

Drama

(griech. „Handlung")
Neben Lyrik und Epik eine der drei literarischen Großformen; wird bestimmt durch Darstellung einer meist in sich geschlossenen (➔ geschlossene Form des Dramas, Gegensatz: ➔ offene Form des Dramas) und sich auf ➔ Monolog und ➔ Dialog stützenden Handlung, die auf einer Bühne szenisch präsentiert wird; Handlungsstruktur zumeist bestimmt von: ➔ Exposition, ➔ Peripetie, ➔ Katastrophe; für fünfaktiges ➔ Zieldrama gilt auch das Schema Gustav Freytags (➔ Freytag-Pyramide): ➔ Exposition (1. Akt), ➔ Steigerung durch erregende Momente (2. Akt), Höhepunkt/➔ Peripetie (3. Akt), retardierende Spannungsmomente (4. Akt), ➔ Katastrophe (5. Akt); Einteilung nach Dramenform in z. B. ➔ Tragödie, ➔ Komödie, ➔ Tragikomödie, ➔ episches Theater, ➔ Dokumentartheater, ➔ Lustspiel, ➔Schauspiel; Einteilung nach Weltanschauung in z. B. idealistisches Drama, ➔ absurdes Theater; Einteilung nach Epoche in z. B. klassisches Drama, naturalistisches Drama; Einteilung nach Aufbau in z. B. ➔ analytisches Drama, ➔ Zieldrama; Einteilung nach sozialem Stand z. B. in ➔ bürgerliches Trauerspiel, soziales Drama; Einteilung nach Inhalt in ➔ Tragödie, ➔ Komödie. Die wichtigsten europäischen Bauformen sind das ➔ Fünfaktschema und das ➔ Dreiaktschema.

Dreiaktschema

Drama in drei ➔ Akten. Das Dreiaktschema ist nach dem ➔ Fünfaktschema die wichtigste Bauform des (europäischen) ➔ Dramas. Die Handlung teilt sich in den drei Akten folgendermaßen auf: 1. Akt: ➔ Exposition und ➔ erregendes Moment, 2. Akt: Konfliktentfaltung (➔ steigende Handlung, Höhepunkt/➔Klimax, Wendung/➔ Peripetie) und 3. Akt: Lösung/➔ Katastrophe. Der zweite, dritte und vierte Akt des Fünfaktschemas (vgl. ➔ Freytag-Pyramide) sind im Dreiaktschema also im zweiten Akt zusammengefasst.

Drei Einheiten

Mit Bezug auf Aristoteles von frz. Klassizismus geforderter innerer Zusammenhalt des ➔ Dramas durch Einheit der Handlung (vollständige Handlung mit Anfang und Ende ohne Abschweifungen), Einheit des Ortes (gleichbleibender Spielort), Einheit der Zeit (24 Stunden als Zeitvorgabe für gesamte Handlung).

Ellipse
(griech. „Auslassung")
Auslassung eines Wortes/Satzgliedes in einem Satz; rhetorische Figur.
Beispiel: „Jtzt Blumen / morgen Koth / wir sind ein Wind / ein Schaum"
(Andreas Gryphius, *Thränen in schwerer Krankheit. Anno 1640*)

Emphase
(griech. „Verdeutlichung")
Heute versteht man darunter die besondere Eindringlichkeit einer Aussage, mit Nachdruck hervorgebracht durch die Stimmführung, Gestik, Mimik oder besondere Wortwahl.

Entfaltungsdrama
➔ Zieldrama

Enthüllungsdrama
➔ analytisches Drama

Enjambement
(frz. „Überschreitung")
Zeilensprung, Vers- und Satzende stimmen nicht überein, dadurch besondere Hervorhebung des Inhalts, Zeichen von Zusammenordnung/Zusammengehörigkeit, Steigerung der Dynamik.
Beispiel: „du solltest dich einrichten, denn wer sagte,
man müsse das Leben tapfer durchleben?"
(Wislawa Szymborska, *Werbeprospekt*)

Epilog
(griech. „Schlussrede")
Nachwort, möglich in Epik, Drama und Lyrik. Gegensatz: ➔ Prolog.
Beispiel: In Bertolt Brecht, *Der gute Mensch von Sezuan.*

Epipher
(griech. „Zugabe")
Wiederholung desselben Wortes oder derselben Wortgruppe am Ende aufeinander folgender Satzglieder oder Sätze.
Beispiel: „Ich sah auf dich und weinte nicht. Der Schmerz
Schlug meine Zähne knirschend aufeinander;
Ich weinte nicht. (...)"
(Friedrich Schiller, *Don Carlos*)

Episches Theater

Von Bertolt Brecht entwickelte Dramenform, die sich als Gegenstück zum → aristotelischen Drama versteht. Episches Theater betreibt Desillusionierung des Zuschauers (→ Verfremdungseffekt), Zuschauer soll zum aktiven, kritischen Betrachter der Handlung werden; lockerer Aufbau des Dramas meist in Form von Episoden, Verwendung von kommentierenden Songs, Schluss meist offen, um Zuschauer zum Weiterdenken zu veranlassen. Ziel: Zuschauer wird zur Veränderung von erkannten Missständen aufgerufen.

Beispiel: Bertolt Brecht, *Der gute Mensch von Sezuan*

Erregendes Moment

löst den dramatischen Konflikt aus.

→ Freytag-Pyramide, → Fünfaktschema, → Dreiaktschema

Erzählgedicht

→ Ballade

Euphemismus

(griech. „Worte von guter Bedeutung sprechen")

Positive Umschreibung negativer Sachverhalte, dadurch Verschleierung der Realität, Beschwichtigung.

Beispiel: „Freisetzung von Arbeitskräften" für „Entlassung"

Exposition

(lat. „Darlegung")

Meist zu Beginn (eines Dramas) stattfindende Einführung in Ort, Zeit, Personen, Ausgangssituation zur Klärung der Voraussetzungen der Handlung.

→ Freytag-Pyramide, → Fünfaktschema, → Dreiaktschema

Fabel

(lat. „Erzählung")

1. Literarische Gattung (episch, lyrisch), in der Tiere menschliche Eigenschaften verkörpern, meist mit Lehre, die erzieherischen oder satirischen Effekt erzielen soll.
2. Kern („plot") einer epischen oder dramatischen Handlung.

Fallende Handlung

→ Retardation, → Freytag-Pyramide, → Fünfaktschema, → Dreiaktschema

Fallhöhe

Dramaturgischer Begriff von Batteux und später Gottsched zur Begründung der → Ständeklausel; tragische Erschütterung der Zuschauer überzeugender beim Scheitern einer Figur von hohem (meist fürstlichem) Stand; Probleme der niederen Stände (➔ bürgerliches Trauerspiel) entbehren tragischer Ausweglosigkeit, da sie sich meist durch menschliche Hilfe bewältigen ließen (geringere Fallhöhe).

Figur

(lat. „Gestalt")
Personen im einem literarischen Werk. Sie können als ➔ Typus, ➔ Charakter oder als ➔ Gestus gestaltet werden. Hauptpersonen nennt man Protagonisten, der Antagonist ist der Gegenspieler des Protagonisten.

Freytag-Pyramide

Benannt nach dem deutschen Schriftsteller Gustav Freytag, der das ➔ Fünfaktschema der ➔ geschlossenen Form des Dramas grafisch darstellte.

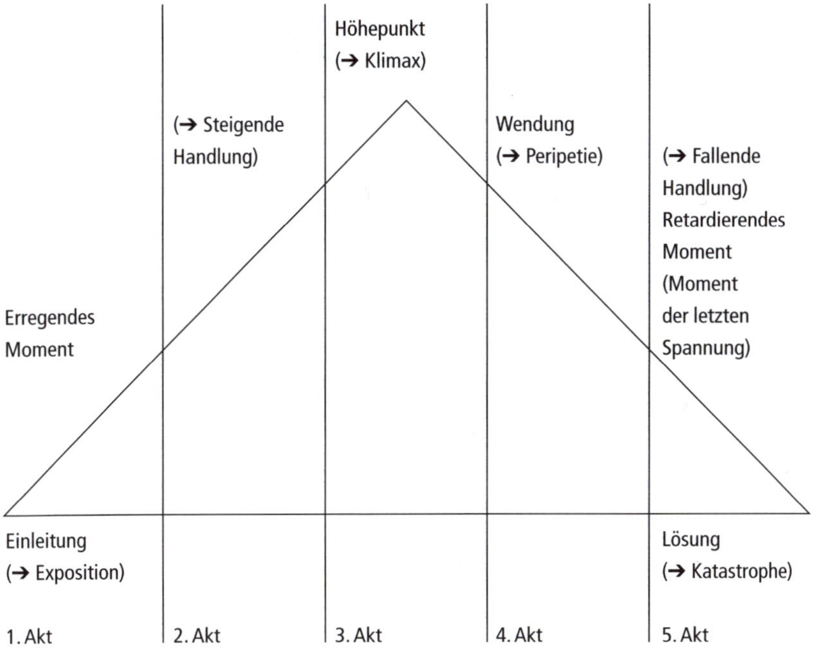

(nach Freytag, Gustav. *Die Technik des Dramas.* Leipzig 1863)

Fünfaktschema

Typische Form des europäischen ➔ Dramas (➔ geschlossene Form des Dramas) der Neuzeit. Die Handlung verteilt sich auf fünf ➔ Akte oder ➔ Aufzüge. Aufteilung des Handlungschemas vgl. ➔ Freytag-Pyramide.
Beispiele: Friedrich Schiller, *Maria Stuart*; G. E. Lessing; *Emilia Galotti*

Gattung

Bezeichnung für die „Naturformen der Poesie" (Johann Wolfgang von Goethe), Lyrik, Drama, Epik, die sich auch gegenseitig durchdringen können; der Begriff „Gattung" wurde in neuerer Zeit durch ➔ „Textsorte" ersetzt.

Geschlossene Form des Dramas

➔ Drama, das streng nach den ➔ drei Einheiten und dem ➔ Fünfaktschema oder ➔ Dreiaktschema aufgebaut ist.

Beispiel: Johann Wolfgang von Goethe, *Iphigenie auf Tauris*

Gestus

(lat. „Haltung")

Nach Brecht ➔ Figuren, die in ihrem Verhalten und ihren Handlungsweisen rein durch die Gesellschaft normiert sind, also weder individuelle ➔ Charaktere darstellen noch von der Idee des ➔ Typus her konzipiert sind.

Groteske

(ital. : „Grotte", „Grube")

Verbindung von Unvereinbarem, dadurch Erheiterung, Wecken von Interesse, eventuell auch Entsetzen; ➔ absurdes Theater

Beispiel: Friedrich Dürrenmatt, *Die Physiker*

Handlung

(oder Geschehen)

Innere Handlung: spielt sich im Innenbereich (Gedanken, Gefühle) der Figuren ab.

Äußere Handlung: spielt sich im wahrnehmbaren Bereich ab.

Hebung

Bezeichnung für die betonte Silbe im Vers, Kennzeichnung z. B. mit „-" oder mit „´".

Held

Wertfreie Bezeichnung für die Hauptfigur eines Werkes in Drama und Epik; ➔ Antiheld, ➔ Fallhöhe.

Humor

(lat. „Feuchtigkeit")

Haltung, die auch noch in widrigen Lebensumständen versöhnlich gestimmt ist und das Liebenswerte in der Unzulänglichkeit zu erkennen sucht; Gegensatz zum versöhnlichen Humor ist der „schwarze" Humor mit zynischpessimistischer Konfrontation.

Hyperbel

(griech. „Übermaß")
Übertreibung
Beispiel: „Mir ist ich weiß nicht wie / ich seufftze für und für.
Ich weine Tag und Nacht / ich sitz in tausend Schmertzen"
(Andreas Gryphius, *Thränen in schwerer Krankheit. Anno 1640*)

Inversion

(lat. „Umkehrung")
Umstellung der gewöhnlichen Wortfolge, meist Subjekt nach Prädikat, Herausstellung bedeutungstragender Worte, Erhöhung der Eindringlichkeit.
Beispiel: „Fällt hin der Mann"
(Rolf Haufs, *Jeden Tag*)

Ironie

(griech. „Verstellung, Vorwand")
Behauptung, die das Gegenteil von dem meint, was sie ausdrückt; bewirkt Distanzierung des Autors (subjektive Ironie in der romantischen Ironie als Durchbrechung des romantischen Ideals, bei Thomas Mann als Distanzierung von erzählter Welt, objektive Ironie in der tragischen Ironie als Steigerung des tragischen Effekts, z. B. in Sophokles, *König Ödipus*).

Jambus

(griech. „schleudern")
Zweisilbiger Versfuß (→ Metrum), der aus einer kurzen (unbetonten) und einer langen (betonten) Silbe besteht: ∪– (∪ = → Senkung, – = → Hebung).
Beispiel: „Es eifre jeder seiner unbestochnen,
Von Vorurteilen freien Liebe nach!"
(Gotthold Ephraim Lessing, *Nathan der Weise*)

Katastrophe

(griech. „Umkehr", „Umsturz")
Abschluss des Dramas mit Lösung des Konflikts zum Guten (→ Komödie) oder zum Schlimmen (→ Tragödie); → Dreiaktschema, → Fünfaktschema, → Freytag-Pyramide.

Katharsis

(griech. „Reinigung", Übersetzung umstritten)
Begriff aus der aristotelischen Poetik: Aufgabe der Tragödie bestimmt als Erregung von Mitleid und Furcht und als Reinigung dieser Eigenschaften oder als Reinigung des Zuschauers von diesen Eigenschaften.

Klimax

(griech. „Leiter")

1. Steigernde Aufzählung vom schwächeren zum stärkeren Begriff (Gegenteil: → Antiklimax).
   Beispiel: „Er kam, sah, siegte."
2. Eine weitere Bedeutung des Begriffes Klimax bezieht sich auf das → Drama, siehe unter → Freytag-Pyramide, → Fünfaktschema, → Dreiaktschema.

Komik

(griech. „Umzug")

Effekt, der sich als Lächeln, Lachen oder Spott äußert und der auf dem Widerspruch zwischen angestrebtem und tatsächlichem Sinn, zwischen Schein und Sein beruht.

Komödie

(aus griech. „Umzug" + „Gesang")

Komisches Bühnenstück, das durch Entlarvung menschlicher Unzulänglichkeiten Heiterkeit erzielt.

Gegensatz: → Tragödie. Siehe auch → Drama.

Beispiel: Heinrich von Kleist, *Der zerbrochene Krug*

Leitmotiv

Gegenstand, Situation oder Formulierung, die durch Wiederholung der Charakterisierung bzw. als Strukturhilfe dienen.

Beispiel: Die Glocke in Schillers *Das Lied von der Glocke*

Lied

Sangbare oder tatsächlich zu einer Melodie gesungene, strophisch gegliederte und gleichmäßig aufgebaute lyrische Kurzform, besonders in der Romantik beliebt, vgl. Vertonungen von Schubert; Bezeichnung steht auch für einfache Gedichte mit besonderer Betonung des Rhythmus.

Beispiel: „Röslein, Röslein, Röslein rot,
Röslein auf der Heiden."
(Johann Wolfgang von Goethe, *Heidenröslein*)

Lustspiel

Häufig gleichbedeutend mit Komödie, will aber nicht kritisch Unzulänglichkeiten aufdecken, sondern versöhnlich stimmen; reines Lachen und Heiterkeit als Ziel.

Beispiel: Gotthold Ephraim Lessing, *Minna von Barnhelm*

Mauerschau

Deutsche Bezeichnung für → Teichoskopie.

Metapher

(griech. „Übertragung")
Bildhafter Ausdruck ohne Vergleichspartikel, bildhafte Unterstützung der Aussage, Verstärkung der Suggestion im Dienste von Aufwertung oder Abwertung.
Beispiel: „corall der lippen"
(Hofmann von Hofmannswaldau, *Vergänglichkeit der Schönheit*)

Metonymie

(aus griech. „einen anderen Namen bekommen")
Umbenennung, indem geistig oder sachlich verwandte Begriffe vertauscht werden.
Beispiel: „Sie liest Franz Kafka. "
(hier steht der Autor für das Werk.)

Metrik

(griech. „Kunst des Messens")
Die Lehre vom → Metrum, also vom Versmaß.

Metrum

(griech. „Maß")

1. Im engeren Sinn: Bezeichnung für kleinste Einheit im Vers = Versfuß, Takt, aufgrund der natürlichen Sinnbetonung unterscheidet man die zweisilbigen Versfüße → Jambus und → Trochäus und die dreisilbigen Versfüße → Daktylus und → Anapäst. Mehrere Metren bilden das Versmaß.
2. Im weiteren Sinn Bezeichnung für Versmaß, das sich nach Betonung und Dauer bestimmt und den Takt (Versfuß) als kleinste rhythmische Einheit hat. In ihm ist die Zahl der Versfüße geregelt.

Monolog

(aus griech. „allein" und „Rede")
Selbstgespräch einer Person (Gegensatz: → Dialog = Wechselrede), meist im Drama (dramatischer Monolog); kann verschiedene Funktionen übernehmen, z. B. als

epischer Monolog: Beschreibung nicht dargestellter oder darstellbarer Sachverhalte.
Reflexionsmonolog: Kommentar der Figur
lyrischer Monolog: Selbstoffenbarung
Konfliktmonolog: Verdeutlichung des inneren Entscheidungskonfliktes
Entschlussmonolog: im Anschluss an den Konfliktmonolog.

Moritat

Lied des Bänkelsängers zur Drehorgel, Inhalt zumeist schaurige Mordgeschichte, andere Bezeichnung für → Bänkelsang.

Motiv

(lat. „bewegen")

Beweggrund von Handlung; in der Dichtung auch als abstraktes thematisches Grundschema.

Beispiel: Motiv der zwei Identitäten in Annette von Droste-Hülshoffs *Die Judenbuche* und *Das Spiegelbild*

Mundartdichtung

An die Phonetik des jeweiligen Dialekts angeglichene Dichtung. Programmatisch verwendet im Naturalismus (vgl. Gerhart Hauptmann, *Rose Bernd*), aber auch in der Gegenwart (vgl. Franz Xaver Kroetz, *Stallerhof*) als Ausdruck der Hilflosigkeit von → Figuren, aber auch als Zeichen von Stärke, die in der Tradition wurzelt (vgl. Ludwig Thoma, *Magdalena*).

Mythos

(griech. „Rede, Geschichte")

Entstanden in frühesten Kulturstufen, Versuch, den Ursprung von allem zu erklären. Im Mythos wird Existenzielles und Moralisches als Symbol gestaltet. Die ältesten europäischen Mythen finden sich bei Homer und Hesiod. Der antike Mythos wird bis heute literarisch verarbeitet, rein stofflich, als Ausgangsbasis zur Herausbildung neuer Mythen (vgl. z. B. *Faust*), als überzeitliche Erscheinung einer Problematik (vgl. z. B. *Medea*, *Antigone*).

Neologismus

(aus griech. „neu" + „Wort")

Wortneuschöpfung.

Beispiel: „Knabenmorgenblütenträume"
(Johann Wolfgang von Goethe, *Prometheus*)

Offene Form des Dramas

→ Drama, das die strenge Aufbauform der → geschlossenen Form des Dramas missachtet, indem z. B. auf einen Handlungsschluss verzichtet, die Handlung auf mehrere Spielorte verteilt wird oder Einzelszenen im Gegensatz zur Bedeutung der → Akte stark betont werden.

Beispiele: Georg Büchner, *Woyzeck*; Friedrich Friedrich Schiller, *Die Räuber*

Parabel

(griech. „Vergleichung", „Gleichnis")

Gleichnishafte Erzählung mit Bild-und Sachhälfte und einem zumeist nicht ausdrücklich genannten Vergleichspunkt (tertium comparationis); durch Analogiebildung wird die enthaltene allgemeine sittliche Wahrheit erschlossen.

Beispiele: Max Frisch, *Andorra* (Parabeldrama), Franz Kafka, *Vor dem Gesetz*

Paradoxon

(griech. „Seltenheit“)

Scheinwiderspruch, der bei genauerer Betrachtung auf höhere Wahrheit verweist.

Beispiel: „Im Sommer ist mir kalt / im Winter ist mir heiß“
(Martin Opitz, *Francisci Petrarcae*)

Parallelismus

(griech. „gleichlaufend“)

Wiederholung von gleichen syntaktischen Fügungen.

Beispiel: „So muss ich dich verlassen, von dir scheiden“
(Friedrich Friedrich Schiller, *Wallenstein*)

Parenthese

(griech. „Einschub“)

Vollständiger Satz wird in geschlossene Satzkonstruktion eingeschoben, ohne syntaktische Ordnung zu verändern.

Beispiel: „Es war früh am Morgen – die Sonne war schon aufgegangen –, als sie endlich zu Hause ankamen. “

Parodie

(griech. „Gegengesang“)

Form eines bekannten literarischen Werkes wird übernommen und mit einem neuen, meist nicht zum ursprünglichen Gehalt passenden Inhalt versehen. (Gegenteil ist die Travestie, bei der der ursprüngliche Inhalt in eine veränderte Form eingepasst wird.) Die Vorlage soll damit entlarvt oder mittels ➔ Ironie mit kritischer Distanz betrachtet werden.

Beispiel: „Er stand auf seines Daches Zinnen,
Und schaute mit vergnügten Sinnen
Auf zwei belegte Brote hin.
‚Dies alles ist mir viel zu wenig‘,
Begann er zu Ägyptens König,
‚Gestehe, dass ich hungrig bin. ‘“
(Parodie auf Friedrich Schiller, *Ring des Polykrates*)

pars pro toto

(lat. „der Teil für das Ganze“)

Ein Teil steht für das Ganze. Eng gefasster Begriff für ➔ Synekdoche.

Beispiel: „Dach“ für „Haus“

Peripetie

(griech. „plötzlicher Umschlag“)

Von Aristoteles eingeführter Begriff der Poetik, bezeichnet im ➔ Drama den plötzlichen Umschwung im Schicksal des Helden, findet als Höhepunkt zumeist im mittleren Akt statt, indem es auf → Exposition und → steigende Handlung folgt und in die → fallende Handlung und schließlich in die → Katastrophe mündet. Vgl. auch → Freytag-Pyramide, → Fünfaktschema, → Dreiaktschema.

Periphrase

(aus griech. „Umschreibung")
Umschreibung eines Begriffs.
Beispiel: „dem großen Tröster" (für Gott)
(Andreas Gryphius, *An sich selbst*)

Personifikation

(aus griech. „Person" + „machen")
Vermenschlichung.
Beispiel: „die müde Seele ruft"
(Andreas Gryphius, *An sich selbst*)

Pleonasmus

(aus griech. -lat. „Überfluss")
Überflüssiger Zusatz zu einem Wort oder einer Redewendung.
Beispiel: „weißer Schimmel"

Pointe

(frz. „Stachel")
Überraschende Wendung durch einen geistreichen Schlussgedanken; oft auf Lacheffekt angelegt.

Polysyndeton

(aus griech. „viel" + „verbunden")
Verbindung einzelner Wörter oder Satzglieder mit der gleichen Konjunktion; Gegensatz: → Asyndeton.
Beispiel: „Die Zeitung und das Fernsehen und das Radio und das Internet sind wichtige Informationsquellen. "

Prolog

(griech. „Vorwort", „Vorspruch")
Worte vom Dichter oder von Schauspielern vor dem Beginn der eigentlichen Handlung (als integrierter oder selbstständiger Teil); Gegensatz: → Epilog.

Protagonist

→ Figur

Regieanweisung

In den Dramentext eingefügte Bemerkungen des Dichters bezüglich Bühnenausstattung, Mimik, Gestik, Sprechtempo, Musik, Auftreten und Abtreten von Figuren.

Reim

Gleichklang zweier oder mehrerer Wörter vom letzten betonten Vokal an.

Beispiel: „Die Mitternacht zog näher schon;
In stummer Ruh lag Babylon."
(Heinrich Heine, *Belsazar*)

Retardation/retardierendes Moment

(frz. „Verzögerung")

Handlungsverzögerung, meist im 4. Akt als Gegenstück zum ➔ erregenden Moment bzw. zur steigenden Handlung mit dem Ziel, einen anderen Ausgang als den in der ➔ Peripetie angedeuteten aufzuzeigen, wirkt spannungssteigernd, vgl. ➔ Freytag-Pyramide, ➔ Fünfaktschema, ➔ Dreiaktschema.

Rezeption

(lat. „aufnehmen")

Die Art und Weise der Aufnahme von Literatur durch den Rezipienten (= der Leser oder Hörer oder Zuschauer).

Rhetorische Figuren

(lat. „die Gestalt der Rede betreffend")

Rhetorische Figuren werden auch in der Dichtung allgemein verwendet und spielen eine wichtige Rolle in der Analyse und Interpretation. Sie betreffen im Wesentlichen die Stilistik des Satzbaues im Gegensatz zu den Tropen (➔ Tropus), die die Stilistik der Wortwahl kennzeichnen.

Man unterscheidet
Wortfiguren, z. B. ➔ Anapher
Sinnfiguren, z. B. ➔ Vergleich
Grammatische Figuren, z. B. ➔ Inversion.

Rhetorische Fragen

Uneigentliche Fragen, die Zustimmung oder Ablehnung implizieren.

Beispiel: „Ist damit nicht alles in bester Ordnung?"

Rhythmus

(zu griech. „fließen")

Harmonische Sprachbewegung, die aus dem Sprach- bzw. Versrhythmus und der dem natürlichen Sinn folgenden Betonung resultiert.

Rückblende

Unterbrechung des kontinuierlichen Erzählflusses durch Erzähler oder → Figur, um auf etwas Vergangenes zu verweisen.
Aus der Filmsprache entlehnt: flashback.

Satire

(lat. „Fruchtschüssel")
Keine Gattung, sondern eine Haltung, die mit allen literarischen Gattungen eine Verbindung eingehen kann. Kennzeichen: spöttische Haltung, die indirekt kritisiert und dadurch eine Verbesserung der Zustände erreichen will.

Beispiel: „Einst haben die Kerls auf den Bäumen gehockt,
behaart und mit böser Visage.
Dann hat man sie aus dem Urwald gelockt
Und die Welt asphaltiert und aufgestockt,
bis zur dreißigsten Etage.
Da saßen sie nun, den Flöhen entflohn,
in zentralgeheizten Räumen.
Da sitzen sie nun am Telefon
Und es herrscht noch genau derselbe Ton
Wie seinerzeit auf den Bäumen."
(Erich Kästner, *Die Entwicklung der Menschheit*)

Sekundenstil

Beschreibungstechnik vor allem des Naturalismus, die versucht, Wirklichkeit möglichst genau („sekundenweise") durch Detailtreue und minutiöse Genauigkeit zu erfassen; strebt Deckung zwischen erzählter Zeit und Erzählzeit an.

Senkung

Unbetonte Silbe im Gegensatz zur betonten Silbe (→ Hebung). Bezeichnung z. B. mit „$\cup$".

Sinnbild

Deutsches Wort für → Symbol.

Ständeklausel

Forderung vor allem der Poetik der Renaissance, nur Angehörige der höheren Stände als Figuren in der → Tragödie mitwirken zu lassen (Grund: → Fallhöhe); für den niederen bürgerlichen Stand ist → Komödie vorgesehen.

Stanze

(ital. „Zimmer")
Strophenform aus fünfhebigem jambischen Achtzeilern mit abwechselnd männlicher und weiblicher Kadenz und festgelegtem Reimschema: ab ab ab cc.

Beispiel: „Ihr naht euch wieder, schwankende Gestalten,
Die früh sich einst dem trüben Blick gezeigt.
Versuch' ich wohl, euch diesmal festzuhalten?
Fühl' ich mein Herz noch jenem Wahn geneigt?
Ihr drängt euch zu! nun gut, so mögt ihr walten,
Wie ihr aus Dunst und Nebel um mich steigt;
Mein Busen fühlt sich jugendlich erschüttert
Vom Zauberhauch, der euren Zug umwittert."
(Johann Wolfgang von Goethe, *Faust I, Zueignung*)

Steigende Handlung

Überleitung (Ende 1. Akt und 2. Akt) von der ➔ Exposition zum ➔ Höhepunkt; enthält Andeutungen über Verwicklung der Handlung; ➔ Freytag-Pyramide, ➔ Fünfaktschema, ➔ Dreiaktschema.

Stichomythie

(griech. aus Vers, Zeile und Wort, Rede)
Rede und Gegenrede zweier Figuren wechseln von Vers zu Vers im Dramendialog.
Beispiel in: G. E. Lessing, *Nathan der Weise*.

Stil

(lat. „Griffel")
Besondere Eigenart einer künstlerischen Darstellungs- und Ausdrucksweise.

Stilmittel

➔ rhetorische Figuren, ➔ Tropen, Reimformen, die ein Autor einsetzt, um eine bestimmte Wirkung zu erzielen.

Symbol

(griech. „Kennzeichen, Merkmal")
Konkretes Zeichen, das auf abstrakten Inhalt hindeutet; das Bild vertritt die gemeinte Sache; Relation zwischen Sinn und Bild ist offenkundig; häufig vorkommende Gegenstände mit solchem Bezug können zum Dingsymbol werden; auch Farben können mit ihrem Symbolcharakter verwendet werden.
Beispiel: „Herz" als Symbol für Liebe

Synästhesie

(aus griech. „zusammen" + „Wahrnehmung")
Vermischung verschiedener Sinneswahrnehmungen.
Beispiel: „Betäubt kehr' ich den Blick nach oben hin,
zum Himmel auf da lächeln alle Sterne;
ich kniee, ihrem Lichtgesang zu lauschen."
(Eduard Mörike, *An die Geliebte*)

Synekdoche

(griech. „Mitverstehen")
Engerer Begriff steht für weiteren Begriff (z. B. „der Mensch" für die Menschheit), ein Teil steht für das Ganze (→ pars pro toto); seltener das Ganze für den Teil (z. B. „ein Haus führen").

Szene

(griech. „hölzernes Gerüst, auf dem Schauspieler spielen")
Bestandteil des → Aktes (→ Auftritt) in der → geschlossenen Form des Dramas, kleinste Einheit des Dramas. Wichtigste Einheit in der → offenen Form des Dramas. Allgemein: Vorgang auf der Bühne.

Tautologie

(griech. „dasselbe"+ „Wort")
Ausdruck eines Sachverhaltes durch zwei sinnverwandte Wörter (Synonyme).
Beispiel: „gut vnd recht"
(Martin Opitz, *Francisci Petrarcae*)

Teichoskopie

(griech. „Mauerschau")
Auf der Bühne schwer oder gar nicht darstellbares Ereignis, das sich zur selben Zeit zuträgt, wird aus der Perspektive eines z. B. auf einer Mauer stehenden Beobachters wiedergegeben; vergleichbar mit dem → Botenbericht, Unterschied: Botenbericht handelt von Vergangenem.

Textsorte (Textart)

Bestimmung von Texten nicht gattungstypisch (→ Gattung), sondern nach funktionalen Gesichtspunkten. Dabei werden auch nichtliterarische Texte miteinbezogen, z. B. Werbetexte.

Tragikomödie

Dramatische Form, in der Tragik und Komik vermischt werden, um die Doppelgesichtigkeit des menschlichen Lebens und der Welt zu verdeutlichen.
Beispiel: Friedrich Dürrenmatt, *Der Besuch der alten Dame*

Tragödie

(griech. „Bocksgesang")
Neben der Komödie wichtigste Form des → Dramas, im allgemeinen Sprachgebrauch gleichbedeutend mit → Trauerspiel; Tragödie gestaltet die Unausweichlichkeit des Schicksals oder einer sittlichen Weltordnung, dem ein menschliches Leben am Ende unterliegt; Themen sind immer existenzielle Grundfragen des Menschen; in der Antike besonders von Aristoteles und später in der deutschen Klassik als streng aufgebautes Drama mit → Ständeklausel, → drei Einheiten und

→ Katharsis gefordert. Siehe auch unter → Freytag-Pyramide, → Fünfaktschema, → Dreiaktschema.

Trauerspiel

Im allgemeinen Sprachgebrauch gleichbedeutend mit Tragödie.
Bezeichnung für deutsche Form der → Tragödie, z. B. als → bürgerliches Trauerspiel.

Trochäus

(griech. „Läufer")
Zweisilbiger Versfuß (→ Metrum), der aus einer langen (betonten) und einer kurzen (unbetonten) Silbe besteht.
Beispiel: „Mauer" (– ∪), „Leben" (– ∪)
(∪ = → Senkung, – = → Hebung)

Tropus (Plural Tropen)

(griech. „Wendung")
Im Unterschied zu → rhetorischen Figuren betreffen Tropen die Stilistik der bildlichen Wortwahl/des übertragenenen Wortsinnes.
Beispiele: → Hyperbel, → Synekdoche, → Metapher, → Allegorie.

Typus

(griech. „Abbild, Muster")
In der Literatur Darstellung von Personen ohne individuelle Prägung. Die Vorstellung von den charakterisierenden Eigenschaften eines bestimmten Standes, Alters oder Berufes werden anhand einer Figur als allein kennzeichnend dargestellt.
→ Figur, → Charakter.

Verfremdungseffekt (V-Effekt)

Ziel: Aufdeckung der Widersprüche, der Dialektik der Wirklichkeit. Mittel z. B. → Prolog, → Epilog, → Ironie, → Gestus, Verzicht auf traditionelle Bühnenausstattung, Reihung von Episoden, Verwendung von kommentierenden Songs.
→ episches Theater.
Beispiel: Bertolt Brecht, *Der gute Mensch von Sezuan*

Vergleich

Verbindung zweier Bereiche mittels eines Vergleichspunkts (tertium comparationis), konstitutiv sind Vergleichspartikel.
Beispiel: Er ist so stark <u>wie</u> ein Löwe.

Vers

(lat. „Wendung")
Gegliederte, poetisch gestaltete Wortfolge (Gegensatz: Prosa), zumeist mit → Metrum.

Beispiel: „Gemächlich in der Werkstatt saß
Zum Frühstück Meister Nikolas;
Die junge Hausfrau schenkt' ihm ein,
Es war im heitern Sonnenschein. –
Die Sonne bringt es an den Tag."
(Adelbert von Chamisso, *Die Sonne bringt es an den Tag*)

Versfuß

→ Metrum

Versmaß

→ Metrum

Volksballade

Mündlich überlieferte → Ballade mit meist einfachem Satz- und Strophenbau.
Beispiel: Johann Wolfgang von Goethe, *Es war ein König in Thule*

Vorausdeutung

Unterbrechung des kontinuierlichen Erzählflusses, um auf etwas Zukünftiges hinzuweisen.

Wiederholung

Begriffe oder ganze Sätze werden wortgleich mehrfach verwendet.
Beispiel: „Ich schreibe ein Gedicht.
Ich veranstalte eine Expedition.
Ich mache mich davon
aus Antwort und Beweis."
(Wolfgang Weyrauch, *Mein Gedicht*)

Zieldrama

→ Drama, das auf → Katastrophe/Auflösung am Ende des Stücks hinzielt; vgl. auch → Freytag-Pyramide, → Fünfaktschema, → Dreiaktschema.
Beispiele: Gerhart Hauptmann, *Rose Bernd*, Johann Wolfgang von Goethe, *Faust I*
Gegensatz: → analytisches Drama.

Diktate

■ Die ideale Hilfe für Eltern und Lehrer!

Wie verbessere ich die Rechtschreibung und Gr
matik meines Kindes / meines Schülers?

Die Reihe Diktate bietet hier die ideale Hilfe fü
Eltern und Lehrer!

- zahlreiche altersgerechte Diktattexte mit vielen zusätzlichen Übungen zur Rechtschre bung und Grammatik.
- einsetzbar als Übungs- bzw. Prüfungsdiktat
- altersgerechte Sprache
- Lösungen zur Kontrolle im Anhang
- Verzeichnis zum schnellen Auffinden der Übungen
- in Anlehnung an die Lehrpläne
- Diktat und Übungen können unabhängig eingesetzt werden

Klaus Sczyrba
Diktate für das 2.–4. Schuljahr
- mit Übungen
GS (HS), 192 Seiten
Best.-Nr. 1415-X

Klaus Sczyrba
Diktate für das 5.–7. Schuljahr
m. Übungen zur Rechtschreibung u. Grammatik
HS / RS / Gym (HS/AHS)
ET 02/2004
ca. 316 Seiten, zweifarbig, kompl. überarb.
Bestell.-Nr. 1486-9

Für Mai 2004 neu geplant!
Klaus Sczyrba
Diktate für das 8.–10. Schuljahr
- mit Übungen
HS / RS / Gym (HS/AHS), ca. 270 Seiten
Best.-Nr. 1478-8

Thomas Möbius
Diktate für das 4.–5. Schuljahr
- mit Übungen
HS / RS / Gym (HS/AHS)
205 Seiten, zweifarbig
Best.-Nr. 1446-X

Thomas Brand
Diktate für das 6.–7. Schuljahr
- mit Übungen
HS / RS / Gym (HS/AHS)
240 Seiten, zweifarbig
Best.-Nr. 1447-8

Bange ... leichter lernen!